中国近代人物文集丛书

杨庶堪集

重庆市文化委员会 重庆中国三峡博物馆 编
况正兵 校订

中 华 书 局

图书在版编目(CIP)数据

杨庶堪集/重庆市文化委员会,重庆中国三峡博物馆编;况正兵校订. —北京:中华书局,2015.1
(中国近代人物文集丛书)
ISBN 978-7-101-10325-0

Ⅰ.杨… Ⅱ.①重…②重…③况… Ⅲ.杨庶堪(1881~1942)-文集 Ⅳ.Z425.2

中国版本图书馆 CIP 数据核字(2014)第 162779 号

书　　名　杨庶堪集
编　　者　重庆市文化委员会　重庆中国三峡博物馆
校 订 者　况正兵
丛 书 名　中国近代人物文集丛书
责任编辑　张玉亮
出版发行　中华书局
(北京市丰台区太平桥西里 38 号　100073)
http://www.zhbc.com.cn
E-mail:zhbc@zhbc.com.cn
印　　刷　北京瑞古冠中印刷厂
版　　次　2015 年 1 月北京第 1 版
2015 年 1 月北京第 1 次印刷
规　　格　开本/850×1168 毫米　1/32
印张 17¾　插页 5　字数 420 千字
印　　数　1-2000 册
国际书号　ISBN 978-7-101-10325-0
定　　价　56.00 元

義獸

丁丑續前

義獸困猶鬬，仁師追未窮。殘凶似鏑魋，鄭苦厲英雄。信彈衝霄綠，燒船耿海紅。清宵數機聲，來迸月明中。

秋陰

海上秋陰百感生，連營倭寇尚縱橫。沿江但識槍檣影，盡日唯聞機礮聲。回憶陳琳六子檄，勵儕楊僕未毫征。苦方多難殷憂切，老驥淒涼伏櫪情。

聞第八軍平型關捷

西晉捷初成，紅軍舊有名。平型關外路，唯見積尸橫。萬里輸糧裹，三千入覆兵。朔方能有此，始足備長征。

天隐阁诗录书影（一）

天隱閣詩錄 五

后墅夏木 庚辰續

巖墅千章夏木陰濃

園新綠一窗侵分涼

門旅應相憩解熱交

親肎見尋迴想百周

天隐阁诗录书影（二）

天隱閣文鈔

喻大將軍墓表

將軍四川内江人也諱培倫字雲紀姓喻氏廣州就義時自承爲王光明王光明者蜀人恒語子虛烏有之屬也夫自古烈士之殉名尚矣自轟政後數千百年而有培倫既糜厥身不欲以名累其親蓋非獨死

天隐阁文录书影

四川省長公署用牋

協公部長執事十八日
手教謬蒙
獎掖殊深慚恧蜀民水
火蓋已不忍言之
大君子恫瘝之懷嚴當以謝
蓋竊在湘滇軍應
公之調不遠數千里赴援亟

致李烈钧信札

(1)

錦公節下：曩共肝膈之談，令我感泣。當時鄙意以爲兄統概從昔軍見，弟可爲輔也。兄固執撝謙，則弟台將謝絕特人，退守巖壑。豈期兵界敦迫，日益加厲，兄復懇切令蔚如將言，要我必出，亟休貽函，更陳兄決解除民政，促我籌策賈

致熊克武信札

忉利詩魂不可招，彌天一衲見風標。
真臨不獨如三代，清曠還應似六朝。
支遁遺書節事宋，倪迂殘畫晚蕭蕭。
龍紗別有傷心在，白馬投荒未自聊。

絕代風流僧畫師，孤山同棹使人思。
未應印肉妨禪定，空對巫芝做鹽詞。
貝葉重繙尋鷲嶺，櫻花流詠入蝦夷。
武林二老今頭白，惆悵交親半死離。

右曼殊挽詞二首，為余哭曼殊之作。今紉秋以二畫稿遺余，覩物思人，因錄此詞以志感於無窮耳。

辛酉三月　天隱記

楊

挽苏曼殊诗手迹

目　录

天隐阁诗录二　起乙丑

天隐阁诗录四　丁丑

天隐阁诗录五　戊寅

天隐阁诗录六　己卯

天隐阁诗录七　庚辰

天隐阁诗录九　壬午

天隐阁文钞

天隐阁函电

杨沧白研究(代序)

张荣祥

开国有诗人,沧白杨夫子。

秀句兼丰功,辉映同盟史。

——于右任

杨沧白(1881—1942),名庶堪,字品璋,后改沧白,号天隐阁、邠斋。四川省巴县(今重庆市)人。时值国势积弱,政多刹那,他顺乎时而应乎势,早年遥戴孙中山领导的资产阶级民主革命,在四川创建了资产阶级革命小团体公强会及政党同盟会重庆支部,为传播资产阶级民主革命思想,发展革命组织,奔波于重庆、成都、叙永之间;武昌起义后,他登高一呼,应者云集,推翻了封建王朝在重庆的统治,建立了具有资产阶级民主政权性质的"蜀军政府"。民国既建,袁世凯倒行逆施,复辟帝制,他追随孙中山,历经癸丑、丙辰诸役,九死一生,对袁世凯进行了"武器的批判";护法期间,为贯彻孙中山的护法主张,他执掌川政,措施咸力;为驱逐陈炯明,重建广东革命根据地,他更与孙中山左右不离,赞襄大计,功勋卓著。为揭露蒋介石篡党夺权阴谋,他拼死归隐;抗战以还,他自喻为"海上一孤松",严拒汪逆诱迫,抛雏别妻,奔赴国难。我们认为,杨沧白作为一个资产阶级民主革命家，其见解是深刻的，其追求是执着的，其功绩是不可磨灭的；作为一个政治家，他能做到功成身退，出污泥而不染，身处危境而凛然有节，是十分难得的。古人曾以“富贵不能淫，贫贱不能移，威武不能屈”许天下豪杰之士，若杨沧白者，真可谓豪杰之士也！

不但如此，杨沧白还是位才华横溢的诗人，其诗出入八代三唐，晚年更效杜少陵、陆放翁歌行律体，得其神韵，出语沉蕴而含情绵邈，所感所叹于国事、家事、天下事，皆淋漓跌荡，得乎心而应乎手，“虽不敢遽谓诗史，要非批风抹月比也”①。其文宗秦、汉以上，犹有司马迁之遗风。胡汉民盛赞杨沧白“言语妙天下，文章到古人”②，盖非谀也。至其书法，则于书学衰颓之际，挽狂澜于既倒，与并世诸贤相较，有过之而无不及，影响至深且远。杨沧白短身瞿貌，彬彬尔雅，气度雍容，淳淳然实为一代学者之正宗。

无名小子，本不足以为沧白先生作文。然高山仰止，景行行止，虽不能至，心向往之，遂大胆试拟是文，其挂一漏万者，务祈海内外方家正之。

一、四川辛亥革命的“元祖”

1942年8月，杨沧白在重庆逝世，他的挚友、老同盟会员朱之洪曾作一挽联，其上联为“蜀府建殊勋，君指挥，我奔走，当时让都督不为，只赢得桃李春风，言语文章妙天下”③，生动形象地展示了杨沧白早年遥戴孙中山，在四川领导辛亥革命的光辉业绩和高尚

① 杨沧白：《致何彦异书》。
② 胡汉民：《答山父》。
③ 余大德：《朱之洪挽杨沧白联》，载《巴县文史资料》，第一辑。

品格。后来杨沧白的学生、一代文豪郭沫若在他的《反正前后》中,更称杨沧白"在四川成为革命党人的元祖"。

1. 四川近代政党的创建人

经过鸦片战争后历次战争的冲击,横卧在东方大地的睡狮渐渐醒来,拯救民族危亡,发展民族资本的呼声一浪高过一浪。地处祖国西南边陲的重庆,在欧风美雨的吹打下,于 1891 年正式被迫开放,从而揭开了半殖民地半封建历史的序幕。1897 年,著名维新变法思想家宋育仁在重庆主办商务局,创办《渝报》,给万马齐喑的四川思想界以巨大的震动。随后,创办新学与留学日本的热潮迅速席卷全川,重庆也逐渐形成了一个资产阶级知识分子群体。随着变法运动的失败,一部分先进的重庆青年便走上了资产阶级民主革命的道路,邹容、杨沧白便是其中的杰出代表。

1897 年,杨沧白入重庆经学院,从华阳名儒吕翼文治经史词章,文笔出曹辈,读书"喜广览为闳通",然"不欲以科第进取",而深感"国事积弱,胡清窃政"①,遂遍读明末清初黄梨洲等人的反满著作,逐步萌芽了反清革命思想。时宋育仁在重庆创办《渝报》,杨沧白与该报副主笔梅黍雨交善,颇受维新思潮影响。1899 年,杨沧白入重庆译学会,从英国牧师巴克和日本友人成田安辉、井户川辰三学习英文、日文,以备"游学欧美,充其识量"②。在重庆译学会,杨沧白结识了邹容。时邹容少年倜傥,每发"奇僻可骇之论,闻者掩目疾走"③,他独与之亲近,并结下了深厚的友谊。在与外籍教师的交往中,他们开始接触到西方资产阶级民主制度,视野更为开阔,

---

① 向楚:《杨庶堪传》。

② 赖肃:《杨沧白先生行状》。

③ 章炳麟:《赠大将军邹烈士容纪念碑》。

并对西方的科学技术、社会制度、政治思想产生了浓厚的兴趣,企望通过学习西方,以达到"以共和倾专制"① 的目的。1901 年,留日之风逐渐兴起。秋,杨沧白因侍奉父母,不便远行,便积极帮助邹容排除阻挠,并从经费上予以资助,使邹容得以冲破束缚,自费留学日本。行前,两人依依不舍,杨沧白作有《送友人游学日本》一诗相赠。诗云:

骀宕少年事,蓬莱殊可希。江山一送远,裘马几轻肥。收我忧时泪,霑君越国衣。慨慷入吴意,始愿莫终违。

1903 年,首批留日的巴县青年陈崇功、朱蕴章、童宪章相继归来。留在重庆的杨沧白等人则一直在暗中活动,等待时机。他们的归来,给重庆的进步青年带来了新的信息:时值拒俄运动,中国资产阶级知识分子正处在从爱国到革命的转变之中,各地革命力量正在聚集,纷纷准备成立革命团体。鉴此,杨沧白激动地说:"革命亟待实践矣!"② 于是,由杨沧白、梅黍雨二人首创,联合重庆革命青年,秘密成立了重庆也是四川第一个资产阶级革命小团体——公强会。公强会以"寻求富国强兵之道为标志,以启迪民智为作用"③,"树立革命思想"④。会员主要是具有革命倾向的青壮年知识分子,如吴骏英、朱之洪、朱蕴章、童宪章、董鸿诗、董鸿词、

① 赖肃:《杨沧白先生行状》。

② 马宣伟:《杨庶堪》,载《四川近现代人物传》,第二册。

③ 向楚等:《蜀军政府成立前后》。

④ 向楚:《杨庶堪传》。

陈崇功、李时俊、胡树楠、江潘等,“均一时俊彦”①。他们常会盟于重庆五福宫桂香阁,会员轮流做东,以设酒聚饮为掩护,暗中传阅介绍国内各种新书报,谈论光复大计。此外,杨沧白等还组织了“游想会”、“羽强社”等革命小团体。这样,以公强会为核心,逐渐形成了重庆资产阶级革命派。

各地革命小团体的普遍建立,从思想上、组织上为全国性的资产阶级政党同盟会的建立,准备了必要的条件。在此基础上,孙中山开始进行建党活动。当时,在日本的童宪章作为重庆公强会的代表,积极参与了孙中山的建党活动。在建党过程中,孙中山十分关注重庆地区的革命活动及其在中国西部的特殊地位。同盟会成立之前,1905 年 7 月 14 日,童宪章、陈崇功就由孙中山亲自主盟,加入了同盟会,并代表杨沧白等人入盟。8 月 20 日,中国同盟会正式成立,许多川籍革命志士参加了东京同盟会总部的工作。

同盟会成立后,孙中山对重庆同盟会组织的建立,给予了积极的支持和具体的指导。他认为:“扬子江流域将成为中国革命必争之地,而四川位居长江上游,更应及早图之。”② 因此,同盟会总章规定:“本会支部,于国内分五部,国外分四部,皆直接受本部之统辖。”③ 而国内的西方支部就拟设在重庆,负责领导四川、贵州、新疆、西藏、甘肃的党务。同年,童、陈二人“奉中山先生命”,携带同盟会的规章、公约、誓词和计划方略等回到重庆,“征集革命党员”④,成立同盟会重庆支部。已具相当规模的重庆公强会,立即推

---

① 周开庆:《杨庶堪先生的生平与功业》,载《近代中国》(台),1980 年总第 12 期。

② 熊克武:《辛亥革命前我参加的四川几次武装起义》,载《辛亥革命回忆录》(三)。

③ 邹鲁:《中国国民党史稿》第一篇《中国同盟会》。

④ 赖肃:《杨沧白先生行状》。

“杨庶堪与朱之洪首应盟约”①,改组公强会,成立了同盟会重庆支部。同盟会重庆支部成立伊始,除原公强会会员加盟外,杨沧白还吸收了一些受过封建主义教育又接受了资产阶级民主主义思想的知识分子入盟,使重庆同盟会组织迅速发展壮大。于是,杨沧白等便特制了“蜀中同盟会章”② 作为同志间联络的信物。

1906 年,成都建立了同盟会四川分会。后来,泸州、富顺等地也相继建立了同盟会组织。自 1907 年同盟会四川分会组织的成都起义失败后,同盟会在成都的组织形同瓦解,以杨沧白为首的同盟会重庆支部遂成为资产阶级革命党人领导和推进四川革命运动的中心。资产阶级革命政党同盟会四川组织的普遍建立和发展,标志着四川在传统的封建专制体系中,出现了新型的近代政党。自此,四川资产阶级革命派的目标更加明确,队伍更加壮大,四川人民的革命斗争进入了比较完全意义上的资产阶级民主革命的新时期。

2. 在四川传播资产阶级民主革命思想的宣传家、教育家

以杨沧白为首的重庆革命党人,对革命的宣传、教育工作一直十分重视。公强会一成立,即以“谋光复计略,互为介绍海内新出书刊,并负灌输青年以革命思想之责”为志。1903 年,杨沧白等人利用为重庆书商曹顺清所办广雅书局购书之机,广购各地新书杂志,并辑录其中的新鲜观点,“汇为《广益丛报》,欲以树新风,作民气也”。《广益丛报》由杨沧白、吴骏英、朱蕴章负责主持编辑,在近代四川出版发行的各种报刊中时间最长,对传播资产阶级新思想和介绍国内外形势起了重要作用。同时,杨沧白还常与卞小吾、田

① 向楚:《杨庶堪传》。

② 现藏于重庆中国三峡博物馆。

心澄、董鸿词等借郊游为名,“恣议时政,论其得失,终以非排满革命无以救亡”,时称“游想会”。1905 年 2 月,受杨沧白之托去京、沪探察形势的卞鼒(小吾),在上海秘密购置了《革命军》、《警世钟》、《苏报案纪事》等革命宣传读物数百册,返回重庆。重庆进步青年“亦得邹容所著《革命军》,阴相传阅,昌言无忌”[1],使反清革命思想日益深入人心,一时间,“先后加盟于‘公强会’者,日以浸盛”[2]。卞小吾还向杨沧白汇报了三次探望邹容、章太炎的情况,并转告了他们对四川革命的建议:“西南地处边陲……大有用武之地,急宜回川图之。”[3] 杨沧白即与卞小吾商定,首先“创办日报揭露清政府的腐败,宣传革命精神,以唤醒群众”[4]。九月,在杨沧白等支持下,由卞小吾主持,近代四川第一家日报——《重庆日报》创刊了,不数月,革命事业大有一日千里之势”。1905 年,杨沧白在重庆府中学堂及正蒙、开智诸校讲授英文,积极向学生灌输“国事阽危,人须自救救国的道理”,引起守旧势力的恐慌,认为“正蒙公塾诸生皆革命党”[5]。同盟会重庆支部成立后,杨沧白等决定“先从学校方面着手,以教育界人士及学生为对象,积极开展革命宣传和组织发展工作”,并以《广益丛报》为阵地,公开宣传同盟会的主张,介绍革命党人的斗争事迹。1906 年,该报转载了《民报》发表的冯自由《民生主义与中国革命之前途》一文,第一次将孙中山的三民主义在四川公诸报端,激起强烈反响,“一时知识分子入盟者,颇不乏

① 陈新尼:《重庆早期的革命思想和组织》,载《四川保路风云录》。

② 赖肃:《杨沧白先生行状》。

③ 邹鲁:《中国国民党史稿》列传,《卞烈士传》。

④ 卞稚珊:《卞小吾遇难纪实》,载《重庆文史资料》第十二辑。

⑤ 陈新尼:《重庆早期的革命思想和组织》,载《四川保路风云录》。

人”①。

1906年,叙永厅成立永宁中学,该校是古蔺、古宋、兴文、长宁、江安、纳溪几县唯一的学府。初夏,校方聘请杨沧白为该校监督,“公(杨沧白)亦思与川南党人合会,于此万山中,建树革命根据地”②,遂约同向楚、朱之洪前往。在永宁中学,杨沧白教授英文、历史,他经常与学生闲谈,暗中向进步青年介绍《革命军》、《民报》等进步书刊,提倡阅读顾亭林、黄梨洲、王船山等人的著作,有意识地启发学生的反清革命思想,并发展学生中的优秀分子加入同盟会,如叙永的张颐、杨伯谦,古蔺的王野若、罗税伯,古宋的刘经文,江安的黄述等,“均由先生(杨沧白)与之洪介绍加入同盟会,此后在辛亥革命中有所建白”③。此外,杨沧白还广交朋友,进行革命活动,“朋辈往返多俊流,阴识拔为优秀党员,蜀东南老成学人入同盟会,盖多出自庶堪”④。由此,“川南边区的革命基础遂在叙永建立起来,永宁中学也成为当地的革命司令部了”⑤。尽管这样,杨沧白“所主叙永中学,亦时在风涛骇变中”⑥。9月,由日本志士外三修山主持,熊克武、黄方、杨维等党人在离叙永县城四十里的兴隆场制造炸药,杨沧白联络教员从学校实验室取出化学药剂、蒸馏器械供其使用。黄树中(复生)不慎,炸药发生爆炸,惊动街邻。杨沧白侦知官府派差役缉拿,便急忙通知黄树中、熊克武等安全转移。

1907年,杨沧白转赴成都高等学堂分设中学教英文,学生中有

① 向楚等:《蜀军政府成立前后》。

② 赖肃:《杨沧白先生行状》。

③ 周开庆:《杨庶堪先生的生平与功业》,载《近代中国》(台),1980年总第12期。

④ 《记朱叔痴先生》,载《民国四川人物传记》(台)。

⑤ 李铁夫:《同盟会在叙永活动纪实》,载《辛亥革命回忆录》(三)。

⑥ 杨沧白:《杨詹夫人事略》。

郭沫若、李劼人、王光祈、曾琦等。川西一带的士绅,对杨沧白温文儒雅的风度,高深的学识,十分钦佩。林思进(山腴)曾有诗云:"千里渝州道,三年锦水游。闻声已思慕,握手更绸缪。"[①] 时南较场(高等学堂外操场)举行全川学生运动大会,因学生与巡警冲突受伤,杨沧白便与好友刘行道(士志)挺身往见川督赵尔巽,严词力争,迫赵将巡警教练所提调撤差,以平众愤。而"蜀中贤豪长者,文人学士,皆与公投分结纳,服其雅度……时人目之清流"[②],清吏莫可奈何也。成都的同盟会四川分会虽于1906年成立,但东京总部所派广西人邓家彦(孟硕)来川发展组织,因无法与川人接触,不久即辞职他去。后来改派的同盟会四川分会会长黄复生,因在叙永制造炸弹受伤,寓渝治疗,而他委托代理会务的林宾谷又态度暧昧。于是,杨沧白在由日返川负责宣传工作的谢奉琦协助下,积极发展成都的同盟会组织,吸收成都各界优秀分子入盟,如学界的张培爵、刘公懵、张夷白、黄圣祥、李培甫、王茂兰、刘季徽等,军界的龙绍伯等。赖肃(以庄)先生说:"越年(1907年),公乃移教成都,省内外党人,秘议密谋,公则主之。"[③] 11月,同盟会四川分会组织的成都起义,因事泄失败,使川西南的革命力量遭到严重挫伤。谢奉琦被捕牺牲,杨维、黄方、张治祥、黎靖瀛、江永成、王炳章等"成都六君子"被捕入狱。杨沧白心情十分沉痛,曾多次设法营救。不久,杨沧白回渝,林山腴作诗赠之,诗云:"白驹不可系,浩然送君归。岂谓千日短,忍此一朝违。文章惬平生,笑语及燕私。愧无端

---

① 林思进:《哭杨沧白四首》,载《清寂堂集》。

② 赖肃:《杨沧白先生行状》。

③ 赖肃:《杨沧白先生行状》。

绮报，坐致琼琚诒。”[①] 足见其对杨沧白的推崇。

1908年，值川东地区第一次工商业展览会在重庆菜园坝举办，四川革命党人纷纷聚集重庆，主张乘机起义。但杨沧白认为，1907年成都起义失败后，清廷防范革命极严，党人进行革命举事还没有足够的力量；再则重庆为工商重镇，当交通要冲，万一失败，将失去革命发展的据点，贻害极大。因此，决定暂不起义，“仍以积极进行革命宣传和发展组织为主，在积蓄力量的基础上，待时局变化，再发动举事”[②]，从而保存了革命力量。1909年至1910年间，杨沧白就任重庆府中学堂监督，延请张培爵为学监，将同盟会重庆支部机关设在校内，并组建“乙辛学社”作为其核心，杨沧白负责全面并兼理财政，继续利用各种关系，进一步掌握重庆的教育机关，作为扩大宣传和发展组织的基地。经过努力，重庆府中学堂、巴县中学、川东师范学堂、重庆教育会等学校和机关的领导权，全部为同盟会员所掌握，“教职半党人，学生加盟者亦数十人”[③]。

为了宣传资产阶级民主革命思想，培养革命干部，发展革命组织，杨沧白奔波于重庆、叙永、成都之间。他写道：“余自弱龄涉学有识，则喜交当世闳材硕彦。其于文字教育之会，时则有胡湘骚，李峙青、冉方倩、李泉浦、李磐若、李景湘、金介眉、林山腴、余苍一、王又新之流，相与为游而莫之心逆。当是时，余已秘入同盟会谋革命，隶斯会者，率多慷慨致命英贤。自刘士志、张列五、黄复生、谢慧生、宋绍曾、邓孟硕之伦，余尝与死生患难交。其囿于重庆一隅者，昔余作《渝中十六友歌》，盖多已纪之。其间若梅黍雨、朱叔痴、

① 林思进：《沧白贻诗留别依韵奉答》，载《清寂堂集》。

② 向楚等：《蜀军政府成立前后》。

③ 民国《巴县志》卷二十。

吴梅修、董颂伯,其尤旧故者也。晚得向仙乔、陶闿士、石青阳三贤者,则又以文字教育因缘,而卒以与辛亥革命之役者也。"[①]

3. **重庆蜀军政府的奠基者**

1911年4月,孙中山、黄兴在广州策动著名的黄花岗起义,曾派人与长江流域的革命党人联络,并密电重庆接济资金,杨沧白立即"倡首响应"[②],决定筹募经费电汇广州,并发动重庆的同盟会员组织敢死队,随时准备发难,响应广州的革命起义。

5月,清廷宣布"铁路国有",派端方充任督办粤汉、川汉铁路大臣。消息传出,激起全国人民的极大愤慨。6月17日,川汉铁路公司在成都召开大会,成立了四川保路同志协会,明确提出了"保路破约"的口号,形成了以蒲殿俊、罗纶为首的资产阶级立宪派为核心的"有秩序"、"文明争路"的群众性保路运动。28日,以杨沧白为首的重庆革命党人在重庆组织成立了重庆保路同志会。与成都相比,重庆保路运动的领导权,一开始便掌握在以杨沧白为首的同盟会重庆支部手中。杨沧白认为:"成都、叙府、北京、广州诸役,余盖愤不乐生"[③],四川保路风潮,则是促成革命成功的最好时机。他指出:"此非根本革命,无以拯民;保路,枝叶耳!"[④]希望四川革命党人"表面借争路为幌子,以激扬民气,而行排满革命之实"。8月,川汉铁路公司在成都召开股东会议,朱之洪以重庆股东代表身份出席会议,临行前请示杨沧白,杨沧白说:"保路是应该的,但不是根本问题,真正的希望还是广东方面。"又说:"争路仅为枝叶,蒲

① 杨沧白:《李公裴知五十寿序》。

② 赖肃:《杨沧白先生行状》。

③ 杨沧白:《杨詹夫人事略》。

④ 赖肃:《杨沧白先生行状》。

(殿俊)、罗(纶)诸人不足以言革命大事,此行宜和成都同志商讨决定发动策划"①,决定把反帝爱国的保路运动,扩展为反帝反封建的资产阶级民主革命运动。关于这一点,可从以下两条材料得到证实:一是重庆海关税务司斯泰老给海关总税务司的报告,它指出:"真正首领们的目的是要叛乱,不会半途而废"②;二是四川京官甘大璋写给盛宣怀的告密信,信中说重庆同盟会员"在重庆开会演说,意在谋为不轨"③。

9月,鉴于四川保路运动的蓬勃发展,清廷急命端方率湖北陆军入川查办四川铁路事宜。端方入川,造成了武昌防务的薄弱,为武昌首义成功,提供了条件。7日,川督赵尔丰在成都诱捕蒲殿俊、罗纶、邓孝可等九人,并制造了"成都血案"。自此,四川群众性的保路风潮便冲破了资产阶级立宪派划定的"文明争路"的框框,进而发展成为由资产阶级革命派领导的反帝反封建的武装革命。杨沧白日夜与重庆革命党人密谋大举,并派同志四出,相机待发。端方所领鄂军因受革命思想影响,不少人与同盟会、共进会有联系,杨沧白对此早有所闻,便秘派张颐赴夔州、万县联系下川东党人,"并设法与鄂军中的党人通声气"④,后与鄂军中的同盟会员田智亮取得了联系。同时,又派卢师谛赴同盟会总部报告四川组织情形,探听其他省份的革命消息,使革命进展有所依据。10月10日,武昌首义成功,给重庆革命党人以巨大鼓舞。是时,"渝中党人欲应之,派门人陈光远迎张懋隆,夜往计商,张曰:'非大修战具不可',

---

① 向楚等:《蜀军政府成立前后》。

② 《中国海关与辛亥革命》第五十八页。

③ 《辛亥革命前后盛宣怀档案资料选辑之一》第一三五、一三六页。

④ 向楚等:《蜀军政府成立前后》。

于是遣其赴鄂,从黎、孙假之”①。同时,杨沧白还迭接各地秘报,同盟会重庆支部遂加紧活动,召集各地在渝党人秘密举行会议,商讨起义大计。会上,大家公推杨沧白主盟,负责“决疑定议,谋财政,操运筹,周旋官吏,延纳党员”②。杨沧白利用重庆府中学堂供学生操练的二百支九子快枪,作为发动武装起义的基本枪械;联络工商界的开明人士筹集资金以供日益增大的各项活动开支;联络哥老会,借其潜在力量,作为举事的别动队,并组织了以同盟会员石青阳等为首的敢死队。13 日,端方所率鄂军抵渝,他责成正在重庆省亲的广东巡警道李湛阳筹募勇三营,以备防卫重庆之用。杨沧白因与李湛阳至稔,趁机使“党人多投身其间,因其交通防军”③,使之成为起义的重要力量。杨沧白的频频活动,引起了清地方官的注意,并派人进行监视,为保守秘密,他孤身往见重庆知府纽传善,进行周旋,以打消其怀疑。由于端方抵渝,使重庆起义计划“酝酿未发”④,同盟会重庆支部遂决定在重庆附近州县策动起义,以分散和孤立重庆的清军,于是有长寿、涪州、广安、南川等地的起义与独立,而各州县又“皆以重庆机关部为革命枢纽”⑤。在这种情况下,“在重庆发生革命只是一个时间问题,政府的统治在很早以前就已不存在,一切权力皆落于士绅的手中。而这些士绅自从铁路问题的骚乱以来,形成了一个团结一致的反政府阵线”,“重庆推翻满清的统治万事齐备,只欠东风了”⑥。这话也是重庆海关德籍税务司

① 杨沧白:《张懋隆传》。
② 向楚等:《蜀军政府成立前后》。
③ 邹鲁:《四川光复》,载《辛亥革命》,第六册。
④ 民国《江津县志》前事记。
⑤ 向楚等:《蜀军政府成立前后》。
⑥ 《四川保路运动档案选编》第三一一、三六五页。

斯泰老在向总税务司的报告中说的，只不过把杨沧白等革命党人看成一般的“士绅”了。

11月初，同盟会员夏之时策动驻龙泉驿新军暂师起义，旋即挥师东下，中旬，抵重庆江北黄桷树。杨沧白侦知大喜，即派朱之洪、黄宗麟前往欢迎。朱之洪回城后向杨沧白汇报了与夏军联系经过，同盟会重庆支部随即召开紧急会议，决定与夏军内外配合，以和平方式实现重庆独立，并根据同盟会有关章程和武昌起义的成例，将新政府定名为“蜀军政府”。22日上午，杨沧白、张培爵下令出动同盟会重庆支部控制的重庆中营城防游击队、商勇、川东道防营、水道巡警及炮队、民团等武装力量，集全城官绅商学各界代表二三百人于朝天观（今朝天门运输电影院附近），举行市民大会。况春发所组织的会党队伍和石青阳所率的敢死队拱卫杨沧白、张培爵到会，鄂军党人田智亮亦武装到会。与会党人皆以白布裹臂为记，迫使重庆知府纽传善、巴县知事段荣嘉缴印投降，剪发游街示众。城中市民纷纷挂出“汉”旗，涌向街头，欢呼声、鞭炮声不绝于耳。下午，夏军高举“中华民国”、“复汉灭满”大旗入城，驻扎于行台街门。接着，由杨沧白主席，宣示革命主义、蜀军政府组织大纲和维护地方秩序办法，设“蜀军政府”于原巡警总署，通电全国，宣告重庆独立。次日，杨沧白组织召开了蜀军政府筹建会议，大家推他为都督，他却坚辞不就，只承认在旁尽力襄助，结果，“全体公推张培爵任都督，夏之时为副都督；并推杨庶堪、朱之洪为高等顾问，遇有重要问题，咨商两顾问后，才决定施行”①。重庆辛亥革命以和平方式，使“官吏俯首听命，绅商学界备极欢迎，兵不血刃，垂

① 向楚等：《蜀军政府成立前后》。

手而克复名城”[①],这不仅是中国、四川革命形势空前高涨的结果,更是以杨沧白为首的重庆革命党人长期周密筹划、不懈奋斗的必然结果。重庆蜀军政府的成立,结束了清王朝在重庆地区的封建专制统治,揭开了重庆历史新的一页。湘、鄂、滇、黔、粤等省军政府,先后通电“正式承认蜀军政府为四川政治中枢”[②]。郭沫若推称杨沧白为四川革命党人的“元祖”,杨沧白是当之无愧的。

二、民国初年的政治活动家

关于杨沧白在民国初年的活动,或因史料缺乏而语焉不详,或因人事功过纷争避而不谈。但历史毕竟是历史,是不以个人的意志为转移的。我们认为,杨沧白是孙中山的忠实信徒,是民国初年的著名政治活动家。现将主要史实分叙于后:

1. 癸丑讨袁之役

1912年1月,杨沧白“退休,奉于浮图关别庐”,署其居处曰“天隐阁”。3月,南北和议成,袁世凯窃据了中华民国临时大总统职位。11日,成、渝两地军政府合并,宣布杨沧白为外交部长,未就职。在成都封建官僚与立宪党人的政治漩涡中,革命党人处处受到压制。杨沧白虽在野,但在后来的国会选举中,袁世凯仍“嗾人讼公,冀败名,不获议员选”[③],杨沧白在四川极具声望,仍被四川选区选为参议员,因其早有归隐之意,仍未就职。后应调赴京师“用备咨询”[④]的张培爵的邀请,“尝一走京师,以衔民政长张公命”,乃

① 邹鲁:《四川光复》,载《辛亥革命》,第六册。

② 张培爵:《蜀军政府始末》。

③ 赖肃:《杨沧白先生行状》。

④ 张培爵:《赴京通告》。

赴京考察政治,然“所接多贼袁故吏,次乃浮夸政客,无足与语者”①,而深感“袁世凯之于民国,殆谓汉贼不两立者”②。

1913年3月20日,袁世凯派刺客在上海火车站刺杀国民党领袖宋教仁,随即又非法签订善后大借款,其独裁野心暴露无遗。7月12日和15日,李烈钧在江西、黄兴在南京分别组织讨袁军,宣布独立,即著名的“赣宁之役”,从而拉开了“二次革命”的序幕。7月19日,老同盟会员王右瑜由北平赴成都,途经重庆时,将“胡景伊已密电袁世凯,商量编遣熊部第五师办法”③的消息告诉了熊克武,并建议熊克武即密电陆军部辞职,以摆脱胡景伊的控制,保存第五师实力。熊克武、但懋辛决定次日约杨沧白征求意见,商量定夺。杨沧白赞成熊克武辞职办法,熊当即请杨代拟辞职电稿,并约杨于21日去南岸老君洞决定大计。后因朱之洪走漏消息,22日,第五师团以下干部约集于将军祠开会,决定阻止熊克武辞职,响应赣宁讨袁。在老君洞的熊克武、杨沧白得知这一消息,立即赶回师部,向部众表明辞职是为了待机而动,并当即决定了重庆独立与兴师讨袁大计。

杨沧白等经慎重分析四川的局势后,一面积极筹募军需粮饷,一面派人到滇、黔两军共谋讨袁。8月4日,熊克武、杨沧白在重庆发出讨袁通电,宣布重庆独立,以响应孙中山号召的“二次革命”。他们在重庆设立了讨袁军总司令部,推熊克武为四川讨袁军总司令,杨沧白为讨袁军总部民政总厅厅长,分辖军民两政。其时,重庆讨袁在时机上已极为不利,南方的赣宁之役已经挫败,7月22日

① 杨沧白:《勋二位工商总长沪军都督陈公其美墓志铭》。

② 杨沧白:《先烈张列五先生手札题辞》。

③ 赖建侯:《胡景伊投靠袁世凯镇压二次革命》,载《四川军阀史料》第一辑。

江苏讨袁军放弃徐州,29日总司令黄兴即离南京出走。重庆孤军作战,不仅外无援助,而且内受四面之敌,失败已成不可避免之势。8月12日,袁世凯"责成四川都督胡景伊饬所部严拿惩办","并令湖北、陕西、云南、贵州四省派部队会合兜剿"[①]。重庆讨袁军虽取得一些局部战斗的胜利,但在数省围剿下,9月21日,黔军黄毓成旅直逼重庆。为了全城人民的生命财产安全,杨沧白与熊克武商议,决定撤出重庆,推曾任李烈钧讨袁军参谋长的陈泽沛为临时治安委员会主席,出面维护重庆社会治安。重庆癸丑讨袁之役即告失败。

重庆癸丑之役失败后,杨沧白即为全国通缉的"首犯"。在友人协助下,杨沧白暗中离渝,经酉阳、秀山,去湖南转武汉,化装成水手辗转逃到上海,后在陈其美、蒋介石帮助下,转赴日本。他认为:"癸丑之难出亡后,乃罹钞没,致累老亲播越万里,平生所遭,此为酷祸。"[②]

2. 丙辰三次革命之役

杨沧白到日本后,心情非常激动。初次见到了他思慕已久的孙中山先生,"倾谈之下,总理惊得奇才,多所依重,左右不离"[③]。他写道:"余少读书于蜀万山中,不及与当世仁贤奇杰游处。……癸丑违难日本东京,始得遍识民党魁杰,自大总统香山孙公以次,恒与为密谋。"[④] 在孙中山策划下,杨沧白与陈其美、胡汉民、居正等四处奔走,号召筹组中华革命党。1914年6月23日,中华革命

---

① 赖建侯:《胡景伊投靠袁世凯镇压二次革命》,载《四川军阀史料》第一辑。

② 杨沧白:《英译〈癸丑违难二百韵〉自序》。

③ 《杨氏事略》,载《中央日报》1942年8月12日。

④ 杨沧白:《勋二位工商总长沪军都督陈公其美墓志铭》。

党在日本东京召开选举大会,各省代表一致选举孙中山为总理。7月8日,中华革命党在筑地精养轩举行成立大会,孙中山自誓盟约,由胡汉民主盟,党众宣誓,杨沧白经陈其美、居正介绍,入党号码为161号,誓约中除“附从孙先生”改为“统率同志”、“服从命令”改为“慎施命令”外,与其他党员皆同。大会选举了中华革命党总务、党务、军事、政治、财政五部的领导人,杨沧白被选为政治部副部长,并与谢持一道,同被指定为四川党部的主盟人。9月至12月,杨沧白在东京赤阪区灵南坡孙中山寓所参加了中山先生主持的十多次会议,讨论革命方略。党人胡汉民称:“旧闻沧白起,相见更相亲”①,谭人凤亦说:“四川若革命,杨某可独当一面”②,足见对杨沧白敬重之情。

1915年,袁世凯图谋帝制甚急,5月9日,竟承认日本企图侵占中国权益的“二十一条”;8月14日,所谓“洪宪六君子”在袁世凯贿使下,又发起组织帝制的“筹安会”。在这种情势下,中华革命党即为讨袁而通告全国同胞,各地志士望风而起。孙中山命杨沧白等八人赴南洋各地筹募军资,并亲书一函告当地同志,内称:“本党特派陈其美、胡汉民、许崇智、杨庶堪、宋振、郑鹤年、邓铿、朱卓文八君,分赴南洋各属,筹募起义军饷,及协办整理党务之事宜。”③杨沧白奉命之后,正准备从日本出发,恰在此时,陈其美在上海来电,称:他准备在上海谋刺袁世凯在东南的屏藩、控制了全部海军的上海镇守使郑汝成,希望杨沧白立即前往上海,助他一臂之力。于是,杨沧白偕蒋介石、于仁杰、余祥辉等人回到上海,在陈其美的

---

① 胡汉民:《答山父》。

② 马宣伟:《杨庶堪》,载《四川近现代人物传》,第二册。

③ 《民国川事纪要》,(台)四川文献研究社。

总机关法租界渔阳里五号,商议决定了“袭海军,攻制造局,夺吴淞要塞”① 的起义方案。

11月10日,驻上海日本总领事署,开会庆祝日皇登极。借郑汝成前往庆贺之机,王晓峰、王明山在英租界外白渡桥伏击郑汝成成功。郑汝成死,袁世凯大为震动,遂派杨善德继任上海护军使。杨善德为人怯庸,对军事多所疏漏,革命党人乘机频繁活动。由于经费拮据,杨沧白便经向楚向在上海经商的同乡李裴知借得三万元,作为淞沪起义的活动经费。他们首先买通了肇和舰舰长黄鸣球,相约于年底起义。时值袁世凯派海军总司令萨镇冰以检阅海军为名南下。12月3日,应瑞、肇和二舰奉命于12月6日前驶往广州。陈其美得知这一消息,即与杨沧白、蒋介石等商议,决定在12月5日晚提前起义,关于此役的详细情况,杨沧白有比较翔实的引述,他写道:

> 丙辰三次革命之役,余所相与为终始者也……适筹安会起,天下嚣嚣。乃因返东会谋,改图西南,军资辜较计数十万,而时苦不给,遂约与胡汉民、许崇智、宋振及余分募华侨于菲律宾、爪哇、马来诸岛。公道上海,会事急,独留。旬日,以二王刺杀贼镇守使郑汝成于白渡桥,海内大震。于是招余与蒋介石、于仁杰、余祥辉诸人归,至则谋袭海军,攻制造局,夺吴淞要塞,据上海发难,为天下先。既定议,忽闻肇和、应瑞两舰将调赴广东,势已莫可如何,则于十二月五日薄暮,令杨虎、孙纵横各率所部三

① 杨沧白:《勋二位工商总长沪军都督陈公其美墓志铭》。

十许人，一由黄浦乘蒸艇袭取肇和，一由杨树浦乘蒸艇袭取应瑞，而别以数百人持短铳吒弹扑攻陆署及各要区。会孙艇以无通航符券被阻，应瑞不能得。而杨虎诸人则已跃登肇和，舰员陈可钧等应之，纵炮攻陆，巨声隆隆震天地，贼吏皇骇欲遁，人民欢呼雷动，虽奔避塞途，未尝有怨语。当是时，薄子明提二百许人击巡警总局；吴忠信遣其部百许人击电灯、德律风诸馆；公率蒋、吴、丁、周躬至城中督战，而留余与邵元冲、周日宣居守。时薄、吴两军皆已获利，警吏及卒惊溃，陆上守军突来会战，两军皆短铳不能远击，遂小却退。总司令部未得立，不获已，乃返渔阳里居守密室，谋继进。俄而韄声潮至，棨门甚厉，知有变。公与余及吴、蒋登屋而逸，法兰西逻卒捕丁、周诸人以去。援军遂不及发，薄、吴两军不支。杨虎等固守至天明，贼将吏以巨金赇应瑞诸舰，环攻肇和，肇和中炮，瞭望台倾焚，死者藉出。杨虎乃从容燔檄告，沉军币，而与马伯麟辈率残部浮小艇退归，陈可钧等被执，不屈，死之。是役也，死二十馀人，伤百馀人。贼袁凶惧，天下闻风知贼军不足为矣。①

3. 执长川政前后

1916年，孙中山回国主持党国要事，特召杨沧白襄助。次年8月，孙中山为保卫共和，捍卫《临时约法》，在广州召开了国民非常会议，组织护法军政府，通电护法。由于当时中国政局风云变幻，

① 杨沧白：《勋二位工商总长沪军都督陈公其美墓志铭》。

四川军事亦迭生变故,为将四川境内发生的为个人权势争斗的战争转变为护法之战,杨沧白坦诚地向孙中山介绍了川中局势,并力荐了几个将领,以期安定川局,集中力量,为拥护孙中山的护法主张而战。孙中山接受了杨沧白的建议,并十分信任地将委任状交与杨沧白转发。从1917年10月孙中山给杨沧白的一份电稿中,可窥其一斑:

> 上海杨沧白先生鉴:阳日寄上任命卢师谛川西招讨使,石青阳川东招讨使,兹得电复。复生称:"已在泸组国民军,可得械八支队,请任总司令,卢为副司令,此后委员均归复生节制"等语。即照委状仍寄兄转,前寄卢招讨使状职销。但石仍旧是否合宜?应否宣布?盼速电复。致方师长电已送。孙文。[①]

1918年1月22日,吕超率部攻入成都。熊克武为个人权利计,针对川中主、客军布防情况,初步划定了各自的"防区"。2月2日,孙中山特命杨沧白任四川宣慰使,并催其返川。随后,孙中山又"致唐继尧论四川省长应由民选",函川中军政府委任各将领及章太炎,谓:"……省长关系地方政务至大,已电促沧白兼程回川,盼诸兄迅速疏通省议会,一致选举沧白为四川省长。"孙中山之所以力荐杨沧白回川出任省长,是基于杨沧白能坚定不移地执行其护法主张,在川中极具声望,川军许多将领与他私交甚笃,以期杨沧白"联合黄、卢、陈、吕等军,收拾川局,迟恐锦帆(熊克武字)权力

---

① 《民国川事纪要》,(台)四川文献研究社。

日增，黄、卢不足以抗”[①]。3 月 7 日，孙中山又电杨沧白：“接川省议会来电，举锦帆为督军，兄为省长，盼火速兼程返川，迟恐生变。任命状已公布。”[②] 时居上海的杨沧白仍坚持他一贯的隐退思想，不愿与熊克武直接发生冲突，加之其父病重，浙、赣、皖、鄂又为北洋政府所控制，江途阻隔，故一直滞留上海。

由于桂系军阀陆荣廷和政学系头目岑春煊的勾结和操纵，4 月 10 日，广州国会非常会议决定改组军政府，取消大元帅一职，改为七总裁制。5 月 4 日，孙中山通电辞职，怀着沉重的心情回到上海。6 月 26 日，孙中山与杨沧白交换了对时局的看法，并敦劝杨沧白出任四川省长，将四川作为革命的根据地加以建设，联合滇、黔两省以对抗北方。杨沧白为了不负孙中山的厚望，为了川中的父老乡亲，不得不辞别年高体衰的父亲，冒险回川。途经汉口时，正值湖北王占元大肆捕杀革命党人，杨沧白与向楚等化装为船工，混出武汉。8 月 19 日，杨沧白抵达重庆。10 月 12 日，在省议员刘扬、魏奉之等劝促下，就任四川省长职。27 日，他写了一封长信给熊克武，向其剖白在渝就职衷曲，以示肝胆相照，期望共同完成孙中山交给的任务。他认为：“自癸丑败亡以还，即认国基未固，吾辈终无息肩之日，苟有机会，必奋身为之，一反往昔功成身退之谬见。”[③] 11 月 6 日，赴成都接篆视事。时值四川省第一届议会届满改选，围绕议长人选，杨沧白与熊克武各自提出了候选人，结果，熊克武提出的李肇甫当选议长，从而控制了省议会。12 月 4 日，杨沧白转赴上海奔父丧，尽他最后的孝心。

---

① 《民国川事纪要》，（台）四川文献研究社。

② 《民国川事纪要》，（台）四川文献研究社。

③ 杨沧白：《致熊克武书》。

1919年1月18日,杨沧白假满视事。孙中山深知川中局势,不但极力支持杨沧白推行省政,还勉黄复生等协助杨沧白治川。他说:“沧白兄为吾党贤者,此次长蜀民政,又系川中诸同志所共推,窃欲吾诸同志于沧白兄,此后宜益竭力辅助,使其政策得以次第实行,以助民治主义之发展,而以川省为全国平民之模范,此文所深望者也。”[①] 为了顺利推行各项政令,杨沧白重新组建了省政府,还特保廖仲恺为财政厅长,蒋介石为警务处长,由于熊克武暗中指使省议会熊峄等通电反对,已经启程赴任的廖、蒋二人只好折回。眼见四川连年战乱,造成“盗贼蜂起,劫掠焚烧”、“商农交困,千里萧条”[②] 的局面,省长杨沧白颁布了《办团治匪布告》,不遗馀力肃清匪祸,俾使人民能够安居乐业。5月,南北代表在上海举行的和平会议宣告破裂,北京政府暂代国务总理钱能训通电宣称:此次议和破裂归咎于南方政府。杨沧白以四川省长名义致电广州军政府,指责钱能训“矫诬是非,淆乱视听”[③]。同时,成都学生为响应北京“五四运动”,开展了轰轰烈烈的游行和宣传活动,并向督军署和省政府请愿,杨沧白对此给予了道义上的同情和支持,并命警务处长张群负责保护学生的安全,严防军警和坏人制造血案。其间,成都、重庆兴起留法勤工俭学运动,杨沧白十分重视,并从学习、经费等方面给予关心和支持,使许多有志青年得以顺利赴法。

由于熊克武完全投靠岑春煊,并勾结北洋政府,“沧白处境之困,有非言语所能绘状者”[④]。有见于此,孙中山决心倒熊克武以巩

① 《民国川事纪要》,(台)四川文献研究社。

② 杨沧白:《办团治匪布告》。

③ 杨沧白:《致军政府电斥钱能训以此次和议破裂归咎南方电》。

④ 《民国川事纪要》,(台)四川文献研究社。

固四川革命根据地，派张左丞以慰问四川为名，返川联络石青阳、黄复生、卢师谛、吕超和滇、黔军结成反熊联盟，以武力倒熊。事已至此，杨沧白乃坚决执行孙中山联合川、滇、黔三省倒熊北伐的计划。眼见大战已不可避免，1920 年 4 月 18 日，杨沧白通电辞四川省长职，经遂宁于 5 月 3 日抵达重庆。5 月 18 日，川、滇、黔大战全面打响。7 月 10 日，黔军与"倒熊"的川军吕超、石青阳等会攻成都，熊克武败退出城。倒熊各军推吕超为川军总司令，吕超与唐继尧及四川省议会分别电请孙中山入川。川中局势的变化造成了暂时稳定的政治环境，特别是杨沧白又坐镇重庆，占地利人和之势。孙中山决定将国会迁往重庆，再建民国，继续为共和而奋斗。9 月 16 日，非常国会参议院议长林森、众议院议长吴景濂及议员七十馀人抵达重庆，准备召开国会。由于熊克武勾结败退陕南的刘存厚卷土重来，攻占成都，刘湘亦克合川，直逼重庆。对此，孙中山十分愤怒，他说："川局复变，甚诧！熊、刘勾结，何以竟未防及？……吾人之驱逐熊氏者，实因于救川救国之计，根本不能相容。"① 10 月 13 日，杨沧白离渝赴沪，向孙中山请命。14 日，非常国会也宣布离开重庆。

4. 辅佐孙中山重建广东革命根据地

1920 年 10 月 23 日，杨沧白抵达上海，向孙中山汇报了四川的形势，孙中山对他慰勉有加，鼓励他继续为民国努力奋斗。11 月 29 日，随孙中山去广州，负责机要文书。此后，许多重要文稿，都出自杨沧白之手。1921 年 4 月 7 日，国会非常委员会参议院、众议院联合在广州举行会议，通过《中华民国政府组织大纲》，并选举孙中山为非常大总统。由于陈炯明怀有野心，对当时中央各机关的经

---

① 《民国川事纪要》，(台)四川文献研究社。

费严加截留,孙中山遂命杨沧白为国民党本部的财政部长,负责筹措军费,执掌机要。杨沧白随即回上海,筹募军资,襄赞北伐。

1922 年 6 月 15 日,陈炯明公开叛乱,围攻观音山粤秀楼总统府。在上海的杨沧白得知这一消息,忧急万分,立即与张继等召集旅沪的党内同志百馀人,联名通电全国,痛责陈炯明的叛逆行径,引起各界强烈关注。孙中山到上海后,布置全面讨逆,恢复广东。10 月 18 日,电令入闽各军改编为东路讨贼军。而广西驻军,以滇、桂军实力最强,杨沧白与滇军有旧,孙中山遂秘命杨沧白等前往游说,几经洽商后,双方答应接济一切,出兵讨逆,孙中山随即命杨希闵为滇军总司令,刘震寰为桂军总司令,合力讨陈。讨贼军克容潭,下梧州、肇庆等地,直逼广州,陈炯明败退惠州,于 1923 年 1 月 15 日通电下野。各路讨逆军进入广州,欢迎孙中山回粤。20 日,孙中山委许崇智为粤军总司令,胡汉民为广东省长,杨沧白为宣慰使,处理一切善后事宜。杨沧白写道:"赴粤遂陈之举,余与君(卢师谛)皆阴受孙公命,以迎滇军。大本营立,余长记室,君为军长,中更多难。君与余尽瘁以辅翼大元帅孙公。"[①]"十二年,滇、桂、粤联军驱陈炯明,进攻广州,克之。复迎孙公返粤,称大元帅,庶堪辅之。"[②]3 月 2 日,孙中山在广州组织成立大元帅府,就任大元帅,委杨沧白为大元帅府秘书长。

几经挫折后,孙中山在苏联和中国共产党的帮助下,决心改组国民党。1 月 26 日,与苏联代表越飞联名发表了著名的《孙文越飞宣言》。10 月 25 日,在广州举行国民党改组特别会议,委胡汉民、杨沧白等九人为国民党临时中央执行委员,组织国民党新的临时

---

① 杨沧白:《追赠陆军上将卢君墓表》。

② 杨沧白:《田公神道碑铭》。

中央执行委员会,从事国民党改组事宜。会议决定来年 1 月在广州召开中国国民党第一次全国代表大会。从 28 日起,临时中央委员会举行了多次会议,决定了改组大计,并由杨沧白执笔共同研拟了国民党改组宣言内容。11 月 30 日,正式发表了《中国国民党改组宣言》,《宣言》将孙中山改组国民党的宗旨,作了具体的说明,实为 1924 年 1 月国民党"一大"改组之先声。

由于驻守广东境内的滇军与当地居民常有争执,情况很不稳定,广东人对杨沧白的呼声最高,孙中山遂于 1924 年 1 月 29 日任命杨沧白为广东省长。时值国民党"一大"开会期间,孙中山发布此项任命,足见其重要意义。杨沧白就任广东省长后,力求打破省界的嫌怨,促成彼此间的合作,在支援军事之馀,还着手教育,除积极支持黄埔军校外,还与邹鲁合力筹办国立广东大学,培育后进。

由于杨沧白深得孙中山器重,遂遭到蒋介石、戴季陶等嫉恨,他们造谣说杨沧白"挟滇军以自重","介石云:我一日不去则粤局一日不安"。杨沧白得知此等流言,认为他的人格已受到"无恒之辱",十分气恼。5 月 23 日,他奋笔写了一封长信给大元帅府秘书长廖仲恺,提请辞职,以表明自己的态度。我们认为:这封信十分重要,可以说是杨沧白从此退出政坛的政治声明,主要涉及以下几个问题。

首先,揭露了蒋介石的政治阴谋。本来,杨沧白自癸丑违难日本东京,因陈其美认识蒋介石后,两人关系一度十分密切,他说:"余所论交者乃至狭,最天下之英,而余得异省友率不过二三人。有方外人焉,曰曼殊,其次则肖纫秋,其次则世顷所哗某闻人者","世顷所哗某闻人者"即指蒋介石。他接着又说:"然曩时固尝与余深交,且谬以师余,而为之提正文字者也。"然而,蒋介石为了自己早日出头,独揽大权,便造谣中伤于他。这时,杨沧白才真正认清了蒋介石的本来面目。他认为:"如介石者,岂非堪平昔误认为死生患难之交耶?一旦反目,狞恶至不可堪,其所诃责,复皆适得其反。……使介石处我……尚复几微大局前敌计耶?"继而,他凭着一个革命家的政治责任感,发出了"堪微末不足惜,其如吾党之士,天下之人闻而寒心何耶?……先烈血渖未干,吾党主义未眠,先生夙志未伸,诸贤乃操入室之戈,歼灭此数十年历史之党徒,贤者真不可测。……友道衰微,党德沦落"的喟叹。然后,他凭着一个职业政治家敏锐的洞察力,尖锐地指出:"粤祸之发,岂堪思议耶?",蒋介石此举"不过初锋之一试耳,继此而驱除者,乃大有人在"。凭着革命同志之间真挚的友谊,从事业出发,他提醒廖仲恺,说:"庶堪行矣,后此之责,惟公等好自为之。"

其次,关于杨沧白对国共合作的态度。信中说:"此为某派借赤化为政略者之所为,诚令我百思不得其解者也。"原来,杨沧白对孙中山的"联俄、联共、扶助农工"三大政策,是不甚理解的。他对靠苏联顾问来建立国民党与共产党有自己的看法,他怕中国共产党成为苏联的附庸。他说:"我拥护共产党,我拥护中国的共产党。"对苏联更是存有戒心。1924 年孙中山北上途经上海时,杨沧白与孙中山的谈话可以为证,他说:"当我拜会孙先生的时候,苏联顾问鲍罗廷也来求见。孙先生对鲍罗廷说:'You Second'后,便开始与我谈话了。我鉴于鲍罗廷在座,估计他懂得一些中国话,就故意把话说得委婉含蓄,使鲍不很懂得我们谈的什么。我问孙先生:'假若中国卷入苏联的旋涡,斯大林要您加入他们的党,您该怎么办?'"① 尽管如此,杨沧白对国民党内部冒充革命的反革命两面

① 温嗣芳:《与杨沧白闲谈二三事》,载《巴县文史资料》第三辑。

派,在信中仍痛加揭露,他写道:“堪非谓赤化之宜行与否,特假此行彼,为党德所忌。”“一旦反目,犷恶至不可堪。”后来的历史证明,杨沧白的见解是正确的,假革命对革命造成的损失是不可估量的。

第三,鉴于以上两种情况,杨沧白宣告:“从此退休,亦聊以保晚节于他年。……山野馀生,不复敢与人家国”[①],以圆其“息肩”、“归隐”之夙愿。对杨沧白的辞职请求,孙中山坚持不允,杨沧白遂“谢死归”上海,居金神父路,过着“卷幔看天容偃仰”、“细草幽花足自娱”[②] 的生活。

5. 出任司法总长之衷曲

1925 年 7 月 31 日至 12 月 31 日,杨沧白出任北京段祺瑞执政府的司法总长。对此,1926 年 12 月召开的国民党“二大”曾作出如下裁决:杨沧白不得党之许可,私自服官北京,应永远开除党籍。几十年来,这一问题成为杨沧白革命生涯中的绝大污点,而很少有人明白杨沧白当时也有迫不得已之苦衷。

早在 1920 年 10 月,杨沧白辞去四川省长职,赴上海向孙中山请命,孙中山便委其负责南北代表会商事宜。1922 年,第一次直奉战争后,直系控制了北京政府,并将其势力伸延到长江流域。曹锟的贿选和吴佩孚的“武力统一”遭到全国人民的反对,孙中山率先通电反曹。其间,杨沧白受命赴浙江与卢永祥联络,商讨北伐事宜。9 月,奉系张作霖为合作讨伐直系,派代表来上海谒见孙中山,具体由杨沧白与之接洽,29 日,孙中山特命杨沧白再次入浙,与卢永祥密议,并亲书介函,谓:“子嘉先生执事:时局日非,愈烦筹策,想帏幄多劳,至念。兹有事欲与商榷,特委杨沧白兄前来面达,即

① 杨沧白:《致廖仲恺书》。

② 杨沧白:《居上海金神父路新居二首》。

希望接洽为幸。此致。并颂筹祺。孙文。”① 彼此商定与张作霖合作,对付曹锟的政治野心,结成反直的孙、段、张三角同盟。1924 年 9 月,江浙战争、第二次直奉战争相继爆发,冯玉祥等发动北京政变后,于 10 月 25 日召集政治军事会议,决定电请孙中山北上,共商国是。杨沧白写道:“十三年秋……逐逊帝出宫。……胡、冯、孙均称国民军,胡、孙故同盟会会员,胡尤爱党若渴。”② 接着,段祺瑞、张作霖亦分别致电欢迎孙中山北上。11 月 10 日,孙中山以中国国民党总理名义,发表《北上宣言》。17 日,途经上海时,因杨沧白一直负责孙、段、张三角同盟联络事宜,便特命其由陆路先行至京,试探段祺瑞的诚意。

杨沧白达到北京时,值段祺瑞就任“临时执政”,其政府由外交、财政、陆军、海军、司法、教育、农商、交通各部组成。由于杨沧白才华出众,当时政坛有“南杨(沧白)北许(世英)”之誉,又是孙中山的亲信,未经他本人允许,段祺瑞便发布任命杨沧白为农商总长。于是,杨沧白前往铁狮子胡同晋谒孙中山,除探问孙中山病情外,还向孙中山面呈了北京政局的情势,当他汇报到段祺瑞的任命时,孙中山说:“我们有一个人在里面也好。”由于杨沧白早有退隐之愿,时因母亲在上海病重,遂返上海探视母亲病情,未就农商总长职。

杨沧白南下上海,张作霖的心腹莫德惠以农商部次长名义代理部务,段祺瑞便改命杨沧白为司法总长。1925 年 3 月 12 日,孙中山在北京逝世,杨沧白哀伤逾恒,仿佛失去了精神支柱,更感前途渺茫。旋又发生独子杨洵(右铭)遭上海歹徒绑架之祸,他心情

① 《民国川事纪要》,(台)四川文献研究社。

② 杨沧白:《田公神道碑铭》。

更是难以言表。幸有凌霄(汉舟)、杨虎(啸天)等为其疏通,才保全了杨洵的性命。然杨沧白因此而负债累累,险至一家老少的正常生活无从着落。时段祺瑞迭电杨沧白北上就职,并挂花车迎驾,党内同志多来劝往,于是杨沧白便依孙中山临终遗嘱,7月底赴京屈就司法总长职。可以说,杨沧白此举,完全是孙、段、张三角同盟的结果。不识之人不问孙中山为何北上,而强究杨沧白该不该就任司法总长。此等言论,我们认为,或者是不了解实情,或者是不实事求是。杨沧白就职期间,战争频起,又值段祺瑞与法国订立《中法协定》,承认了多年争执的金法郎案,眼见南北统一无望,抚计忧时,而心力交瘁。他母亲便劝他:"政多刹那,勿以溷苦也。"于是,杨沧白任职仅五月,便辞去了司法总长职务。时因四川内战不休,他不便回川,更因"余尝去职,客北平,旅訾俄空"[①],回不去,便客居北平,事奉慈母,研事佛学,吟咏遣日,朝夕有序。宦海酬酢,一概谢绝。

11月23日,邹鲁、谢持、张继等国民党右派在北京西山碧云寺,召开所谓的"国民党一届四中全会",公开反对孙中山的三大政策,史称"西山会议派"。外间传闻,杨沧白出席了此会,据查当时与会者名录,并无杨沧白。这一谣传,可能是因为杨沧白与西山会议派的重要人物谢持、张继、居正、田桐、石青阳等有故旧之交而起。他没有公开申辩,而把自己蒙受的冤屈表达在《老去》一诗中,诗云:

老去邠翁百不思,闲来惟与睡相宜。停车访道成孤

① 杨沧白:《哀启》。

往,据灶翻经又一奇。盐酱卅年历胡乱,塔铃一夜语风危。金门大隐谁能识,误被人窥笑朔饥。

借周代先王公刘居邠、被夷狄所逼而他去的故事,表达自己的心境,并从此将自己的居室取名为"邠斋"。

三、抛维别妻赴国难

1931年"九一八事变"爆发,日寇迅速侵占东三省的沈阳、安东、营口、长春等地。国民党中央执行监察委员会在南京召开第五次全体会议,杨沧白已退出政坛,在北京闲居了近七个年头。在民族危亡的紧要关头,经各方催促,他只身南下,赴南京参加会议,共商国是。在这次会议上,杨沧白被选为国民政府委员,随即将家眷安顿在上海。

1932年1月28日夜,日军分数路由租界向闸北进攻,驻上海的十九路军在全国人民抗日热潮推动下,奋起反击,"一·二八事变"爆发。这时,隐居上海的杨沧白亲历了这次战争,他奋笔疾书,写下了大量的抗日史诗,强烈地揭露日寇的侵华行径,热情地讴歌我抗日健儿的悲壮英烈之举,愤怒地谴责蒋介石的投降路线。他在给费敬仲《淞沪御侮记》写的序言中指出:"十九路军及第五军抗日之战……人权神圣战争也。……我军赫然奋起……数数挫敌,欧美咸相惊。……我有捐躯卫国、御日捍患之贤出于其间,而吾民亦若视为患难亡友休戚共之。……而中枢久无战和大计,而天下自是惑矣。"①

---

① 杨沧白:《〈淞沪御侮记〉叙》。

1937年“卢沟桥事变”后，全面抗战爆发。8月13日，淞沪战端又起，杨沧白则“为诗歌以纪悲壮惨烈之情，悼国殇，励死节”。国民政府移住重庆后，他仍继续隐居上海。1939年5月，汪精卫在日寇卵翼下，公开叛国投敌，并四处网罗社会名流，企图在南京组织傀儡政府。由于杨沧白在国民党中有较高声望，又是四川人，而抗战的基础就在四川，汪精卫便一再企图拉他下水，出任其行政院长，遣使云：“公贫，家累重，年力又衰，何苦困处危地而不自惜。”① 为了配合汪精卫劝降，日寇又使出一招，由大角海相出面，用三万美金购买杨沧白收藏的明代五彩大花瓶。杨沧白洞察其奸，斩钉截铁地说：“新瓷谢绝出售！”在重庆，亦有人散布谣言，“杨沧白即将出任汪记政府的行政院长”、“丁默村奉汪命晋谒杨沧白”、“汪杨即将晤面”等等。杨沧白在重庆的亲戚何铮写信询问，杨沧白回信说：“下走作人自有本末，所争乃在千秋，岂黄口小儿所能诬蔑者。”并寄上《新号》诗以表明自己的心迹，他说：“此将以示百世者，不似今日之言行异致也。”诗云：

新号分齐楚，群追绪律踪。风前几垂柳，海上一孤松。书史千秋重，河山半壁空。老夫自迂拙，槁项甘长终。

“齐”、“楚”是金人南下所封汉奸刘豫、张邦昌的王号，“绪”、“律”指汉武帝时投降匈奴的汉奸李绪、卫律，喻讽汪精卫等丧心病狂的叛国投敌之徒。杨沧白自喻为“海上一孤松”，表明自己宁愿

① 赖肃：《杨沧白先生行状》。

“迂拙”、“槁项”以死,决不附敌苟生的坚定信念,并十分感慨地写道:“嗟乎!吾人今日既有兵火之苦,复有生活之压,甚且有名誉之危,其不愤而染红者几稀矣。”

为了摆脱汪逆的纠缠,杨沧白离开上海,虽“护照已备三月”,然“以钱刀之迫,以盲目出游,所费当足沪寓三月之粮,俯顾诸孙,岂忍不备而去”①。后得朋友支持,于1939年11月11日,杨沧白依依与家人诀别,只身潜赴香港。16日,乘飞机飞往陪都重庆,共赴国难。《新民晚报》以《最难风雨故人来——在沪严拒汪逆利诱,杨沧白先生昨抵重庆》为题,作了比较详细的报道。

由于杨沧白是辛亥革命的元老,在国民党军政界有相当号召力,且四川地方势力又要求“川人治川”,蒋介石曾找杨沧白面晤,说:“杨先生是本党的老同志,当前国难当头,四川的重庆已成为陪都,四川是非常重要的,请你出任四川省主席,才能更好地巩固这个大后方。”② 后又邀他出任国史馆馆长或陪都建设计划委员会主任委员等职务,他均推病不就。

杨沧白二十年川外漂泊,返渝后景物虽在,人事全非,敌机惨炸,难忍目睹。整天感伤国难,思恋千里之遥的亲人,心情极为忧郁、沉重。1941年8月6日,他夫人詹淑则在上海病故,他更是大恸深哀,久久不能自已。一年后,值其爱妻一周年忌日,杨沧白在重庆南岸病逝,伉俪情深,冥冥中似有天意注定,享年六十二岁。子一,名洵,字右铭,媳李立芳;孙四:同玮、同武、同瑾、同渝,均在沪。

杨沧白遗体按国葬礼仪,安葬于重庆东温泉。1943年7月19

① 杨沧白:《致何彦异书》。

② 潘为涵等:《辛亥革命元老杨沧白先生》,载《巴县文史资料》第一辑。

日，国民政府在杨沧白毕生事业发源之地的重庆府中学堂旧址，建立了“杨沧白先生纪念堂”。1948 年，杨森等筹资在这里建立了“沧白图书馆”。重庆人民还辟“沧白路”，纪念这位辛亥老人。

四、杨沧白的诗歌

杨沧白的诗歌，由于其“所争乃在千秋”，当世未及刊行，后因诸种原因，亦未及时整理，故多有散失，虽早负盛名，世人也难赏其全貌。今辑杨沧白诗千馀首，颇有先睹为快之感。惭愧的是，笔者于诗毫无修养，以下所谈，难免贻笑大方，亟盼贤者宏论之作早日问世。

现就杨沧白的诗歌，结合其经历，分为三个时期：1. 1924 年（甲子）以前，为其从事资产阶级民主革命时期的所感所叹；2. 1925 年（乙丑）至 1930 年（庚午），为其隐居北京时期的所吟所哦；3. 1931 年（辛未）至 1942 年（壬午），为其隐居上海、重庆时期的所忧所愤。

1. 1924 年（甲子）以前

杨沧白自幼聪颖好学，读书极为闳博，早年从华阳名儒吕翼文治经史词章，文笔斐然，被视为奇才。吕翼文为拟古大家王闿运高足，杨沧白的诗歌颇受师承之影响，故杨沧白在他的《论诗绝句百首》中，对王闿运极为推崇，诗云：“学古中兴集大成，史书端自笑谈生。即今高吟江山满，逸注何人解独行？”《石遗室诗话》论王闿运诗云：“湘绮五言古沉酣于汉魏六朝者至深，杂之古人集中，直莫能辨正，惟其莫能辨，不必其为湘绮之诗矣。”

杨沧白在从事资产阶级民主革命活动之馀，闲暇以诗自娱。其诗皆因事抒发，托物寓义，随时成咏，写情赋景，要取自如，出语沉蕴而含情绵邈，不失魏晋六朝清越、硬朗风范。就其内容而言，大多为对革命活动的感叹,如《送友人游学日本》之“收我忧时泪,霑君越国衣”,《九日永宁作》之“漂零书剑仍今我,破碎河山属阿谁”,《成都送士志入京》之“忽将血泪向时倾”,《咏怀八首》之“慷慨怀苦心,感愤切捐躯”,《归国赴英士约》之“九死犹能为国谋”等,皆为一时代表之作。不愧称诗人之诗,革命家之诗。

其《咏怀八首》云:

天地谅不息,万物宁有初。扰攘尘网间,乃尔生吾徒。悲忧中夜积,潸泪盈襟裾。邻虎方眈逐,所惧在沦胥。慷慨怀苦心,感愤切捐躯。励志惜时难,功名安所图。其一

奄忽岁云逝,辞家远行游。去去无所营,薄以写我忧。时危需异材,大泽遥相求。散金岂云惜,国事良所谋。奔走不皇宁,望门为暗投。殁者或无闻,存者长系囚。幸自远缯缴,念之发狂羞。其三

维昔明社墟,建虏方入关。铁骑纵衡驰,杀人如草菅。骸骨弃不收,贞孀为污奸。赖有数遗民,痛号空林间。倡义屡颠蹶,著书馀忧患。敻哉夷夏防,后世兴驽顽。其四

海外有名国,日法美瑞西。服膺欧哲言,民气如虹霓。馀治尚共和,执政与民齐。群类纳轨方,国宪明堪稽。斯风东渐日,魂梦切攀跻。喋血更争之,忽若俱醉迷。终焉达所愿,中夏臻福禔。其五

伊余癯眇姿,气猛干云天。十岁诵仓雅,十五罗陈篇。二十始结客,瀛海讫幽燕。匪直慕游侠,志欲灭腥

膻。咄哉三户雄，一举锉秦坚。大义揭日星，响应彻穷边。蜀士建汉业，予亦乐执鞭。始难下三巴，鸡犬谧无喧。俄顷阅沧桑，千载光籍篇。其六

愁思忽不乐，跨马出邙北。荒冢一崔嵬，朔风何凛冽。昔我同盟友，伏尸为拯国。顾念秘誓言，中心怆欲裂。桀犬何哓哓，天地生蟊贼。懿德自古沦，杀身亦何益？其七

杨沧白根据自己的亲身经历，将辛亥革命发生、发展、成功的全过程，以五言叙事，和盘托出，读起来通篇畅达，神韵天然，宛如汉魏六朝作品，足见其拟古之独到。

诗如其人，杨沧白内心深处一向奉行的“隐”的思想，在他的诗中，亦时时流露出来。如《佛图关春莫闲居》之“晚凉新燕啄轻泥”，《晚归佛图关》之“避地与人远，巡檐共鸟还”，《山峡歌》之“愿得峡中老”，《途中寄内》之“胡不结茅居，耕馌娱空山”，《上海金神父路新居二首》之“卷幔看天容偃仰”、“细草幽花足野娱”等等，颇有陶渊明“采菊东篱下，悠然见南山”之遗韵。

2. 1925 年(乙未)至 1930 年(庚午)

孙中山逝世后，国民党内部为了权力而互相倾轧，北京段祺瑞政府又腐败无能，国内军阀亦内战不休。杨沧白抚膺忧时，无计匡复，遂隐居北京，“亦聊以保晚节于他年”。这一时期，杨沧白谢绝一切宦海酬酢，读书甚勤，作诗甚多，其《闭户》诗，反映了他当时的精神面貌。诗云：

闭户多清课，当窗半绿阴。客游夷馆足，书味夜灯

深。洊乱今何世,偷安竟此心。馀年隐朝市,故是夙抽簪。

而所作《乡病》、《冬苋菜》、《春夜望月有怀故山》、《中秋都门见月作》、《都门杂兴》等,多为漂泊游子思怀故乡之作。《乡病》云:

郁结梦三刀,心飞故国遥。溯舟一水广,归骑万峰高。腊脯思清灏,春蔬忆冷淘。平生爱方物,乡病敢辞劳。

特别值得一提的是,杨沧白于1927年撰作的《论诗绝句百首》,此作继杜甫《戏为六绝句》、元好问《论诗三十首》及王士禛《仿元遗山论诗绝句三十二首》恢宏发展,论及自汉迄清历代主要诗家,熔诗学渊源及诗家评论于一炉,学足以逞其思,辞足以达其意,纵横驰骋,文茂理惬,不啻为一部完整的中国诗史,不愧称为学者之诗。诗成,杨沧白兴奋异常,即有《寄觙石居》云:"嗟余老废空诗癖,解闷新夸百首成。"

3. 1931年(辛未)至1942年(壬午)

1931年"九一八事变"发生后,日寇逞其淫威,悍然发动了全面侵华战争。在民族危亡的紧要关头,杨沧白南下上海,一反往昔抑郁、沉闷的心情,奋笔为诗谴责日寇的侵华行径,热情讴歌我抗日英烈,大胆揭露蒋介石等的不抵抗政策,承杜甫、陆游歌行律体,得其神韵,着笔沉雄、高亢。

《壮烈》云:

壮烈东战场，亡伤十万师。大难正今日，中国有男儿。血肉糜机弹，音声厉鼓鼙。不仁问天地，何意乱华夷。

《闻南京夷军屠杀至数万悲怀有作》云：

杀气熏天白日昏，惊闻虏将有啼痕。八千子弟宵呼渡，十万人家昼闭门。黎庶心伤待埋骨，元戎胆破未招魂。繁华佳丽俱灰烬，谁问凄凉黄叶村。

《秘盟忽漏始以考虑为词而无显拒长期抗战良用忧疑慨然有赋》云：

秘盟剧城下，倏已漏人间。隐约烟中幕，凄凉乱后山。苛条邻属地，奇耻绝瀛环。独有将军庆，风波自在还。

1939年，杨沧白凛然拒绝汪精卫诱迫，孤身返渝。作《离沪赴行都有作》，诗云：

抆泪娇孙怆别情，老宁轻命不轻名。深惭赴难方今日，苦说还乡近始成。横海楼船非御敌，行空天马未稽程。频年樗散无长策，终拟山居学耦耕。

杨沧白回到他阔别二十年的重庆后，感触良多。在陪都各种表面文章下,他为河山沦丧,当局腐败,世道艰危,频繁空袭而仰天长叹,痛心疾首。日成一咏,所咏春风、夏雨、秋月、冬雪,或赞一草一木、一鳞一羽,或酬答友人,无不充满时代气息,大多感时、愤事、忧国、思亲之作,其萦念家国之情,溢于言表,多可作为史诗诵读。

《哀陪都》云:

寥落陪都意黯然,盘庚无复更思迁。化城乾闼何由值,焦土阿官绝可怜。大屋高门馀鸟啄,颓垣断瓦有人烟。重来朝市多非故,未得空斋一宿眠。

《六月五日敌机夜袭时重庆城内大隧道窒息死万馀人闻之悲愤作歌》云:

城乌夜啄枭声恶,狂寇机鸢晚犹作。忽闻隧道骇变生,窒息骈尸莽盈壑。愁月云阴黯澹明,天公忍泪不能倾。孰意修罗在尘境,万人一夕如秦坑。大块噫气群生息,洞中炭养尤忧积。何缘牢锁不开关,重门严闭无风入。生道杀民昏岂知,草菅儿戏安得辞。更传临命惨呼急,军吏铁面方无私。老夫聆此悲心骨,夜半唯馀万家哭。长日城头纷鬼车,裂衣啮指惊相哗,防空奇耻污中华。

《狗来谣》云:

狗来狗来,飘摇九垓。贵妇顾笑,喂以乳糜。何物中委,见狗升天不可阶。云中隐仙吠,那恤港畔哭声哀。吁嗟乎!生男勿喜女勿悲,人何寒瘦狗何肥。不闻一人至,但闻八狗随。庸媪何郁郁,筐篋何累累。城中有口,皆为狗开。羡嫉怨詈,唯意所裁。

狗来狗来,狗不自来。獠奴牵之,御气乘风回。贵妇尔何人,艳名轻夏姬。侍寝曾当禅让时,面首今矜神武姿。能作胡语,胡俗端可师。狗舌从翻控鹤奇,以兹形影不相离。噫吁嘻!狗之来国,胡有人哉。

《晚登渝故城》云:

巴曼古城头,雄关据上游。兵车四国会,日夜大江流。锦水思诸将,青门隐故侯。黄昏望烽火,愁说海风秋。

1941年,爱妻詹淑则在上海病逝,杨沧白伉俪情深,每检遗札,莫不热泪沾巾,所作悼亡诗数十首,尤情至而辞工。《悼内詹夫人四首》之一云:

患难相从四十年,岂期一瞑让君先。脱簪救国平生事,随舶将亲赖尔贤。弱息共哀摧陨地,诸孙已大跃呼天。它时歇浦寻遗桂,老去神伤剧可怜。

综上所述,杨沧白的诗歌,继承了我国历代诗人的爱国主义传统,多发古人之幽情,抒当今之感愤,其爱国主义主题是十分鲜明的;其次,杨沧白的诗歌,多随时感发,具有鲜明的时代气息,绝无无病呻吟之作;第三,杨沧白的诗歌,多因事而作,以写实叙事为主,其《癸丑违难纪事二百韵》效王闿运《独行谣》,堪称代表之作。

五、杨沧白的书法

杨沧白在从政之馀,尤其是1925年隐居以后,积极从事对中国传统文化的研究,除每天坚持六小时读书,致力于诗歌创作外,还研索古玩,以翰墨自娱。其书翰隽逸潇洒,神识静远,彬彬然有晋唐法度。笔者因整理杨沧白遗作之便,有幸观其诗稿、书札遗墨,然因自己才疏学浅,无能品识,现据董其祥先生的研究,把杨沧白的书法成就,简要介绍于后。

1947年,何鲁先生曾题杨沧白致何铮书札,认为:"邠翁人品高洁,其书札得晋贤遗意,近三百年中莫能及也。"何先生的见解是深刻的。有清一代书法,嘉庆以前,学书者崇尚自宋迄明以《淳化》、《大观》等帖为蓝本的"帖学",时人传移摹拟,家家赵文敏,户户董其昌,一步一趋,不出篱范,乾隆之际,金石文字纷纷出土,摹拓本流传日广,加之丛帖一翻再翻,不仅神韵消失,而且谬误百出。帖学路穷,"碑学"代之而兴,故嘉、道以还为碑学期。习者初尚隋唐碑刻,继法北朝摩崖墓志,后追秦汉金石,以至殷周甲骨。几取钟、王、褚、欧、颜、柳、苏、黄、米、蔡之席,而代之以石鼓籀文、秦篆汉碑、四山摩崖、龙门石刻、两爨、瘞鹤、六朝墓志。降至民初,末流学碑者,模仿金石残缺剥蚀痕迹,波磔转折有如锯齿,完全失去了书法艺术的意味。

杨沧白当书学衰颓之际,在书法传承上,接受家学渊源,旁及师友的熏陶感染,书法王羲之、王献之父子,运笔结体与唐人褚遂良临摹《兰亭序》相近，结体严紧，外形婀娜，内含刚劲，神韵潇洒，飘飘然有帝子乘风之象。可谓承先人之坠绪，挽狂澜于既倒，与并世诸贤相较，有过之而无不及。民国诸贤，学北碑者，或如郑苏戡的长枪大戟，面目狰狞如纠纠武夫；或如李瑞清矫揉造作，波磔锯体如百衲沙弥。学南帖者，或绪董其昌之馀绪，骨瘦如柴，弱不胜衣；或承赵文敏之馀唾，以侧媚见长，肉不胜骨；或结体如算子，运笔如枯藤，以此狂怪涂抹，掩盖其不学无术之实，风流所至，比比皆是。而杨沧白独不阿世所好，振帖学于末流，开当代书法之先路，其有功于书学，影响至深且远。

杨沧白书迹流传甚多，就其大类而言，一是书翰手札，诗文稿件，信笔挥洒，毫不经意，而天趣自然，毫无造作之感。如《致廖仲恺书》，计二十五页，洋洋洒洒千五百馀字，一气呵成，有意在笔先、笔断神联之妙。二为官场应酬、亲友互赠之单条横披等，大都乘兴而作，流传不多。非至亲密友，杨沧白概不以笔迹付人。虽短幅小轴，亦能传之后世。

编　　例

一、本书将现能收集到的杨庶堪作品汇编成册，旨在推进辛亥革命史、民国政治史、中国近代诗歌、四川近代史及杨氏研究，促进学术文化交流。

二、杨氏著作，因诸种历史原因，未及时刊行，故散失颇多。本书分《天隐阁诗录》、《天隐阁文钞》、《天隐阁函电》三部分。《天隐阁诗录》据重庆中国三峡博物馆征集收藏的杨庶堪自编编年诗稿（自1932年壬申至1942年壬午），合多方采辑的佚作编录，按时间序列分为九卷：1901年辛丑至1924年甲子为卷一，1925年乙丑至1930年庚午为卷二，1931年辛未至1936年丙子为卷三，1937年丁丑至1942年壬午每年一卷，依次为卷四至卷九；《天隐阁文钞》据杨庶堪之子杨洵整理的抄本，合海内外刊发的杨庶堪著作编录，计26篇，合为一卷；《天隐阁函电》则据重庆中国三峡博物馆收藏原稿及有关书刊发表的杨氏书札、电稿编录，计31篇，合为一卷。

三、所收诸作，大体以年月为序。有不足辨明年月者，均列入每卷篇末。

四、为保存杨氏著作原貌，所收篇什未作任何删减。由于杨庶堪的历史局限性，其诗作中有某些时代痕迹，望读者注意辨识。

五、杨氏著作原有的注释，均于行文中作小五号夹注处理。

天隐阁诗录

天隐阁诗录一起辛丑

宿詹公幽居辛丑

数家临水擅幽栖，柝鼓声销月渐低。残梦半醒人乍起，明河未落鸡乱啼。弱妪老翁具笻屣，呼儿与客任提携。试穿高树踏云去，往折山头白玉梨。

晚　　渡辛丑

幽人不解风波苦，短棹临江泛夕阳。长天倒垂水潋滟，飞云忽翳山苍凉。鱼龙昼睡息吹浪，燕雀惊飞时打桨。我自登峰寻绮皓，渡头航客空匆忙。

重过木洞驲涧桥辛丑

恋竹湾头涧水清，一篙春涨放船平。回忆儿时都如梦，唯有桥滩似旧声。

晚出弹子石辛丑

蹀躞遵幽渚，翩跹穷翠微。莫蔼淡遥岫，轻舠飏钓矶。漱齿厉石流，横琴理苔衣。樵竖负薪至，园农荷锄归。仰视星月出，频临江城围。野鹤上高树，山云收夕晖。物闲道自静，天空皆化机。羡彼山林客，无为名利羁。

送友人游学日本辛丑

骀宕少年事，蓬莱殊可希。江山一送远，裘马几轻肥。收我忧时泪，需君越国衣。慨慷入吴意，始愿莫终违。

除　　夕辛丑

凋疏万木风鸣叶，并作萧条岁莫心。晓镜微霜兼鬓改，夜聪寒雪一灯深。围炉笑语生春暖，杖策行歌息野阴。强半乡关作除夕，故应多难怯登临。

宿永宁丹岩山寺观云海时同游者马久成及日本外山修三诸子戊申

钟梵半天声，岩幽隐寺名。高峰翠微里，下界白云生。幻化惊银海，仙迎想玉京。倏然夜来雨，长夏逼秋清。

山寺宿留数日即用前韵简外山诸游侣戊申

四山空翠合，幽异已难名。爱尔禅关静，门前碧草生。招携有蓬侣，闲坐说西京。日本名刹多在西京。檐际看云宿，真成毛发清。

九日永宁作戊申

天南重九雨如丝，多难登临已暗悲。挈酒强判终日醉，题糕却忆十年时。漂零书剑仍今我，破碎河山属阿谁。插菊满头君莫笑，避灾桓景剧堪疑。时有黄、杨之狱，余颇危疑。

赠李锦湘茂才戊申

去年结客罗英雄，乍见盘古倾心胸。今年作客川南道，因之更识李湘老。湘老为人天下奇,散金食客忘其私。读书万卷拥敝褐,能令亲党无渴饥。贱子疏狂世所弃,相见谬复能相许。惊人怪论走群聋,湘老闻之笑不语。是时豺狼食人肉,魑魅尽行民大苦。我也蜷处城南隅,谓暂勿撄不祥怒。寂寂庭前雀可罗,湘老颁赐来相过。醇醪醉我使长卧,清茗解我令高歌。丹山幽胜迥清绝,往穷结骑瀛洲客。归来贶我寄怀诗,遥忆晚凉人小立。感挚无名且致辞,湘老厚我宁非迂。我更狂言语湘老,如君一变可至道。侠义广狭君所知,草间偷活能尔为。浊世昏昏半枭虎,仁人不出孰霖雨。惨澹长吟恐过悲,悠悠陌路畴知己。

读南北史杂诗之一戊申

虏将功高僇毅单,歌传明月照长安。凉风堂下妖氛恶,惆怅桃枝拂剑寒。

途中漫兴戊申

满目创痍举国秋,频年风雪敝貂裘。不知富贵为何物,欲买溪山遂老谋。张咏好怀摅客邸,留侯遗恨失沙丘。槃阿雅系平生志,尘劫驱人遽百忧。

遣　　兴戊申

系马维船便是家，丹铅涂抹隐生涯。倾赀近买浯溪研，清话闲斟顾渚茶。春半晓莺飞远树，晚来寒蝶入疏花。馀霞归泛西堂瞑，知否江山似永嘉。

留别山腴戊申

林子敬爱客，我至良如归。欢宴文酒间，素心非有违。灼灼庭前花，移根渥恩私。旅怀怆佳节，珍饷屡见诒。感此漂母惠，愧输韩侯奇。风雅久沦丧，臭味恒差池。寂寥杨子宅，俗士回车锐。思君连骑游，赓歌昔征辞。奄忽成坠欢，怅黯惜暌离。日馀倦尘鞅，乡梦辄中驰。祖帐再三叹，解缆即天涯。君其崇明德，后面当可期。

桂湖曲己酉

我友我友高阳徒，携我远来游桂湖。鸣鞭晚入秋色里，蓼花荻梗纷萧疏。入门旷望迥清绝，山雨倏来如候客。旧院荒凉故主非，桂华香冷入瑶席。杭秋亭子水中央，疑从天外泊归航。夜深虫语乱寒砌，残荷败柳摇枯塘。挑灯共话十年事，尘海浮生不得意。强醉酣歌能几时，伤心别有忧时泪。打窗飒沓风雨声，匣中剑欲作龙鸣。吾宗文章动蛮徼，诗成应有鬼神惊。客枕寒侵悄无眠，东方微晞星隐天。鸺鹠叫人碧烟去，轻云洒月光娟娟。曲径闲亭恣幽讨，旭日穿林破清晓。锦城士女候城开，水阁风吹笑语来。朗吟鸳湖断肠句，衣香人景一徘徊。即今无限修罗苦，能泛烟波几度回。

客中九日己酉

寥落荒园菊有华，漂零客舍已无家。未应高咏齐康乐，犹有狂名似孟嘉。太华归来如梦里，西湖别后即天涯。江山自古浑仍昔，节序于今有底差。

别林丈山腴己酉

魂梦黯将别，相思日夜深。惊怆杨柳曲，怅望梅花林。夫子妙文事，危时多苦吟。还须靖国难，莫负泛瀛心。

途中吟己酉

我生之十长为客，忍见慈亲头总白。妻孥千里未得归，遥怜深夜缝春衣。娇儿已解翻墨汁，应念尔翁薄减肥。而翁濩落无所成，近从屠钓强知名。衣冠早厌行尸苦，仗剑旷野尝独行。二月蜀山天犹冷,行人几怯寒潭影。千畦万陇豆花开,连宵风雨惊春来。向晓征夫犹拥被,谁家思妇独登台。东去出关见青草,山行处处闻啼鸟。太白西来鸟道盘,峨嵋南望龙潭杳。奇峰万叠云锦张,儿孙庐岳兄太行。马头云起障寒翠,落日隐树天茫茫。村餐野宿山颠趾,年年岁岁长如此。安能焚尽舟与车,不教蓬梗逐天涯。高堂置酒相矜夸,左妻右子纷喧哗。老死不复知风沙,君不见,客还家。

秋　夜己酉

秋月明如水,秋光淡景疏。薄寒来有约,清梦不关渠。静夜通禅寂,高斋掩梵书。行当共友远,岳顶结精庐。

成都赠刘士志己酉

昔爱刘衷圣,坚清似古人。乃宗胜后起,闻道得全真。浩气慑魑魅,殷忧蹙鬼神。所期肩巨责,勿忝汉先民。

成都送士志入京己酉

日日相过信黯然,沧桑剧感若为传。岂期异地出关别,忽忆联床听雨眠。已约馀年共箕颍,那堪临老入幽燕。王城人海君思隐,莫羡儿曹早著鞭。

衣素终当避洛尘，几人谈笑出天真。未应孤契怜东野，莫慢贫交弃茂秦。逆旅闻鸡谁蹴足，斜阳立马独伤神。锦官衰柳垂垂绿，万恨千愁各自萦。

北来闻息近何如，此日怆离赋索居。学道早空干世策，累情无复绝交书。相思天汉两鸿鹄，待尔云安双鲤鱼。我似文园倦羁蜀，茂陵红叶想萧疏。

冠盖京华憔悴行，忽将血泪向时倾。一生知己为刘惔，何日还山了向平。细雨骑驴知剑外，秋风归雁忆辽城。行当各返猿鹤乐，白发相看无世情。

悲歌怀刘子己酉

杨生三十仍不侯，枉随射虎南山头。有时发箧窥儒流，明灯一室独咿嚘。阴山胡骑骄未休，谁其驱之霍卫俦。我友我友在燕幽，往往北望穿双眸。意气倾人移不周，夜话忘晓惊鸡筹。本志饿死箕山陬，强与计偕为国忧。歧路骇驷摧双舟，京洛尘土污衣裘。书来约我期卢沟，亲老不得逍遥游。海内夙闻大九洲，畴人分散矜野求。我识文字知谣讴，欲往从之风涛遒。壮谋歇绝今四秋，君书撼我心魂愁。胡为憔悴成天囚，过眼万事同浮沤。日驭不及须臾留，已分丑老惭伛偻。学道坎壈羸世羞，人间忧患纷相缪。粗幸如君能见收，海枯石烂心不犹。吁嗟刘子思首邱，故山松桂清且修，作诗招隐归来不？

嘉定府庚戌

青衣江上看烟螺，天半诸峰接大涐。蜀国荔枝风物美，江南桑苧客愁多。孤城闲访丁东院，夹岸时闻欸乃歌。老去汉嘉思载酒，凌云游梦冷东坡。

佛图关春莫闲居庚戌

清绝空山叫子规，荒城过雨落花时。量篙野水分烟艇，隔竹人家露酒旗。春老怒蛙鸣曲沼，晚凉新燕啄轻泥。幽居近逐前贤辙，令尹关门有所思。

佛图关杂诗庚戌

寒江绿涨欲平堤，独屋荒凉野水西。日莫隔花闻犬吠，春残斜月有莺啼。

竹里村春吹稻香，林端月雾正微茫。山深地僻宜偕隐，寥落人间尚孟梁。

佳丽江山晻画溪，驿亭新柳绿生稀。鞭丝帽景斜阳里，自向春郊试马蹄。

临水参差见远村，树头依约认潮痕。只今墟里繁华剧，种菜何人独闭门。

李家亭馆跨双流，每到花时我欲愁。惆怅夜深寒月里，无人来看草塘幽。

哭刘士志庚戌

当代刘夫子，平生独我亲。未传东鲁业，已作北邙尘。吏隐甘贫病，神交托死生。怜君弃妻子，翻惮茂陵行。

节日归山作庚戌

今节尚休沐，驾言归东皋。野外寡尘鞅，薄以愒我劳。雨霁群绿新，林木有馀幽。栖鸟翩然飞，诉莫寻其巢。雾暗商山芝，云隐萧关樵。泉石清且莹，园径掩蓬蒿。人生凉浮寄，真淳在郊丘。苦为世网婴，末由卒逍遥。

秋日山中得安庆友人书庚戌

太息荆榛莽世途，山中端合长蘼芜。烟云变灭归空景，风雨漂摇有敝庐。纫佩欲明兰惠洁，闲门间倚桂华孤。故人慷慨思疗国，清夜开书一起予。

咏怀八首辛亥

天地谅不息，万物宁有初。扰攘尘网间，乃尔生吾徒。悲忧中夜积，潸泪盈襟裾。邻虎方眈逐，所惧在沦胥。慷慨怀苦心，感愤切捐躯。励志惜时难，功名安所图。

晨兴理群鞅，夕息译文赋。末俗黯无欢，清思托豪素。既览颉诵篇，复博佉卢趣。道丧颇有年，斯文若或遇。废书辄叹息，中途亶多故。

奄忽岁云逝，辞家远行游。去去无所营，薄以写我忧。时危需异材，大泽遥相求。散金岂云惜，国事良所谋。奔走不皇宁，望门为暗投。殁者或无闻，存者长系囚。幸自远缯缴，念之发狂羞。

维昔明社墟，建虏方入关。铁骑纵衡驰，杀人如草菅。骸骨弃不收，贞孀为污奸。赖有数遗民，痛号空林间。倡义屡颠蹶，著书馀忧患。夐哉夷夏防，后世兴驽顽。

海外有名国，日法美瑞西。服膺欧哲言，民气如虹霓。馀治尚共和，执政与民齐。群类纳轨方，国宪明堪稽。斯风东渐日，魂梦切攀跻。喋血更争之，忽若俱醉迷。终焉达所愿，中夏臻福禔。

伊余癯眇姿，气猛干云天。十岁诵仓雅，十五罗陈篇。二十始结客，瀛海讫幽燕。匪直慕游侠，志欲灭腥膻。咄哉三户雄，一举锉秦坚。大义揭日星，响应彻穷边。蜀士建汉业，予亦乐执鞭。始难下三巴，鸡犬谧无喧。俄顷阅沧桑，千载光籍篇。

愁思忽不乐，跨马出邙北。荒冢一崔嵬，朔风何凛冽。昔我同盟友，伏尸为拯国。顾念秘誓言，中心怆欲裂。桀犬何哓哓，天地生蠹贼。懿德自古沦，杀身亦何益。

层关百馀仞，中有一蓬庐。桂树夹道生，云为隐者居。借问隐者谁，十年思执殳。一朝寰宇清，退身从佃渔。于世百无营，所乐知琴书。济济夸毗子，媚世将焉如。

怀人诗辛亥

黄复生理笏

玉貌留侯绝世无，椎秦遗恨博囚拘。南荒仍昔怜投止，半死犹传尺幅书。

但懋辛怒刚

忍死羊城世论哗，尚馀血战故人夸。一官乱后如儿戏，屈宋何妨与看衙。

张培爵列五

纷纷党狱痛捐縻，驱虏从君建义旗。九死艰难唯一笑，世间无此好男儿。

石蕴光青阳

一代宗风想翼王，天声大汉共堂堂。嗟余老倦思江海，遗策无多赖发皇。

山峡歌壬子

出峡复入峡，轻舟渺难驻。巫山十二峰，峰峰锁烟雾。烟雾空濛里，云树有人居。不分世上米，但足江中鱼。群鱼游江中，独网张江边。夜深明荻火，沽酒傍渔船。渔父向余说，无愁但言好。人世风波恶，愿得峡中老。涉世已卅馀，涉江凡几度。欲采夫容花，恐拆相思树。相思相望里，绿窗城南头。安得一掬泪，泪溯上渝州。我家渝州曲，愁与老亲别。计程过黄牛，夜坐添白发。思亲如引缆，循环无息念。所幸绝缘声，闻猿肠应断。肠断不足惜，魂销剧可伤。归心绕巴水，无复梦高堂。高唐楚绮词，芳菲日袭予。何处足离忧，蜀江晴云雨。雨霁山色佳，江天无纤埃。谁解春波绿，临流照影来。呜咽瞿塘水，奔流滟滪堆。寒江冷蓬鬓，天际一舟回。

晚归佛图关隐庐即事作歌壬子

寒郊驿马嘶春风，斜阳雾琐燕支红。灯昏鸟语乱丛竹，关西一抹青濛濛。牧儿嘲歌劚荒草，中有伤心之古道。斩蛇往事已成虎，逐鹿今人只堪笑。萧然独访山中居，蓬藏当门床盈书。人间几许斗蛮触，未妨天地生樵渔。

晚归佛图关壬子

匹马入春山，孤城万绿间。薄云凉在水，斜日回临关。避地与人远，巡檐共鸟还。宁清及休浣，依膝慰衰颜。

秋日郊居时方议选报罢壬子

险被浮名误此山，等闲妨却一秋闲。幽花媚柳供岑寂，北陌东阡任往还。吴卒可应潜市侧，留侯终欲弃人间。十年一觉英雄梦，老向夷门合抱关。

早春乘京汉车至汉口作癸丑

别醉懵腾已惯经，骊歌凄唱不胜听。南来便已看新绿，北望犹堪忆小青。远树晴川殊历历，平原落日自亭亭。隔江阳夏多残垒，莫角昏鸦黯入暝。

峡中作癸丑

复峡雄绝壁，漩流泻惊湍。奇景分在目，孤棹荡中川。濛濛微雨疏，远艭滋寒烟。峰颠明积雪，掩映成春妍。时动谢公兴，永怀尘外缘。既卷栖皇客，翻思肥遯贤。引缆羡榜人，藤萝若可攀。险恶风波梦，优游槃涧瞑。

癸丑杂诗十首

十万新摧翟义师，赣、皖、闽、粤、湘、蜀讨袁军约十馀万。苦因家累出关迟。拏舟江上逢渔父，广柳车资碧眼儿。当时助余脱险者为法琅西人。

一念慈亲万虑灰，泥行徒步望门回。临岐一掬交情泪，敌军越三百梯时已决议出走，余意必归禀老亲乃行。锦帆谓余:“兄目标大，未宜自疏。”言时泪随声堕。使我心肝到死摧。

坚城门闭黯垣墉，脱险方知隧道空。天主教仁爱堂与法领馆间均有地道通城垣，于其低处扶梯而下。人语蛩声夜行里，胡僧须白月明中。法琅西神父即彼邦僧侣。

颠顿空山黛足行，芒鞋一着见生平。闲情不入津逻眼，野老忘机说姓名。

江上人家竹树枝，疏篱掩映接荒祠。溪头贾舶成来往，何处人间无别离。

虫语荒山百籁曲，凄清风物近深秋。年来客路漂零惯，翻念平生马少游。

蹬道盘回万仞山，酉阳诸山绝雄峻。行人冲雨有愁颜。忽思壮士千峰外，苦战新看若个还。

渺渺苍波入洞庭，君山长自向人青。即今憔悴行吟苦，肠断当年帝子灵。

一水相通度蜀吴，保佣杂处似相如。微行幸自无人识，落日凭舷看小孤。

绝岛漂零万里馀，避风应笑似爰居。秦人暂作桃源入，海屋松阴夜读书。

癸丑违难纪事二百韵

胜清昔云季，武昌兴义师。呼应纷独立，蜀起西南陲。余亦从张公，渝州揭汉旗。胡运二百年，一朝飞劫灰。袁也操莽姿，退居洛水隈。满庭实无人，亲贵多昏骙。乘变遂蹶起，盗命终残棋。南和更逼北，神器夙所窥。伪心赞共和，元首视囊私。民党特多疏，卒惑于其欺。大柄既已移，帝制隐妄希。今旦杀议员，明朝刺党魁。外债重若山，不顾民疮痍。愤师起赣宁，蜀申晋阳威。赫赫民政厅，与军为分治。余藐荷厥剧，百政粗有规。贼势已早成，义从稍嫌迟。羽翼绝四海，天地为阴霾。苦战两月交，泸合未解围。蜀将多犬鹰，黔滇杂狼豺。贼军四面至，羽书日夕驰。忽然陔下惊，贼过三百梯。熊刘即熊克武、刘光烈榻前立，卧息方如雷。披衣起共去，总部高节麾。群议暂违难，鲁阳戈何挥。余无一卒依，但义共艰危。忽忆昨宵言，归慰两亲才。今遽恝然行，何以安老怀。誓当一返报，乃去无惭疵。熊谓君勿尔，妇孺咸君知。万一小有失，谁膺此差池。语罢声已塞，泪下犹绠縻。余竟决然归，毕禀复依依。父谓汝速去，勿复念家为。闻此身快轻，箯行去若飞。熊辈已前迈，仓皇不可追。乱兵数十人，纷纷满庭墀。余计此焉穷，望门且投谁。卒复返吾家,给亲早安排。谓我文弱人,随军非有宜。夙与异国谋,遣使相趋陪。数传至省外,遂可脱危机。亲闻色小霁,余心忽若摧。本无备跳志,何尝与人期。妻悉暗拉泪,顾弄骄雏儿。密书约两仝,即法国人童季梁、童友生。神父期扶持。易服变形往,肩舆深下帷。计取商会符,栏栅得免讥。匆匆到教堂,一叟遇待佳。进客弥撒酒,鲜色红玫瑰。饮之似甘露,如倾王母杯。烦渴霍然苏,沉忧为新衰。日落天欲暝,起走与叟偕。阴从隧道过,城闭不得开。翻身跨俾倪,扶梯接垣基。自是严城出,鸟飞天一涯。晚渡复无舟,神父策更施。上流泊官舫,视挂法领牌。兼金赂榜人,同国为我侪。便可送过江,汝职又无亏。是夕秋月明,滩浪高喧豗。余舟危若发,余心甘如饴。彼岸倏已达,夜行山南陂。回看神父翁,月下风飘须。长襦黝且黑,乌金杂银丝。虬髯尔何人,强似画中仪。想见夷门嬴,更忆襄阳耆。故共涂人语,亦复为啁诙。知是彼翁术,不欲使人疑。晚到鸡冠石,廿里颇有奇。迎门两洋犬,掉尾相追随。仝戏法语操,犬似明其词。入室具宵馔,款客真贤哉。谓有君部掾,先期待于兹。觌面当可识,其人丰髯髭。俄顷出宋君,即宋辑先。乃是外交司。相慰谈笑生,喜气溢山斋。神父尽围视,骇讶疑狂疵。彼意奔命忧,当复知何哀。乃尔相大笑,此是为惊猜。明晨上小舟,仝也返自厓。仓卒了无备,但携百金赀。舟中得偃卧,不皇计晨炊。神父来何迟,午饷收落晖。解缆百馀里,水急舟难舣。江行颢气清,心定知苦饥。肠中辘轳鸣,面色青黄皮。神父瞿然惊,问君何疾痗。告以久未食,馁极不可支。开箱发红酒,面包一双枚。健啖共宋君,如天锡浆醅。始知世间酷,未若贫逢饥。伤哉彼翳桑,为复羞嗟来。越日长寿县,孔君即孔阵云来水坻。为购一布衾,晚以防凉飔。涪陵黯维舟,瞥忽见舆尸。城门仍昼闭，人烟四望迷。郭外教堂立，老树拂檐低。迂行好憩此，换舟小河湄。龚滩廿日程，辛苦事溯洄。有时断树坞，瑞水高无倪。冈头百丈牵，欸乃声绝凄。天黑马头遥，岩屋俱掩扉。余时婴病卧，汗出渖如漓。梦归到家中，惊喜见母妻。觉来万山底，仿佛夜猿啼。岸投彭水宿，灯畔呼骇蛩。猥如蚁附膻，又似牛有螕。中宵坐不寐，惧齿为人齏。河尽得曹张，即曹笃、张懋。一什背间携。知为缒城蹶，馀人那堪思。酉阳千万山，鸟道艰崎岖。笋舆不能上，藤葛劳攀跻。笑彼襁负登，以人为马骑。三日纂足行，凭仗两芒鞋。粳稻鲜莫致，玉黍为餔糜。早霜袭人骨，寒雨飞上眉。延缘至县城，县令马久成君时为县知事，亦党人也秘供差。行李俨然具，镒金复见贻。同路壮行色，余与神父辞。自此还入湘，下水风顺吹。比而及里也，地古当属夷。五日过桃源，知是武陵溪。桃花杳不见，满望成蒿莱。终然抵常德，民物多穰熙。急复买邸报，逆首名非卑。宜沙汉三关，查拿电严催。以兹自敛匿，昼伏夜出街。蛰居一室中，乃侔蛇与龟。同舍者谁予，樗蒲日几回。平生恶博奕，喧呶声尤乖。境迁情亦异，不觉反羡之。视此马将声，承平雅颂诗。此去赴汉皋，洞庭天四垂。平分千顷秋，荡漾明月辉。君山高螺髻，清波映翠微。泊舟湖口夕，霜露入絺衣。打桨来卖浆，味野矜绝奇。物美在天然，因思饷东菑。武汉网罗张，助桀曰维黎。幸仗乡人策，陈君荛廷相遇于洞庭，汉口避逻，颇得君助。污身水工臮。微行遂至沪，租界看吴娃。海隅游侠儿，雕鞍歌落梅。彼辈醉梦生，胡为独栖栖。伎乐亦偶作，谓以遣愁悲。赛孃赛金花时年六十矣时沦落，召侑观鼎彝。旬日便东去，思揽扶桑枝。黄海昏人死，仍输世路巇。兀兀至西京，似谒老君祠。老君山为吾乡对岸山峰，祠在其顶。余初抵西京，戏谓同行童君曰："渡海犹渡江耳。"余视此市林屋，亦若赴彼山纳凉而已。

山色犹吾乡，触目故人非。市屋颇整洁，言语稍侏离。独作异方客，魂梦飞寝闱。逾月得沪出，余家出巫夔。继已抵歇浦，候馆初旅羁。褛裂乏赀装，闻之泪频揩。我时不得归，为避弋者伺。迎养遂颇决，东京歌南陔。矫矫朱公叔，名芾煌。慷慨赠我财。戕供年千金，吾贫可胜医。以此媚老亲，毛檄堪同嗤。悠悠薄俗间，岂复见此才。举家浮海日，一日肠九回。计日新桥驿，鹄立以久傒。果惊见吾翁，又已瞻吾婆。吾翁须发白，霜雪明皑皑。吾婆面皱加，恒河照其羸。妻儿喜极泣，涕下辄交颐。吾心似刀剜，强复为笑咍。先到寓门迎，脱履方上阶。何以异吾家，独此踏踏弥。日本人称地席曰叠，其训读若此。既可跏趺坐，卧亦供身欹。老人晚得此，床榻不须移。翁婆莞尔笑，此邦非奢靡。明灯夜深语，听述家险灾。黔军初来渝，于党殊无违。既逢王刘即王陵基、刘存厚入，其势乃昌披。袁胡日严檄，株蔓期靡遗。家产尽抄没，骨肉不得归。吾家被驱散，家书悉为牺。讹言里巷生，旁皇窜东西。匿聚木洞场，姑雷恩絷维。园圃拓果实，庡庨烹伏雌。稚子不解忧，且复为娱喜。风声难久居，重迁向邻畿。苦哉夜中行，问讯当路岐。欲投农人家，扣门乃墓碑。阿毅将铭儿，弱心涕涟洏。买舟下大江，秋心欲平堤。严装各萧然，衣被不得齐。薄寒初中人，倚背相温偎。牛口高险滩，狂流突巅簁。舫师一篙疏，几欲从蛟螭。至今谈色变，唯谢天福鳌。衰老万里行，精力良已疲。独喜生见汝，家毁终必恢。蒙难而艰贞，报国当有时。退静绎此言，亲心一何慈。不恤吾家瘠，但冀我国肥。累亲窜绝域，万死何当该。念此愧感并，喔喔已鸣鸡。

镰仓海浴歌用东坡百步洪韵

尘袜洛浦纷凌波，惊鸿戏海腾龙梭。横空赤日倒绿影，碧天如镜方新磨。中朝第一者谁子，鴃舌未令知东坡。即从滨岸弄石发，已胜池沼夸珠荷。此时忘机似鸥鹭，我亦破浪投漩涡。望洋兴叹古亦有，万流归王百川河。缒衣半袒花映肉，欧制浴衣，其上露半臂，下与短裤联贯。岂暇斜领羞轻罗。踏沙忽复忆漠北，彼中有舟唯橐驼。驼应书作佗，以原作仍之。美人遗我双浮囊，水中笑谢相委蛇。沙场卧看万洼掘，倭俗浴者多掘沙敷体曝于日下，然后入水冲涤净尽。恍去海燕留残窠。欲罢天风吹骨醒，微睡那知身在何。伊川旧是越胡俗，被发休听经所呵。

寄内弹子石

盈盈才一水，望望似千山。巾栉存吾感，风波损尔颜。何时黄鹄举，偕隐碧豁湾。垂钓玉潭上，乘流自往还。

日本东京次韵奉酬泉浦见怀之作甲寅

李膺今党锢，杨震独安之。二月东京道，樱花袅故枝。乡心在渔钓，雄梦及旌麾。万里故人隔，无因闻谏规。

归国赴英士约寄内日本丙辰

九死犹能为国谋，全家绝岛独归舟。已堪壮观偿宗慤，无复平生忆少游。海上明月孤枕梦，天南风急故山愁。高堂弱息同荒远，落日凭轩涕泗流。

短歌赠邓和卿丁巳

邓君坦荡人中豪，快论一似并州刀。身经百战护国难，谓有天幸非人劳。我闻此语增感恻，悍将骄兵满南北。庄生腐心窃仁义，夷齐悲歌采薇蕨。交趾久墟句骊尽，前车未及戒来轸。沉醉钧天唤不应，唯我与子还同病。行矣君今莫叹嗟，愿君努力爱春华。饮头系颈有时含，深山大泽生龙蛇。

戊午归川宜汉间尚为敌戍不得过汉口与觙石微服变姓名入贾胡船与水佣杂处十日赋此纪之

寂寞梁鸿庑下春，捉刀谁更识英雄。人间万事多优孟，屈蠖何心较蛰龙。

汉口杂事诗戊午

候馆倭风松乃家，汉南春尽见樱花。胡姬劝酒当垆笑，莫更回车向斜邪。

伯牙台畔访朱家，犹博馀生广柳车。满院落花数鸡犬，故人清话但桑麻。

夜泊汉口戊午

解佩空矜说汉皋，鄂君绣被可怜宵。唯馀鹦鹉洲边月，犹照黄楼夜半潮。

轮舟夜话追忆昔年行役戊午

孤篷听雨它年事，此时轮舟彻夜行。遥忆空村荒岸里，隔江渔火两三星。

重过小孤山戊午

不见小姑方浃旬，孤标长自枕江滨。何年真共彭郎隐，万绿丛中过一春。

雾鬓风鬟信有无，行人回棹几踌躇。春波日照黛眉碧，终古无郎一小姑。

有　　忆戊午

绮窗归梦近何如，新得蛮笺十幅书。去日耶娘亲买辔，佗时儿女各牵裾。曾经海外风涛穴，更忆山中水竹居。终是柔乡堪送老，平生愁苦为君除。

水精帘外雨霏微，蜀道音书有是非。丧乱久嫌龙战剧，相思翻恐雁来稀。遥怜夜永舒清绣，犹分天寒怯薄衣。韶丽春光黯离别，一官真悔作羁鞫。

戊午八月得归渝州感赋十首

五载家山半梦中，蜀音今喜听儿童。莫言辽鹤归来晚，魂断沧桑几度逢。

作客还乡不当归，春申浦上望庭闱。剧怜绝岛承颜日，沽酒荒町雪打围。

故旧相看一笑开，玉关生度客初回。乡江游钓都如昨，若比苏卿尚早来。

姑娣天亲有泪行，今朝惊喜见诸郎。关心死别生还日，海外漂零定几霜。

半亩田园黯就荒,邻翁争过说凄凉。诸君幸有安时策,头白何年见小康。

财物当时没县官,家书万卷苦摧残。我来重过浮图侧,天隐楼空剩景寒。

牢落钟仪操土音,成连海上独伤心。平生荡气回肠尽,忽听巴歌泪满襟。

四海弥天见一章,哀时狂愤欲沉湘。斯人去后风流歇,目极衡山雁数行。

别有销魂杨柳湾,十年埋玉骨应寒。同居若忆长干里,春化哀鹃倘夜还。

城郭人民访是非,国殇新故冢垒垒。青磷白骨堪愁绝,犹报巫巴未解围。

渝州杂咏戊午

海棠溪

隔岸人家水竹乡,朝来一苇试轻航。连宵爱月清溪宿,留得春阴护海棠。

清水溪

树杪山要瀑布悬,杖藜来此听鸣泉。名园花木堪消忧,直到斜阳起乱蝉。

龙门浩

航海梯山胜地偏，贾胡曾此泊楼船。寻常一样岷江月，为照龙门分外妍。

夫归石

终古滩声奈石何，更无人唱定风波。飞流六月看郎渡，持比横江恶应多。

老君洞

万松凉绿接天垂，紫极玄元尚古祠。不为关门著书去，是翁姓名到今疑。

真武山

香火因缘盛此山，有人一步一低鬟。庙中别有灵签卜，私语微闻却赧颜。

观音岩

当年曾共望门投，邹威丹儿时以谩骂当路得祸，余携之亡走岩观，栖止一日而去。童稚心情，思之哂叹！寺在人亡感不休。后岁天风三万里，威丹游学日本，余以癸丑亦亡命彼国两年馀。海嵎仍梦此岩不。

佛图关

关面龟城揭远帘，关关鹅岭卧东崦。屯兵自合思刘綎，疏凿应须忆李严。

哭曼殊上人戊午

忉利诗魂不可招，弥天一衲见风标。真淳不独如三代，清旷还应似六朝。支遁远节春寂寂，倪迂残画晚萧萧。笼纱别有伤心在，白马投荒未自聊。

绝代风流僧画师，孤山同擢使人思。未应酒肉妨禅定，空对巫芝拟艳词。贝叶重翻寻鹫岭，樱华流咏入虾夷。武陵一老今头白，惆怅交亲半死离。

游西湖七绝二首戊午

湖比西施色更娇，相逢何事雨萧萧。最爱双堤千树柳，随风吹弄短长条。

卧听山楼一夜雨，水风激响雨声中。子规不管离人意，啼断西泠梦几重。

途中寄内

羁旅惮行役，予怀耽燕安。相携越关梁，晤言发清欢。寒镫哦秀句，哀音不成弹。朅来三载馀，清霜凋玉颜。上念慈亲衰，下闵娇儿寒。平生冰雪姿，苦为游子残。素心耐清贫，黔莱良所甘。胡不结茅居，耕馌娱空山。述情起恻怆，泪下忽汍澜。比翼与连枝，永劫愿无谖。

成都道中赠内杂诗十首庚申

蜀国春明野鸟飞，芥花黄趁豆苗肥。无边陌上伤心色，珍重香车缓缓归。

春水方生春草齐，万锄春影一簑犁。此行已息辽西梦，时有新莺树上啼。

蚕丛鱼凫旧知名，千叠云山万古情。无那春愁销不尽，泥人肠断子规声。

老关口前日半曛，东风吹马马衔云。行人莫误关前草，直认花开是陆浑。

湖水何年荡画桡，轻携越女坐吹箫。晓来风紧花无力，飞遍清溪檬子桥。

红白山山桃李花，柳枝婀娜竹横斜。年年并辔浑闲事，一路开帘玩物华。

几日甘陵与共居，庭闱日远梦魂虚。荒鸡旅院梨花月，知照衰亲夜倚闾。

水浅山平出内江，数声柔橹过资阳。阿怜为忆江南乐，略似苕溪到柳堂。

驷马桥西碧水粼，题桥人去草如茵。相如空受功名缚，不解归耕对孺人。

濯锦江边访故矶，枇杷花下雨如丝。蛮笺十幅薛涛浣，试写新城寄妇词。

广州杂咏十首癸亥

木棉花发鹧鸪飞，触忤行人新忆归。游女当春妆已夏，红蕉衫衬绿罗衣。

清波百曲荔枝湾，水浅时撑上濑船。赏罢园林待归去，鱼生粥卖晚晴天。

小艇珠帘打桨来，游人多为看花回。梢头豆蔻春三月，瘴雨连宵湿更开。

越王台畔袅花枝，椰酒香浓鲈美时。微雨江干来红豆，可怜春尽最相思。

暖日和风看水嬉，浴凫翻鹭枝偏宜。越人自狎波涛惯，犹有同川似昔时。古称越俗男女同川而浴，中世斯风渐革，晚近慕效欧美男女学生集会同浴，视若故常矣。

炎州新忽见霜晨，小有薄寒欲中人。绿树犹阴花更发，穷冬风景似残春。

一村临水擅东山，叶暗桄榔晻霭间。早晚潮来喜乘便，电船夷船烧嘎士林油者，粤人谓之电船拂柳到门前。

矗漠明灯万颗浮，行人指点亚洲楼。共惊蜃市疑无夜，海气如银烂不收。

珠江一叶小夷船名，游人宴集多赁以载伎乐荡轻舟，徐拂飙轮缓缓流。蜑女成围语迸发，玉钗敲彻月如钩。

六榕寺古覆重阴，茶罢看僧鼓木琴。寺有木琴，发声清越，相传为印度制，或说出自南洋群岛。赠我罗浮一双蝶，寺僧畜罗浮仙蝶，云从山中取蛹孵之,余颇爱赏,即举以见赠。未堪仙梦有尘心。

广州送组安入湘癸亥

惭愧人称两弟兄,嗟兵迟莫尚能兵。玉差良解新知乐,蜀楚偏生故国情。肝胆互输忘世乱,形骸胥泯见生平。香山一老殷勤别,收拾中原是此行。

怅　　惘癸亥

怅惘珠江一水间,东沙应化望夫山。幽思托鸩将成瘸,妙悟通犀始破颜。青鸟暗传书婉娈,红鮹新染泪潺湲。飙轮迅驾浑嫌晚,安得深宫谢往还。

秋日登越王台癸亥

海国秋风动地哀,游人闲上越王台。蛮烟瘴雨增萧瑟,玉局他时肯独来。

癸亥九月日本巨灾感而赋此

往岁曾游地,今朝半劫灰。三山已泽国,万古尽风埃。海啸鱼龙哭,天寒鸟雀哀。修罗在人境,何处是蓬莱。

野哭千家急,天感万象枯。向来歌舞地,莽莽见榛芜。火自地中出,风从海上呼。霸图今已矣,未忍说稽诛。

富士山头雪,奔流只沸泉。遥空尚飞烬,深隧几长眠。户井冷仍激,株樱焦欲然。犹闻华父老,思子望归船。

大地四维绝,飙风万窍号。桑田骇岛出,蜃市幻楼高。诸庙灾俱毁,群酋惨不骄。人谋今尚拙,天变未能逃。

广州春日甲子

地暖得春多,南乡谱艳歌。岭花千树锦,海月一弯蛾。雨过收红豆,风来舞绿罗。韶华纷满眼,无那别离何。

广州春宴甲子

百尺番楼伎乐悲,木绵红艳最高枝。娇歌一曲南乡子,空绿摇天看海时。

广州观木绵花甲子

天半聚成霞,木绵春始花。只拟中酒靥,却著守宫砂。绛观仙人种,红楼玉女家。海神池畔路,怀古一长嗟。

上海金神父路新居二首甲子

漂零十载叹无家，庐舍新成略胜蜗。卷幔看天容偃仰，闭门摊卷送生涯。儿欣踏鞠闲芟草，妇爱读书静煮茶。犹喜夷居近乡国，石桥南畔是中华。

杨子初完宅一区，海壖瓯脱似秦馀。缃帘棐几堪清供，细草幽花足野娱。雷炮有声仍隔岸，乡邻虽斗不关渠。平生射虎屠龙侣，袖手神州且荷锄。

读杜诗感蜀乱有作甲子

何处溪边桤尚阴，三年蜀乱客愁深。草堂荒冷居人绝，不解称兵杨子琳。

即　　事甲子

丧师哀沪渎，告乱惜番禺。大地日流血，高斋且著书。新居媮燕息，旧梦历艰虞。剧孟藏名久，何心问楚吴。

天隐阁诗录二起乙丑

游香山乙丑

秀色冠诸峰，秋高野望空。农村尚燕俗，山馆是欧风。驴背朝吟稳，虫声晚睡慵。只怜清镜月，闲照白鳞松。

游西山乙丑

风鸣万木稠，樵路入新秋。古寺犹云合，清泉疑玉流。僧归度岭没，人语出林幽。及此堪终隐，连山爽气浮。

汤山书感乙丑

曾比华清第二汤，胜朝遗迹久凄凉。谁家别馆参差立，人去楼空冷燕梁。

避暑山中作乙丑

人间炎热不到处,天半微凉起夕薰。已共僧伽得境识,更从猿鸟断知闻。闲看海月生蟾魄,静觉炉烟有篆云。明日下山山下路,尘劳从此各纷纷。

次韵奉和讱斋广州见怀之作乙丑

岭海温风万树花,病馀无奈客思家。新归战垒惊头雪,旧梦歌台忆脸霞。坼地崩天几人在,落英飞絮一春嗟。知君饱挹罗浮秀,我亦轻装载岳华。

寄怀讱斋广州乙丑

诗好官高谭讱斋,经年不见费寻猜。遥知老凤清声在,应割乖龙左耳来。

香山忽恸大星沉,粤峤孤忠尚此心。痛哭八千湘子弟,珠江清浅泪痕深。

海上漂零叹索居,故人不见已年馀。闻君大庾岭头宿,亲见梅开先北枝。

刘惔平生独我知,雄谈大嚼□能为。衙斋午夜低回日,忆否停车前烛时。

京师赠杨啸谷乙丑

吾宗有古风，人海独雍容。储画宋元富，论诗辜泰雄。谓辜鸿铭、泰戈尔。游从日出处，乡梦月明中。邻隐他年约，渝关问老农。

题瓶斋所藏湘绮便面册乙丑

申伏高年景宋词，巍然一代好儒师。即从翰墨看风轨，春蚓秋蛇自一奇。

中秋夜叶郑招游北海漪澜堂赏月分韵得催字乙丑

万古中秋月，平生看几回。剧怜今夕满，犹照故宫隈。有客谈仙操，回舟傍法台。乾坤此清境，归骑莫相催。

乘津浦车由京返沪乙丑

浉迤平原渐绿芜，道旁输柳不胜枯。飙轮已自轻千里，逸驾还思泛五湖。大地河山俱震动,春明尘梦远模糊。馀生犹有恩亲恋,海角斜阳认敝庐。

寄怀瓶斋兼及讱公乙丑

一别东南已各天,低回犹恋在山泉。羁愁郁快仍今日,世味酸辛半往年。朝隐与谁分菜种,衙回独喜抱书眠。遥怜谢客珠江上,应有新诗寄阿连。

哭杨映波乙丑

护国好男儿,雄轻十万师。犹闻战泸叙,不复减淮淝。仗剑匡孱帅,投戈感溃夷。平生欢部曲,横死到今疑。

焚　香乙丑

阳焰芭蕉未有常,聊从火宅觅清凉。闲来一卷消长日,焚得人间笃耨香。

老　去乙丑

老去邠翁百不思，闲来惟与睡相宜。停车访道成孤往，据灶翻经又一奇。盐酱卌年历胡乱，塔铃一夜语风危。金门大隐谁能识，误被人窥笑朔饥。

乙丑除夕

旧岁看看尽，流年冉冉过。篼鸾岂得已，跃马复如何。世路纷荆棘，家山冷薜萝。客贫腊酒薄，归计日蹉跎。

白葭山人饮席越日作歌丙寅二月

三日空中堕飞弹，程侯爱客方高宴。兵戈满地百不惊，谓言频岁经历惯。我适落拓羁京师，一官方罢无归赀。杜门不复问朝事，时与数子同襟期。程侯于我晚相识，金石刻画推第一。偶携刻印朝过门，亦复驱车晚趋出。丁君不作郑公死，程侯飘零乃如此。唯馀香宋一诗翁，使我山川尽成绮。昔年都下风流尽，潭柘枣花鲜从问。红裙一醉百千觞，岂解吟哦工竞病。只今好事有程侯，座中海客谈瀛洲。神山茫昧不可接，行歌燕市心悠悠。夜深炮作春雷吼，居人破梦嗟环走。如何不饮令忧瘦！

春日都门看花晚归丙寅

醉豁高楼一望乡，京华骑马放翁狂。寒霄见月多新感，列肆翻书得古藏。春到好花开寺圃，晚来斜日过宫墙。驱车士女浑如织，尘涨真看十丈黄。

答友人话旧兼讯还乡丙寅

还乡不复梦，作客聊安居。菽水斋无肉，辛盘食有鱼。闲参韦绝理，晚读贝叶书。近喜依慈氏，前尘付子虚。

长日事佛闻人说战事话故乡作此谢之丙寅

一室静诸缘，斋心礼佛前。法云想十地，明月证初禅。河岸遥闻战，乡关久隔年。只令思鹫岭，无计勒燕然。

西山碧云寺谒中山先生殡宫丙寅

先生藏骨处，寺古碧云封。华表魂归鹤，丰城剑化龙。碑镌辽代塔，梦冷佛前钟。夜久棠梨月，还来照殡宫。

春　　尽丙寅

轻阴微雨牡丹时，陌上看花忆别离。留与落红管憔悴，不堪春尽独归迟。

劫质篇示铭儿并序丙寅

五月一日是铭儿往年脱险之时。次儿适过，与家人话此，深夜回溯，因成是篇。

去年今日夕，儿归初到家。劫质两旬间，忽若蜕骨蛇。儿见欲痛哭，慰儿且毋哗。忍泪强颜笑，与儿罗浆茶。大母闻儿来，合十诵弥陀。阿母闻儿来，收涕反滂沱。新妇闻汝来，辍泣步踌躇。一室聚团圞，盎然成春龢。余时但默坐，听儿说贼窠。儿云初被劫，恸极犹情哑。越日乃号咷，憯怛呼娘耶。供饭不能食，强食亦随哇。贼谓君胡尔，毋乃自摧挫。与君非仇雠，遽不相残苛。假君博行赀，得钱即归车。君家富若山，万牛一毛赊。君父官蜀粤，两郡天府夸。颇闻白鸽标，六亿一时科。太仓损粒粟，何足挂齿牙。儿谓汝大误，告者何其过。吾家可小康，吾父廉非奢。仅有一椽屋，局促聊容蜗。千金颇有馀，万金不能多。尚有事畜赀，罅漏仍补苴。汝希巨万赎，倾竭亦末何。贼闻似知谬，失声忽叹嗟。酷哉遇待情，传闻乃相讹。倖免手足拱，所苦两眼遮。蜡泪各塞耳，不得闻邻笳。唯督写家书，明聪复倾俄。两贼赫然立，铭对不偏颇。禁毋得旁瞋，亦勿稍蹉跎。不然弹立加，欻尔化修罗。千金初给时，一饭牛炙加。其馀但薄鬻，味劣无复鹾。一榻许高卧，榻下纷喽啰。臭秽一室中，鼾齁杂欠呵。偶然相牾触，凶声犹药叉。日与恶兽居，心烦如乱麻。但可默祷天，归期冀有涯。今竟获生还，恍逢春梦婆。语罢泪若縻，哀音忽槎枒。老母再三叹，儿妇已足嘉。勿为多苦言，苦言多则那。忆昔警闻时，余惊若罗邪。绕屋百旁皇，几欲成狂疴。愔愔禽伤弦，扰扰蚁旋磨。老母高堂泣，凄然鬓已皤。少妇昏欲死，思殉从湘娥。独与汝母谋，恨悔翻自挝。良友六七人，营救策多涂。诘旦得贼书，字迹故欹衺。索金二十万，不尔为虫沙。刵耳或刖足，请公看帝羓。凌彭奋袂往，与贼为委蛇。黄萧与传尚，作计复奔驰。厉张轻万金，高谊凌紫霞。复有卢使椽，到门停马笯。煌煌南北府，主者多负荷。贼魁蓦然来，夜半惊栖鸦。谓持友介书，闻公遇坎坷。仆雅识其曹，前驱愿执戈。万金已云足，贼众可荡魔。太息聆此言，世路足风波。觌面人我间，邈若山与河。德施未蕲报，何图反衅瑕。根株既云得，不悉问茑萝。厉以朱与郭，譬以政与轲。古来英雄人，急难吁可歌。自兹渺然去，贼得良迹佗。维时有邓君，周旋见欺訑。密书忽复来，反亟相谁诃。疑云四面生，余亦欲投梭。终焉决大计，渠魁信非假。金往儿果归，不复纠枝柯。如寐骇然醒，老眼欣无花。攸复岁已周，移家息京华。偶凭南郭儿，间种东陵瓜。涉身乱世间，所贵正不阿。儿学尚未成，儿童慎勿夸。苦志一朝申，令名钦迩遐。人生百年中，祸福几遭罹。物情盖侜张，人事殊纷拏。中心善衡量，外役绝媒囮。艰难及险阻，玉汝为切磋。毋忘在莒言，古训略非差。感激为此诗，儿其尚吟哦。

初秋夜作丙寅

危楼暑退炎风改，清簟凉生细雨来。夜午灯青有新味，更闻蛩语说秋回。

漫　兴丙寅

九州浪走销髀肉，卅载霜凋感鬓毛。丧乱关心只书史，行藏听命到钱刀。云间衰凤知音苦，楼上眠龙失气豪。何事一官贫彻骨，旧闻薏苡谤偏高。

宜南读书偶为长句并简芾煌天倪两居士丙寅

尘劳忽忽惊成翁，未堪国难忧身穷。宜南闭门一尺雪，闲窗展卷宵灯红。廿年往事半如梦，岂意老更作书虫。朝吟夕籀不得息，人事往往成疏慵。百卷撑肠有芒怪，万古之际蟠心胸。贝叶译文晚持诵，唯识邃理遮禅锋。玄奘圣作狮子吼，窥基亦颇称象龙。鸺鹠仙人谢陈那，岂与磨外净因宗。精深微妙迥莫测，自恨劣钝嗟颛蒙。朱陶已是善知识，雅与问难相磨砻。成佛学道岂先后，才负灵运得毋同。旅寂新枉友朋书，劝我往游天童峰。兵戈满眼道梗棘，治严亦复羞囊空。阿育王塔在云际,归心痛逐南飞鸿。峨嵋青城更杳绝,乡关万里畴能通。齑盐琐屑冷客况,寻山数载孤吟筇。薄游载访古苑宫,中藏梵寺闻霜钟。素心晚约二三子,斜日对抚前朝松。归来一室过方丈,书城南面矜方隆。几案篇章目翻折,屋际偶尔来寒风。丈夫饿死那易得,歌声仍出金石中。世间有情殉所慕,黄卷固自胜青铜。骚坛孰者擅豪伯,法界谁许钦尊雄。千载高吟动神鬼,五明求道砭盲聋。多闻熏习守慈诲,复以博要搜残丛。三藏七略究难竟,分与世寿相初终。破家未悔悔失学,补牢已晚嗟无从。馀生犹得隐人海,读罢还种青陵东。

九日北海作用东坡九日黄楼作韵　丙寅

异乡佳节那忍说,名园一夜秋花发。赏菊不厌促杯干,柱杖漫须防石滑。醉来偶与客吹帽,老衰未倩人结袜。毕生能得几重阳,万事会须输一呷。久淹日下困风尘,思向山中亲畚锸。故宫禾黍秋愈凄,盈池芰荷水新杀。轻蝉掠鬓闭妆楼,野鼠冲髭冷佛刹。水嬉尽日吹风香,兰桡晚棹犹咿轧。禁院从人恣游衍,金吾可怕相镇压。明霞万叠映西山,落日初沉峰半齾。逢怜秋影飞江雁,莫管军声乱池鸭。携壶试拟登岳华,归舟游梦浮苕霅。

逢蜀友话旧因论近日水程之便枨触故情率尔赋此丙寅

昔驱使者车，闾里问桑麻。组绶方夕解，飙轮天一涯。维舟扬子月，访寺赤城霞。近作京华客，何年返蜀槎。

送君穆还乡丙寅

燕市歌翻蜀国弦，何郎妙悟至今传。船南马北俱千里，月夕风朝又一年。春梦渐从方外觉，秋曹谁识使君贤。寄声为报乡知道，官罢郊翁只醉眠。

题邓文若印谱丙寅

篆刻精严析汉薪，旁搜残鉥逮周秦。平生古学无输写，投老天教作印人。

丙寅除夕

春声爆竹传，守岁及兹筵。海宇仍复故，晨朝便隔年。腊催今夕酒，穷送昔贤篇。古俗以正月晦日送穷，昌黎文所称元和六年正月乙丑晦者是也。今年阳历除夕适当阳历正月晦日。老去杜陵率，狂呼博进钱。

除夕又作

一年将尽日方斜，寥落都门噪晚鸦。已制逐贫子云赋，不来守岁阿咸家。杜诗一作阿戎，非是。死灰槁木甘心寂，暮雪朝丝成鬓华。病眼不眠乡思切，忍教坡老忆眉嘉。

雪霁作丁卯

何处人间有净居，春明僦舍称吾庐。墙阴一抹松梢雪，映读窗前贝叶书。

闲摩快雪时晴帖，正尔明窗雪半销。犹有轻寒侵手指，冰檐垂玉两三条。

煎茶联复效苏髯，扫雪呼童手自添。花乳一瓯红火活，轻烟时飏玉钩帘。

雪后作丁卯

都门雪后生清冷，燕坐读书但煮茶。晚爱萧疏有庭树，静闻剥啄似山家。已判居士从摩诘，无复仙人问少霞。一卷多罗了群虑，如勘尘梦半空车。

都门春雪丁卯

料峭春寒澶不禁，天阴如幕昼沉沉。夜来忽看风鸣雪，已报陛前几尺深。

万瓦如银泻玉盘，晓帘犹作月明看。围炉煮酒堪清赏，怕被晴光减却寒。

闭户摊书晚寂寥，长安门巷冷萧萧。骑驴偶忆幽人约，知否寻诗过灞桥。

不尽冰天雪海心，试当高处辄登临。寻常楼宇俱璃玉，却为遗宫一怆吟。

春夜望月有怀故山丁卯

久客生乡思，春风媚远天。可怜燕市月，不听蜀山鹃。颢气轻霄汉，清光沁玉泉。长安有儿女，还礼到家园。

望月都中作丁卯

一片春明月，清光胜故山。凉蟾此遥夜，倦鸟独思还。流影江湖侧，惊心戎马间。低吟还入户，怯尔照愁颜。

京中春日闻布谷丁卯

三年留滞情，白发伴愁生。尘壒知风急，天晶见月明。花仍春日美，鸟似故乡声。索米长安客，翻成百不营。

布　　谷丁卯

布谷声声尽劝耕，农田荒尽未休兵。家山更隔干戈外，雨笠烟簑无限情。

春日游中央公园戏为吴体丁卯

草绿春归可有涯，更怜微雨沾尘沙。日斜返照鸟鹿囿，风暖轻飞桃李花。祓禊故人劳远梦，荼云游女纷香车。我衰亦喜趁时出，树底邻翁约饮茶。

下帷摊书懒出门，春来也复学规园。绿阴恍疑只林苑，红雨想象桃花源。佳人检翠远微步，客子闻莺初断魂。暖日和风晚归去，新见西南月一痕。

春日李宅听孙叟胡琴孙为谭鑫培师三十馀年今六十老矣丁卯

花落京门已莫春，胡琴一曲别伤神。善才老去龟年死，惆怅当年供奉人。

寄怀天倪兼酬枉赠二首丁卯

当代陶贞白，平生笃爱畸。方将研克鲁，谓克鲁泡特金。已复述窥基。净业依尊宿，雄文论大师。悲怀愿无尽，情众日疮痍。

斯世伤炎冷，高情感独深。相哀一青简，重视千黄金。法施分经卷，嘉招入宛林。天涯念朋旧，为尔一沉吟。

晓　起丁卯

城柝依微罢远更，乍凉天气足新晴。鸡声渐逐虫声没，日色偏欺月色明。花外云霞堪艳绝，竹阴风露迥愁生。无因钟动思闲事，触迕年时晓寺情。

友人招隐山中筑室余以家累牵率未暇赋此解嘲丁卯

海上榑桑生几株，乡山应更老蘼芜。世情险合厌游宦，隐趣喜与谈樵渔。瀑流半偈警学道，夜雨一灯闻读书。阳羡营田哂凡乐，岂可永恋尘中居。

夏日早起丁卯

人静鸟初喧，朦胧爱晓天。鸡声残月里，蝉咽小风前。移簟贪朝爽，摊书警晏眠。微凉渐回热，城关上新烟。

京中夏日丁卯

赤日黄尘骄天衢，疏帘几桁幽人居。昼长无事唯读书，博戏岂喜同猪奴。清凉一饮冰醍醐，斯事不庸嗤贾胡。莲船竹屋思南徂，何日新秋莺脰湖。

奇热废书无俚戏为禅语示内丁卯

饥来吃饭困来眠，此是园音不二禅。无用更参干矢橛，频呼小玉亦机签。

京中夏日骤雨丁卯

郁热蕴奔雷，金蛇掣电开。雨声破窗入，云气扑帘来。解闷调冰水，追凉饮酪杯。幽廊度萤湿，微月忽西颓。

京中夏热喜雨丁卯

尘昏障日黄，酷热胜炎方。疾雨晚来过，薰风生夜凉。庭阴络纬急，藤架荼蘼香。河汉疏星没，微云淡可望。

雨　后丁卯

雨后乱蛙鸣，新凉一簟生。湿云漏微月，寒色满高城。夜午仍风急，天边尚电明。摊书静无寐，境识喜双清。

京中夏日雨后丁卯

一雨能生竟日凉，都城风物似江乡。芰荷覆水横塘碧，槐柳萦烟古殿黄。邻树阴交蝉不断，庭花香静蝶初忙。长安奕局频看过，始觉闲中日月长。

热　　退丁卯

热退凉生急雨秋，都城风物遽清幽。馀威残夏知留得，一夜雷声尚入楼。

次韵和纕蘅南园移居丁卯

两川君我各西东，历历家山半梦(多)〔中〕。渐老易缠兰宿恋，尚忧不见九州同。尘劳偶倦思安隐，火宅频经悟苦空。倾盖看棋几宾客，题楼一问赋诗翁。

得友人书南中一屋鬻矣感而赋诗丁卯

旧业江南帐已空，春来回首思无穷。扁舟一棹听莺日，肠断溪头舶趠风。

久客京门有怀天研金陵舣石成都丁卯

一别巴山不可见，远游陶向殊乡县。落月屋梁望颜色，风雨鸡鸣泪如线。憔悴京华怆故情，故人各在一南京。唐以成都为南京。人中龙凤那易得，未堪豺虎方纵横。

乡　　病丁卯

郁结梦三刀，心飞故国遥。溯舟一水广，归骑万峰高。腊脯思清灏，《说文》：灏，豆汁也。吾乡喜食之，俗谓豆花，其汤犹名灏水，古义之仅存者。春蔬忆冷淘。平生爱方物，乡病敢辞劳。此意出远西文字英美语，所谓霍姆希克者也。

冬苋菜丁卯

菜之美者有吾乡之冬苋焉。京沪间蜀人尝移植之，而色味绝逊，以土宜与物性之殊故也。酒间与客论故乡风物，辄复记以诗。

梦话巴山雨，行歌燕市春。酒阑闲遣客，饭饱冷看人。菘韭夸初末，麋芜感故新。吾乡有冬苋，清味胜吴莼。

赠 缫 蘅丁卯

耽吟倚岁曹能始,郎署浮沉道未孤。老去诗篇恋乡国,朅来濡沫忘江湖。横街南曲企藤社,古物西川忆菊庐。年少三河自矜赏,新城能得似君无。君近为七绝诗,颇饶丰韵,大似新城一流也。

中秋都门见月作丁卯

碧空悬镜朗中秋,照彻诸方下界幽。世有兴衰月圆缺,人天如此不须愁。

广和居宁依招饮有赋丁卯

昔年酒肆清娱地,逸客闲官数往来。秦市醉眠追贺李,梁园文晏盛邹枚。春盘菜半成名迹,坏壁诗多系史材。遗韵同光已销歇,从君说旧尽余怀。

漫 兴丁卯

岁岁东华踏软红,渐于国事马牛风。拙谋久已同怀祖,惊句新堪近谢公。惨淡危时三海侧，崎岖乡梦万山中。艰难旧亦闲经过，身隐无因怨道穷。

寄怀山腴成都丁卯

十年不见小巢居，多难新诗君写寄诗首句为："多难逢元月。"独起予。浮世共怜槐国蚁，缄书一寄锦江鱼。孤城僻屋堪供老，凉簟疏灯好著书。君昔写诗有'凉簟疏灯五尺楼，宜人残夏似新秋'之句，余极喜诵之。我倦京华无处着，故乡游钓近何为。

都门杂兴

灯灺河倾夜午时，微吟掩卷有馀思。未应京兆夸眉妩，却恐恒河照鬓丝。

摩娑宋榘遣宵晨，挥泪宫娥复几人。雠校毛君有名语，种松皆老作龙鳞。

危楼一角占东湾，十斛黄尘几树间。远黛轻烟拥螺髻，斜阳微雨看西山。

陶然亭畔凄凉地，触热人多谢此游。墨淡尘昏认题壁，长安看奕已千秋。昔日见长安无名题壁，有"裼裘公子今安在，且到长安看下棋"之句。

名都士女斗香车，相约金张许史家。碧瓦朱阑异茅屋，门前齐放马缨花。余始见马缨花于广州，京师衢巷，弥望皆是。

昔贤名迹易窥求，张挂高堂故宅幽。今世顾痴谁继辙，京师近颇提倡绘事，中西画多有可观。可能满壁画沧洲。

四友嵩山入彀来，老成凋谢亦堪哀。功名已薄鹿虔扆，耆德端推褚彦回。

氍毹年来亦诵诗，同文盟社未堪奇。红夷荒岛美族土人为印第安族，欧人据而居之森林族，争向中原问鼎彝。余所见德、美学者有能识篆籀者，彼族悦学，至可惊叹。

不教北马笑南船，荡桨名姬似水仙。海上荷花香十里，歌声遥识采红莲。

宝器犹堪傲十洲，哀蝉落声故宫秋。廿年别有荣枯迹，冷限闲眠倦红鸥。三海水涯多有鸥鸟。

论诗绝句百首

五字河梁万里悲，茂陵松柏老归迟。相思到死长无极，此是惊心动魄时。

孤军亡虏剩诗名，旗鼓犹堪敌子卿。凄绝兰台再辱语，英雄长有泪如倾。

捐弃秋风团扇哀，怨深文绮足低徊。如何赋恨长门者，端自金钱买却来。

孔雀东南失侣飞，焦卿无计殉兰芝。李妻经墓读碑曲，学步邯郸仅此辞。古诗无名人《为焦仲卿妻作》，千古绝唱。明、清诗人，多有抚拟，然少有工者。湘绮《李清照墓下作》，则妙肖不移，极拟古能事矣。

一字千金十九篇，继声骚雅此薪传。忽惊象译翻残帙，沧海遗珠两未圆。《古诗十九首》,近英吉利人韦勒译为十七首,自注谓未译二首,以稍弱劣故,当由误据此士谬说,强生分别耳。

诗人龙虎见曹公,横槊临江坐啸中。绕树南飞叹乌鹊,四言绝响亦称雄。

偶语翻膺仲伟讥,浮云西北有华词。应刘死后徐陈尽,咏入中年感逝离。

仪态惊鸿想洛神,建安风骨迥无伦。仙才渔洋谓子建、太白、子瞻为诗中仙才不合为天子,谁遣君王赋感甄。

思友堪升鲁孔堂,矫然真骨见凌霜。冯知仗气轻曹氏,平视嗟君独不降。

质羸文秀语怆愀,赋就七哀始欲愁。犹有从军似都尉,别成一体间曹刘。

双鸾高咏绝音尘,性峻犹龙世未驯。凄断声销顾日影,广陵一曲更无人。

潦倒穷途痛哭回,数升血呕剧崩摧。若教沉醉推醒独,玄解谁能索咏怀。

入洛机云二俊来,华亭唳鹤独堪哀。论诗却让平原相,拟古淳深见海才。

司空博物擅多闻,华表鹤归致慨殷。岂但寒夕有华艳,犹堪龙剑寄风云。

悼亡新遣二毛霜,倦暑佳章烂锦囊。独羡君为板舆养,护庭花发忆河阳。

十年覃思赋三都,咏史浑如指掌图。遥想袁郎泊牛渚,高吟还得似君无。

太尉清刚咏指柔,边声感乱气横秋。月明一夜吹笳曲,闻著胡儿也涕流。

明数偏教值数奇，似君生死尽堪疑。唯馀一枕游仙梦，诗句人间总未知。

移步犹留甲子哀，桃花源境未劫灰。若为饶得微官兴，采鞠吟桑归去来。

替耶征战度黄河，惯听燕山铁骑歌。万代淫哇此清壮，南人争及北儿多。

迥句名章山水滋，袭人苍翠有馀姿。怜君临命思江海，挂席扬帆可恨迟。

令弟风人第一流，捣衣惆怅不胜秋。临川富艳难踪迹，神助惊君入梦游。

参军俊逸老波澜，慷慨悲歌行路难。兼擅古诗流别妙，芜城落日至今寒。

日暮碧雪怅未来，文通拟句费清才。诗僧何意伤淫靡，匹鲍评翻出忌猜。

澄江如练故争传，低首山东独尔贤。骈句渐开唐律体，水还云去各悠然。

醴陵璞管绚生花，杂体间临廿九家。《杂体诗》三十首，其效《古离别》一首，不著撰人姓氏。恨别从人嗤俗体，尚堪撷艳赏词华。

秀于任昉浅于淹，未分将军托后骖。诗思落花自依草，莫春三月在江南。

王谢宫商辨四声，浮声切响论犹精。唯流拘忌伤真美，杂咏天机自性情。

绮密雕华独变陈，玉台一体尚清新。俪篇徐庾堪方驾，韵语馀君作后尘。

萧瑟平生庾子山，哀时微语出人间。凌云健笔俱清丽，杜老师资未愧颜。

文章四杰照唐初，诗句唯堪举痹卢。古意长安哂轻薄，鸳鸯犹羡一双鱼。

琳琅百轴赠宣阳，谁识黄金铸子昂。孤凤歌衰已铩羽，金华山吊读书堂。

沈宋差肩又一曹，音精六代起唐谣。郁金堂北思辽戍，灵隐楼东看浙潮。

新语襄阳耆旧间，微雨疏雨失追攀。不堪岁暮归山句，博得君王一放还。

云散襟情爱辋汀，安禅一卷净名经。维摩诘，此云净名。蓝田尽入诗中画，别有伤心赋海青。

逸才幽致殷璠语，缓步同行子美诗。老去嘉州更悲壮，青门白雪半雄词。

垂老耽吟谢博朋，美名佳句有新称。燕歌海内争传写，散帙清诗忆少陵。

迁谪遐荒过五谿，青山明月梦看时。元嘉四百年间作，晚爱龙标七字诗。

田家杂具似渊明，茗粥山中见隐情。竹屿花潭自幽境，湖游奇绝冠平生。

依山白日望黄河，最胜凉州一曲歌。赌取双鬟待孤唱，旗亭夺锦让君多。

花月春江夜气清，清词丽句可怜生。吟成七字天然妙，独有西洲与抗行。湘绮谓五言之《西洲曲》，七言之《春江花月夜》，均得天然之美。

善饮能诗便得仙，谢阴庾鲍尽堪传。平生癖尚思丹诀，气妙凌云不近禅。

老病干戈乱里身，行歌野哭剧伤神。诗家亦有沉雄笔，莽荡乾坤独此人。

海内知名但长卿，五言仆射号长城。更嗟七字文房七律如《登余千古城》、《过贾谊宅》、《自夏口寄元中丞》、《使次安陆》、《别严士元》、《江州重别薛柳》诸作，皆音均铿锵，词旨清峻，于王维、杜甫外，别成一体，高仲武诃以诗锐才窄，似稍过情俱清切，漫笔随州薄老兵。

扫地焚香清客缘，江州香山诗称韦苏州曰江州，亦曰左司品味似山泉。自知诗思清人骨，谁得无声辨指弦。

剑割秋肠海上峰，始知愁苦易为工。柳州山水堪供老，万死投荒别泪红。

兔葵燕麦黯斜阳，杨竹枝词俊莫当。底事香山好秋水，春潮还复谢韦郎。

痴妒尚书李十郎，长干白也亦鸳行。山谷谓《长干行》次篇"忆妾深闺里"，为李益作。然如"湘潭几日到"迄"愁水复愁风"等句，虽李白何加焉。兵间别有悲凉曲，吹管征人尽望乡。

馀事为诗尚坫坛，淋漓大笔入幽妍。微嫌奇字伤神韵，浪被人訾急就篇。太炎谓昌黎诗，以为急就章之流，其尤病者，乃诟以马医歌括，则似稍过。

遗山妙谥赠诗囚，一咽寒虫万岁愁。竟有春风能得意，长安花尽始回头。

搜幽凿险费雕镵，阿母深怜说呕肝。冷艳凄神更寒骨，女萝山鬼见真诠。

诗思清真出饮茶，俳偕月蚀病槎枒。歌行晚欲凌韩杜，示尔添丁莫恼耶。

贾瘦天教继孟寒，孤吟落叶满长安。僧敲鸟宿稍纤促，蔬笋酸贫气尽难。

妙绝江南乐府词，相逢未嫁亦堪思。平生知己推韩孟，郊哭仍闻祭退之。

衮衣微惹御香时，旖旎多成侧调词。自是宫中行乐秘，禁情争遣外臣知。

谬赏争夸乐府新，乐天《新乐府》，惟《上阳人》、《折臂翁》、《隋堤柳》等诸作尚自可观。馀如《海漫漫》之"不言药，不言仙"等句，滑口太过，《杏为梁》之"高其墙，大其门"等句，率伤浅俗，皆非乐府之遗矣。香山佳处在天真。琵琶长恨俱清妙，咏入西湖笔有神。乐天西湖先后诸作，均为佳唱。

兰亭绝唱纪元和，几日吟魂有梦过。无限悲怀与离思，莺声花气奈愁何。

一声河满泪双流，虚唱歌词故国秋。未病雕虫变风教，羡君诗好自轻侯。

禅榻频年有鬓丝，风流还写杜秋诗。江南莫雨潇潇曲，听唱扬州月上时。

翠羽明珰绝世姿，王杨卢骆谢琼琚。前贤枉效西崑体，湘绮今堪识玉谿。湘绮七律全学义山，最有甘苦，即七古亦多自转均一章脱出。

八叉敏捷过枚皋，轻艳新声一尺要。春到晚唐花尽发，可能亡国为诗妖。

廿四论诗味外搜，不因著字得风流。要矜诣极标清绝，孤枕落花迴自愁。

樵人渔具费赓酬，唱和松陵满壁收。甫里骎骎过先辈，为传风影落春流。

风怀约略丽情饶，一集香奁意暗销。除去绣鞋心火句，余谓致光诗,唯“暗中犹觉绣鞋香”,及“心火因君特地燃”句,猥亵近俚,余均清丽可诵。清才端让玉山樵。

浣花溪上结茅居,秦妇吟成恨有馀。燕乐太炎谓词为燕乐惊才晚开蜀,相思却寄锦江鱼。

恬淡清深大雅辞,不随六一竞前车。秾华自谢无桃李,得意回甘谏果时。

荆公清迥谢支离,随园谬引“青山扪虱坐,黄鸟挟书眠”,谓为公平生最得意句,似邻诬毁。即所称佳句,如“近无船舫犹闻笛,远有楼台只见灯”,断为平生佳作,亦似未见公集语。微尚耽吟绝妙词。晴日暖风生麦气,绿阴幽草胜花时。

蒙庄治罢更瞿昙,妙语都从法界参。文字禅通大自在,豀声山色是伽蓝。

四十林泉便自豪,推排绮语入风骚。涪翁逸气多山水,爱杀脱衫来刺篙。余于山谷诗,最赏其“脱却朝衫着蓑笠,来佐涪翁刺钓船”等句,以为极啸傲山林之致。此境唯东坡有之,虽源出老杜,然杜多哀吟,不专赋比。

书当快意读易尽,客有可人期不来。吟苦闭门陈正字,乍搜隽语入新裁。

伤心波照思惊影,妙手天成得好词。审识疏灯人语意,始知世有放翁诗。

菱叶荷花舣棹初,田家风味在官无。新吟万里无船舶,石湖《使虏过燕山馆》,及在桂林、成都各诗均用“万里”字。故《倦遊》诗云,“此去休哦万里诗”。至赋“万里吴船泊”,则淳熙己亥重九归隐时事也。遂有清音满石湖。

箕颍英灵此降才,论诗疏凿极敲推。试参钟品寻源出,应自襄阳少陵襄阳人解闷来。老杜《解闷》十二首中之“沈范”、“李陵”、“复忆”、“陶冶”,及“不见”等首,与《戏为六绝句》,均论诗先河。

床前杨柳楼心月，灯畔芙蓉叶上霜。丽句中州似江左，不传敕勒咏牛羊。

作客读书好弟兄，道园诗，长歌如“大兄十年作客”一首，拗律如“隔屋弟兄皆读书”等句，皆集中绝佳之作。道园吴体杜陵情。风流宓子弹琴绝，略有苏黄鼓再行。余尝谓老杜《题终明府水楼》二首之“宓子弹琴为宰日”，及《崔氏东山草堂》之“爱汝玉山草堂静”等作为苏、黄拗律所祖，此谊惟道园《题黄都事仲纲山居豁阁》二首，为能具体而微，馀子似为未喻。

红藕池塘事有无，沙鸥冷眼看荣枯。若从元代论佳绝，应载黄生主客图。黄星甫《池荷绝句》云，“红藕花多映碧阑，秋风才起易雕残，池塘一段荣枯事，都被沙鸥冷眼看”。余谬以为元绝第一，大似张灵《对酒》，称有明一代绝唱也。

宫女诗成已祸基，空吟拙宦远危机。劳歌一曲青邱子，月窟天根觅句时。

衰周弱鲁系宗盟，乐府翻嫌史断轻。老息西涯爱茶酒，不教性命作人情。

习杜差称具体微，粗豪剿袭亦蒙讥。合离更病江西后，鞭铎从君问是非。

明月篇推妙悟超，论诗一序调尤高。李王秦汉空声佶，清婉君真似六朝。

对酒清歌午夜听，苦思玄墓问垂暝。兴来乞食歌姬院，别有知音识阿灵。

新咏梁陈稍绮繁，素馨香恼陆郎魂。乞书绫裓分诸伎，襟上滇边醉墨痕。

冠冕空矜白雪楼，西京天宝坐中收。何来赝古公安笑，抚帖从门谤不休。

七子唯堪竞一雄，五都瑰宝最能丰。晚年渐喜归平淡，新见坡诗在枕中。

便殿琵琶谱竹枝，夜深碧幰载归姬。小红低唱吹箫曲，回首烟波是此时。

苦志刀绳故国愁，亦儒亦侠亦诗流。孤臣老去无多泪，南孝陵荒草木秋。亭林五谒孝陵诸作，为最沉著渊雅。

诗学堪矜贯有初，空惭投笔诟东胡。论词却喜风流剧，拂壁翻箱傲老夫。

亡国哀音汩暗潸，淮王鸡犬落人间。应知转韵梅村尽，良史诗中见马班。

绝世丰神绍盛唐，禅宗三昧悟渔洋。羚羊香象俱无迹，但有馀音绕屋梁。

不教獭祭笑西河，博奥风怀懊恼歌。终配阮亭输一席，应知爱好胜贪多。

声调真堪发覆蒙，谈龙激论未全公。饴山诗卷分明在，那有新词过阮翁。

黄叶无多见淡枯，真成题画妙倪迂。馀篇若更论佳句，千点桃花尺半鱼。

哭月凄清咏太鸿，可堪孤峭为诗穷。朱门华胄都零落，一曲歌伤卖菜佣。

醉歌新自酒楼回，便有仙名说异才。至境幽忧近昌谷，更同兰玉夙惊摧。

谭艺随园未胜流，性灵佳作亦堪收。悲吟女嫁忽如客，送罢而翁已白头。余最赏随园《嫁女诗》，以为集中之冠，以是抒写性灵，乃不致堕野狐禅也。

嘉陵江驿雨如垂，寒屋诗人有故基。行到宝鸡问村店，清宵残壁诵君诗。船山《宝鸡题壁》十八首，当时台谏据以弹劾诸军吏，世多称之。

五言乐府擅真奇，长句仍循韩杜规。伯仲郘亭盛文采，难酬愁苦数篇诗。《巢经巢诗》五言如《愁苦又一岁寄子偲》，及《阿卯晬日作》等，均绝唱。

学古中兴集大成，史书端自笑谈生。即今高咏江山满，逸注何人解独行。湘绮诗唯《独行谣》为古人所无，然不得自注本，则多不识所指。

因创由来各有宜，抒情不废古人师。若教雕琢能归璞，便是君家幼妇词。

哀乐中年损壮心，颜枯泽畔此行吟。何人更奋阳秋笔，把臂随君入艺林。

寄般石居丁卯

锦里先生君时客居成都忆向平，皋比今拥几经横。杨雄识字追仓史，孙愐精音抗陆生。桂树秋山想招隐，桃花春水望归程。嗟余老废空诗癖，解闷新夸百首成。余近为《论诗绝句百首》。昔老杜《解闷》及《戏为六绝句》开其端而不名，至遗山则名实均□矣。

寄山中隐者丁卯

太华山中爱隐居，世间蛮触不关渠。空青屏幛供斋坐，瀑布晶帘阅道书。岁晏漫倾竹叶酒，春来应致桃花鱼。还期寒绿深松里，让我云边好结庐。

夜　读丁卯

萧然夜气清,孤阁一灯明。时讽高歌曲,如闻梵呗声。道忧为物累,天遣以诗鸣。相知唯蛩壁,知余闲静情。

翠微山丁卯

哦诗留睡笋舆间,红叶秋林夕照殷。古寺残碑暮云里,钟声遥出翠微山。

寄卢七燮卿丁卯

燮也今狂侠,生矜百醉馀。酣歌倭岛曲,倾媚酒家胡。杜老身虽弃,韦郎迹未疏。因君念昔梦,文教盛东都。癸丑余讲学日本,燮卿最为高材。

客　散戊辰

三年留滞隐神京,一卷西窗爱晚晴。客散楼空了无语,夜深闲听煮茶声。

次韵奉和纕蘅独游江亭即事戊辰

黄尘影里一灯青，谁信乾坤尚草亭。避乱车方兵畔过，逢春雨半客中听。严城入夜笳初急，高阁怀人酒易醒。燕赵不堪歌楚些，雄风何处悼昭灵。

春日小极戊辰

欲遣愁侵却病侵，危楼听雨已春深。一声凉梵生清籁，二月香山长绿阴。临水桃花成圣解，避风柳絮定禅心。药铛茶鼎供幽寂，车马响门恐不禁。

上海杂诗戊辰

绿阴庭院草萋萋，列树当街碧叶齐。零落杏花寒食雨，春申江上鹧鸪啼。

疏冷秋槐莫利街，伤心龙剑使沉埋。弥天四海从人惜，腹痛驱车我独来。

著　处戊辰

著处淹留似贾胡，蓟门秋老客心孤。乡关乱后稀归棹，人海喧中且读书。击筑漫歌燕市饮，寒藤空看辋川图。故人此日多招隐，为我山中扫竹庐。

题两当轩诗集戊辰

一曲凄馨赋燕归，蒋家楼上话灯微。才人异作伤贫死，九月风寒未剪衣。

闭　户戊辰

闭户多清课，当窗半绿阴。客游夷馆足，书味夜灯深。洊乱今何世，偷安竟此心。馀年隐朝市，故是夙抽簪。

春日偶成戊辰

帆海经年惯，还山早计乖。闲鸥盟未冷，春燕语还来。客袖新诗本，花时浊酒杯。故乡云树里，落日独登台。

夏日偶成己巳

晚足虚堂一晌眠，才经微雨便翛然。炎凉滋味能禁得，赖尔心栖自在天。

军持岁久生虹色，茗碗敲来有磬声。水汲茶煎了无事，莫教柴宋太分明。

酪饮无因笑此伧，梅汤何必让莼羹。他乡吾土孰分别，四海相望只弟兄。

东家高唱翻云入，西舍低吟带月听。卌载平生忧患里，清歌微警梦初醒。

天隐阁诗录三起辛未

将去北平感赋辛未

久废吾衰矣，殷忧孰蹶然。岂期垂老别，犹忍稚孙怜。瓶钵嘲僧态，荆榛凛世缘。扁舟且寻蠡，莫误出山泉。

金陵七日诗

七年不践南中地，新绿重看忆惘然。为问北游何处忆，风酸雪苦自年年。

岭上闲云偶出山，山中长自惜清泉。故人几辈差如昨，忍话洪涛浪拍天。

只鸡偶忆桥公语，夕照驱车更出城。蜀洛党深今意尽，章逢驺卒话平生。

片言谁复系兴亡，别臭莸薰聚一堂。何所闻来何见去，稽生名语费思量。

题玄烨伏雨炎风正夏阑酬唱图

伏雨炎风正夏阑，胜朝人物庆弹冠。徐家兄弟皆骄贵，每忆亭林一惘然。亭林两甥，皆致身贵显。

岁暮寄怀大烈弟

书到征人残腊归，举家欣喜聚庭帏。亲朋乍集乡情厚，道路全荒岁事非。梅子作花成秀句，佳人深夜理寒衣。别来一叟君知否，长昼相思独掩扉。

佩箴将太炎先生告癸丑以来死难诸君文稿视犹珍宝什袭藏之为题二绝

三乱知幾未偶然，国殇山鬼剧烦冤。钜儒微意无人识，留作摩娑与后贤。

白骨青燐黯淡思，倾车接轸使人悲。武林一老声成血，茧足荒山尚泪垂。

寄怀纫秋丁丑

肖子幽忧苦，清贫独尔思。长因悲母死，愿得出家时。莲社僧钦友，兰陵我愧师。诒书最相警，不忘古人规。

十九路军上海御倭感赋壬申

倭冦楼船撼十洲，淞江一战足千秋。袁崧遗垒端孤峙，黄歇明珠减胜游。建国几曾薪胆厉，和戎终负帼巾羞。飞车雷炮轰声恶，晨夕殷忧欲白头。

喜闻友人自平津至

夷祸横教八表昏，寒庐欣有故人存。市声静处差逃世，兵卫严时早闭门。南下可随新战卒，北来应见最娇孙。白山陷后金瓯缺，草木城春正断魂。

函某将军密请援师有作

神勇争嗟十九军，老夫涕泪捷初闻。壕边弹霰欲成雨，海上枪烟杳作云。已分虫沙犹未化，可怜玉石痛俱焚。援师北望伤迟发，啮血呼天夜草文。

上海即事壬申

潮急炮声高，鏖兵奋大刀。到来孤舰没，归去万家号。叟卒争坑出，倭雏弃械逃。卅年洒奇耻，捐命敢辞劳。

孤塞没硝烟，胡儿马不前。只今横海渎，无复恃楼船。舆榇创尸积，蓬蒿乱血溅。谁能系夷颈，绝域继超骞。

近有乞降竖，微闻伊吕波。天骄已徒尔，日丧果如何。前敌新酣战，中枢久议和。不堪寻史策，权相古来多。

捷传虚蓟北，凯唱已江东。华屋成焦土，飞车斗远空。三山老夷虏，百粤自英雄。莫漫伤新别，愁吟向朔风。

游顾家宅公园

朦朦晓日媚佳晨，市里名园足悒神。幽鸟偷窥泉似玉，群儿嬉卧草如茵。坐当树下还惊鹿，行到花里始见人。独有阵云头上黑，烽烟满地一含颦。

公园继作

细草入春妍,园幽冷市廛。息阴依早树,咽石听流泉。云气鲜初日,雷音震远天。不堪多垒日,憔悴百花前。

沪战杂诗

烟幕新垂巧度兵,真成五里雾中行。杀声倏忽惊天地,曹纪桥边骨正横。

隐隐春雷薄远天,吴淞塞外荡楼船。更增一霎机枪雨,夺我良宵自在眠。

华屋山邱事可哀,颓垣断瓦半馀灰。剧怜贫病无家子,劫火光中蹀躞来。

生死人间痛别离,举家惊散各何之。沙场无数英雄骨,忍见宵深月照时。

江　　湾

蕲王曾驻地,千载吊江湾。飞弹倾滨岸,冲车瞰市阛。枪沉春草绿,血映夕阳殷。苦战惊沙立,残倭几辈还。

三月二日淞沪退军书愤

力尽援穷更裹创,南云断指剧悲凉。岂闻钩党收张俭,漫谢金人罢李纲。万骨已枯功未遂,孤军垂绝事堪伤。攀车父老呼天哭,回面知君有泪行。

杨林口

破虏焚舟忆允文,杨林口外驻夷军。即今和议班师日,如此深侵不可闻。

和议将成慨然有归山之志感而赋诗

惊闻国事已全非,和议争哗作计违。未遂仲翔浮海去,又传同父渡江归。径荒南亩思芸耔,家近西山忆采薇。本是云皋久闲鹤,可知崚骨不能肥。

闻十九路军退师有感

似有三冤字,徒劳百战功。漫云复辽左,空自杀阵东。曲学方阿世，神奸也未雄。燕云痛长割，胡马欲嘶风。

一　雨

一雨能收料峭寒，春池旋复皱微澜。煎茶风定孤烟直，种菜园闲半亩宽。老去心情微有托，年来歌哭太无端。桃花渐欲通消息，可奈龙华寺路残。

南中春日

柳软风轻二月天，淡云将雨过湖壖。悬知疲马冲泥滑，长惜惊鸿照影妍。万点乡山黛螺里，一篙春水白鸥前。江南饶有花时节，北客将离倍黯然。

春莫将归有作

新雨润花肥，李棠如雪飞。时危忍招隐，春尽苦思归。老妇怜虚幌，娇孙弄彩衣。含饴且娱莫，乐事在庭闱。

客中春尽从友人携归罗浮仙蝶镜奁感物怀人率尔成咏

树树花开桃李蹊,江南三月正莺啼。春来王粲游仍远,老去庄周物未齐。梦里鸳鸯长独宿,镜中蛱蝶故双栖。情多难忘忧家国,镇日题诗满赫蹄。

春日戏效西昆体

春光寒食后,别绪梦魂中。屏掩桃花月,窗虚杨柳风。芳阴养新绿,细雨落愁红。谁信伤哀乐,频年绮思空。

春　归

又是春归人未归,江南犹见乱莺飞。湖边故宅探玄武,梦里他乡认翠微。壮志从谁捍榆塞,老谋仍自掩荆扉。春深浦畔花千树,新绿无端欲上衣。

他乡

暂依他乡当故乡，东西南北久栖皇。宦馀岭峤一双蝶，老忆成都八百桑。谁奋天山三箭定，自来人海一身藏。靖康奇耻畴能雪，犹洒哀时泪数行。

春日早起

庭鸟唤春声，朝眠苦未成。好花盈砌发，晴日映窗明。举世殊醒醉，孤军半死生。江南佳丽地，残破客心惊。

雨后

雨后花争发，春残人未归。只应误樽俎，无复定戎衣。枢府班空列，田园兴恐违。谁堪回鲁日，怊怅此斜晖。

春愁

来遽纾家难，还劳系国忧。微闻饮狂药，犹自怒虚舟。儿戏宗祊事，漂摇筑室谋。娇花空满眼，无计遣春愁。

五石方春选胜世忽传死作诗自禳喜而和之

故人宿草几新坟，噩耗支离忍到君。远谪髯苏半生死，异辞盲左两传闻。名高欲杀鸾龙厄，世乱全身麋鹿群。一例边陲□牖下，男儿奇愤欲从军。

天涯一哭笑旋开，何意惊人远信来。尽有青山未埋骨，漫随红粉遽成灰。布帆游倦差无恙，蔬粝餐加略泯猜。勿忆国殇盛黄歇，阿谁心死剧堪哀。

草书引示求索友人

高斋夜寂张华灯，匆匆作草方飞腾。钟张逝矣久芜没，谁矜颜骨如秋鹰。老夫平生爱豪快，少不学书壮犹惫。十年败笔堆墙山，强抹羲之趁姿媚。意懒力拙长无奇，亲故几曹还见私。凭君数幅洛阳纸，试写淞江战寇诗。

夏日雨后作

云迟风定雨馀天，玩月良宵忘早眠。隔水花枝清镜里，一镫书味晚窗前。篱边萤火明还灭，市外蛙声聒更闲。北客南归苦灾夏，榆阴思系五湖船。

吴大来云于旧都故宅见阿炜已学语知人意铭儿函述如之喜而有赋

雏婴学语已牙牙，患汝遥深乳凤夸。生有同声证戎越，顷能天性呼孃耶。添丁正尔怜卢叟，娇女微应似左家。晚岁衰翁尚羁旅，独教一念系阿茶。

上海谋归感赋

一从惊国难，不复更安居。讽议游都下，悲歌吊战馀。归应似辽鹤，忧不问松鲈。避地无长策，空思隐退庐。

润千希吕晋唐为余谋移家书此示之

钱刀何太酷，骨肉久离居。寇难移家苦，贫艰涉世疏。友朋共筹策，妻子几封书。谁更甘夷虏，长鲸日誓屠。

喜天倪自重庆至

万里多君一笑迂，古人风谊最怜渠。平生游钓今能几，故国山川野欲芜。明法我空唯有识，认形骸老各惊须。瑜伽晚获相从说，始订楞严是伪书。

新　　秋

绕屋虫声已带秋，晚来天气飐新愁。寒香暗袭朦胧月，丛桂开时尚远游。

初秋怀乡有作

万里家山旧草堂，阁尊天隐揖羲皇。数丛月桂参差发，一曲风荷自在香。江远青衣萦绝塞，城孤白帝倚斜阳。遥怜石栈天梯隔，不见缫丝打稻忙。

闻关外义军屡捷感赋

虏骑凭陵寇正张，人心未死国终强。亡秦自尔矜三户，伐狄犹能霸一匡。壮士椎心痛舆榇,遗民挥泪馈壶浆。河山半壁知堪复,孰割燕云自蹈亡。

白山久沦没,义旅赫然兴。边塞无安堵,闾阎只沸腾。神机端可骇,血肉尚能胜。梁垅青纱外,弃时狄早膺。

无间山下战,敌胆故应寒。寒草霑新血,松江涌壮澜。遗民齐杀贼,诸将竟登坛。苦斗稀休息,铁衣不用宽。

家书至言携孙避乱慨然有作

数纸能书仗老妻,未归情绪黯孤栖。米盐琐屑劳君苦,泉石膏肓遂我迷。子舍芸编思旧德,孙枝桐树发新稊。莫年小冀含饴乐,饮胆何期共践蠡。

老　瘦

频年惊老瘦,无复更敷腴。自笑风尘客,宁论山泽癯。积劳新鬓白,微酡偶颜朱。好是凌霜骨,谁能惜病躯。

壬申中秋

南来曾见几中秋,明月听歌宛欲愁。不寐吴刚空倚树,未归王粲强登楼。团圞梦尚虚今夕,时家人南下,计程越日当到。鼎沸声疑动九州。安得攀天洗兵手,万方无事晚优游。

内子携媳孙至感赋

北服仍倭警,山妻海上来。楮危馀弱息,铭儿时仍在北留守。携远及婴孩。何处容长物,平生倚债台。夜阑语离索,乱别几堪哀。

喜玮孙至

一年不汝见,已复善呼耶。戏喜牵衣袂,娇呶绾髻丫。挽须频伴坐,学步不须车。爱此孙枝茁,知余老鬓华。

酬天倪见寿之作

劳君远为寿,示我哲人篇。平生家国心,慷慨欲为传。弱龄共里闬,典籍穷钻研。一朝际革除,军幕相周旋。击贼志不就,遂趋东海壖。我因风波涉,君耕歌乐田。别袂越三载,持节归两川。嗟君晚闻道,奘基寻真诠。弘我维泫施,梵释细不捐。期为备资粮,上以撢妙玄。火宅虽云居,聊复淡膏煎。愿言葆樗散,世寿终百年。

五十愧无闻,乃君独言寿。人命若巴且,脆柔安可久。饰智妄自矜,安心复何有。忧患苦煎偪,浸欲成老丑。昔梦为宰官,觉来但馀咎。九死为国谋,民困犹谁某。以此退自揿,思欲潜陇亩。平生论久要,唯子于我厚。贻时滕红叶,奚翅投琼玖。因欢遂成咏,更问平安不。

再酬天倪

沧海横流江河下,知君故是独行者。俗士昏昏饕贵富,患君萧然守环堵。与君论交在总角,人中麟凤云中鹤。闭户时出金石声,忧世虽深读书乐。君到金陵访佛楼,贝叶万筴从冥搜。宜黄居士是龙象,记论远颇遮鸺鹠。裹粮负笈追昔游,从师已是三年留。夷氛忽警黑山头,天地黯憯凄欲秋。国难乃令尊宿愁,唯君悲悯轻常谋。海上联床足风雨,廿年旧梦从头数。别后新诗寿病翁,何时见子峨眉中。与论了义非有空,往共万壑听松风。

寿沅叔六十

江安先生今钱卢,拥书万卷专城居。乾嘉旧学久陵替,独勘鼠雁笺虫鱼。宋椠元刊希世无,先生失喜忘朝铺。群书藏园有题记,七略四部勤爬梳。更翻天禄窥石渠,复渡瀛海窃蓬壶。古籍佚散间丛杂,先生乃探骊龙珠。平生疏淡倦游宦,卅年一梦如华胥。游半天下亦老矣,冉冉六十将欲馀。华灯张宴铺氍毹,众宾杂遝群朋趋。爱文四壁尽豪翰,旧侣曾值承明庐。清夜沉沉竞歌舞,有客孤弦作人语。闻声壮士多慨慷,国难方深禁何许。饮君酒,寿君诗,与君相约游峨眉。人生投老恋乡井，藤杖棕鞋归去来。

海上送天倪还乡癸酉

阳朔春归月二三，最怜风雪在江南。即今相送如汪李，不见桃花千尺潭。云际飙轮春水船，羡君归去欲登仙。干戈满地夷氛苦，忍别乡山十二年。

春雪满江南，离人思不堪。故乡天万里，凉月海孤涵。江岸花将萼，驿亭柳未毵。巫山峰数点，蜀道入烟岚。

雪中送天倪登舟

白门一决是耶非，榆亲仍惊海水飞。苦忆家山小安隐，满天风雪故人归。

南中雪夜

风雪闭门中，寒炉火自红。摊书浑忘寝，抚剑欲临戎。呵冻娇孙怯，吟盐老妇慵。因思路旁骨，未恤酒杯空。

闻热河陷

人骇乱声嚣，将军唱董逃。城乌啄大屋，战马啸空壕。伪国新轻汉，倭兵夜度辽。万方忧愤切，谁忍独逍遥。

喜闻宋哲元军大捷

斩敌复传廿九军，真矜南北两奇勋。宝刀血渍方酣战，虏骑魂惊好自焚。积雪溅班红映日，昏烟散幕黯生云。天教南渡生宗岳，无那黄汪计早闻。

春游江湾叶园

驰道驶飙轮，来看浩荡春。犹留战时迹，苦作劫馀尘。柳荫嘶骢马，桃花映玉人。名园漾渌水，老倦欲垂纶。

郊旷嬉春适，园幽引兴长。野花萦战地，蔓草上颓墙。林密藏山鸟，风暄醉海棠。何时托樵牧，安隐水云乡。

一载略窥园，薄游远市喧。苦羁黄歇浦，笑入武陵源。园中胜处揭橥此三字。莺树江南节，蛎墙海上村。近郊喜乡味，落日唤鸡豚。

江原好风景，犹是旧山河。雨后群花发，春空一鸟过。惊心忆戎马，流涕见乡傩。谁谬骄夷虏，边关警又多。

消夏五绝句

绿树朱楼俨画图，此中高卧未云孤。廿年漂泊江关苦，六月炎云火灼途。

兰蕊幽香浸净瓶，夜凉犹共一灯青。娇孙已解从儿戏，小扇轻罗暗扑萤。

一勺冰醐洞腑凉，真成却暑总无方。乡思忽忆峨眉雪，暴雨惊雷殷在床。

浴试镰仓海作池，至今遗恨在东夷。北窗且傲羲皇侣，老谢山颠与水涯。

床头书卷支余懒，屋里琴声听孺嬉。流寓江南异开府，哀时沉痛反无词。

悼察东死难诸烈士兼简某将军

河山陷还复，涕泪捷初闻。舆榇无归马，椒浆有断坟。边方万馀里，血战一孤军。更息将军树，高风独绍君。

殉国三千士，征倭十万师。可堪沦异域，重睹汉威仪。涂地横肝脑，思君听鼓鼙。长城端自坏，狼虎肆虾夷。

题巴城图

游罢名山揽大川，故乡风味自逌然。披图忽忆儿时乐，闾巷牵衣看意钱。

题巴南岸图

峰势雄奇一水间，小年终日坐看山。劳生半世思丘首，有约朋亲老定还。

喜次孙生

海上娱残岁，孙枝乃簇生。志公可摩顶，少茋倘成名。老信含饴乐，闲耽绕膝情。故人誉英物，来与试啼声。

三　日甲戌

三日举汤饼，春主正月时。亲朋成一笑，寿富祝千期。柏酒且觞客，椒盘堪洗儿。他年能学语，应诵乃公诗。

三日又作

庭花微笑绮筵开，玉雪佳儿入抱来。天上麒麟闻吉语，人中龙凤望清才。而翁名族惭甘茂，顾汝斑衣念老莱。饶是聪明与愚鲁，公卿毋愿愿无灾。

偶　成

万卷苦无奸世策，一生长匮买山钱。我愧今犹署巢父，巢父一名山父。凿耕端的是何年。

春夜听雨

春雨楼头万玉声，峭寒宵听若为情。卌年影事温馨过，千里乡心点滴生。无那醉眠金雁驿，定知花湿锦官城。巴山别久辜还约，剪烛西窗梦未成。

上海作

歇浦繁殷霸业空，楼台金碧夕阳中。江边杨柳舒春绿，人面桃花映晚红。东寇戈船犹曜日,西来胡马惯嘶风。身藏人海殊今昔,已倦天涯老秃翁。

冶春绝句十二首

春到江淮黄鸟飞,闲携柑酒听忘归。桃花满地堪供饭,安得移家住翠微。

杨柳依依飏小桥,一溪流水渐容篙。频来絮语亲娇燕,莫遣分飞共伯劳。

万绿黏天春又回,惊苏百蛰有轻雷。小楼一夜听新雨,绰约庭花湿更开。

微云淡日养春阴,繁杏开时花满林。惆怅江南好风色,一生长系五湖心。

乡音寥落听番城,何处箫声尚卖饧。长是萍踪泛南北,客中过得几清明。

了课焚香闭阁眠,静中花药亦翛然。客来鉴古低回剧,不禁斜风细雨天。

轻蒨春衣尔许娇,云鬟波委见垂髫。庭筠老去闲情减,莫向东风咏舞腰。

游女朝来约看花,香草宝马驻龙华。千秋大帝为檀越,赢得僧寮一晌茶。

松江十里少人行,蔓草寒花匝地生。野户炊烟黯欲绝,倩谁烧笋饷春耕。

潭沱春光二月天,西湖风物已嫣然。临安轶事都如昨,上相堂开宛半闲。

士女嬉春荡画船，衣香人影夕阳天。诗情合似渔阳老，约略流风三百年。

破碎河山半壁麋，可堪覆轨继南朝。秦淮花月浑闲事，杂记愁编到板桥。

春莫即事

海棠开彻雨初酣，时有浮英点镜潭。自是落花好时节，年年三月在江南。

初夏五绝句

惆怅春深蓦已归，尚馀芳草恋斜晖。虫声渐欲喧昏晓，雨足田家稻正肥。

药径萦纡枳棂通，芙蓉新老鲤鱼风。参差芳树阴阴绿，狼藉落花薮薮红。

渐暖薰风老更宜，轻衫白袷忆当时。日长昼静摊书睡，不用闲消一局棋。

楼矗灯明海市家，读书声里月初斜。素封思种千头橘，清供闲煎八饼茶。

绕膝娇孙语笑憨，尘劳倦后味方醰。却经数日黄梅雨，凉入蕉窗似海南。

蠢　尔

蠢尔夷虾肆，伤哉国蠹深。流亡遗族泪，凄断野人心。卫律多如昔，陈汤杳至今。渔人还竭泽，臣甫有哀吟。

解闷五首

咫尺名园未易窥，三年真下董生帷。闲来坐雨围镫客，说有谈空又一时。

杜陵苏轼最能诗，唐宋诸贤各擅奇。独有五言隆八代，高情逸韵至今仪。

平生湘绮推诗伯，怀旧高歌接盛唐。谁识诗门雪堂叟，数篇陶谢有馀芳。

巍巍葑汉曜灵光，馀事为诗总胜场。百丈寒芒粲经籍，杂书韵语未相妨。

宅巷萧寥似子云，尘纷新倦小能文。苦吟清思消长日，薄劣未堪张一军。

清　坐

晚风斜日半窗虚，清坐萧然一事无。玩古搜幽行倦矣，患闲多病盍归与。漫供瓶钵为长物,间匿巾箱有异书。客至欢谈偶樵爨,醉眠且去不关渠。

示杨氏孤映波诸子

宗子今飞将,孤儿半长成。伤心念狼藉,流涕话平生。家世穰苴滮,谈羞赵括兵。老夫异生死,窃愧古人情。

追悼杨莨阶

战剧身仍在,罗婴脰遽捐。看君勇成癖,真死直如弦。近敌犹鞭马,耽书不论钱。关张苦无命,为尔一潸然。

寄劭深兼简亚修

时劭深避暑主城隍山不二草堂亚修寓庐

栖饮吴山瞰圣湖,凛教香气出菰芦。风幡动处知安隐,盐酱年时忍乱胡。寄庑君从梁伯未,岩扉人似德公无。永明昔惯杭州住,可有镫传二子俱。

无限人间却暑方,了知心净即清凉。晚风万木疑兰若,旧雨双星到草堂。火宅尘劳贫易觉,瓜棚闲话味偏长。何当证入法云地,暂合从君烟水乡。

秋　雨

潦到人间罹百忧，南来秋雨入新愁。蛩声一夜听幽砌，人影孤清在矗楼。

题清寂翁出峡避兵图卷

十年为客思乡县，平生故人欢一见。愁闻去寇挈诸孙，几家乔木看云散。归来示我避兵图，题句凄迷贼蜀都。飙轮一舸下吴会，千摇万兀非昔如。赫焰熏天烽正急，逢人不忍问消息。磨牙吮血如麻死，尘旁闻者皆下泣。血泽陈陶悲杜老，万源师溃迹如扫。昔死今逃稍异情，防贼谋深苦不早。君今小住仍言归，故山猿鹤知悲谁。花潭竹屿每萦梦，安隐渔樵当有时。老我馀生半忧患，岂□晚节丁离乱。还君图画增长叹，白云苍狗须臾变，真率相期倘从愿。

山腴写示苏游诸诗却寄

野望君清物外心，胥台吊古一长吟。戒幢寺冷疏钟杳，音屧廊空夕照沉。湖上扁舟载西子，邑中函丈盛东林。何当贼退归茅屋，千叠乡山共梦寻。

南中秋日作

海上清秋天地回，朦朦朝日气佳哉。叶黄逸句闲难觅，云碧佳人苦未来。散帙小从寒具污，行园偶报鞠华开。庙堂迩日多忧恐，浩荡乾坤此散材。

生日偶成

又戏人间一岁过，消闲日月易蹉跎。莫年已判驯龙性，恶命新期免蝎磨。闾里交游同辈少，湖山诗句晚来多。娇孙渐大能施礼，罗拜阿翁奈乐何。

学易年加倏有三，天留一老在江南。愁中世梦相随续，乱后乡心已不堪。剩欲爇香叩玄象，可怜挥麈事清淡。宾喧四座仍孤咏，独有平生此味醰。

阿武晬日

莫景畏将偪，雏孙喜方僮。长日戏含饴，举室成春融。忽忽一岁周，晬盘古所隆。请客北堂上，坐汝氍毹东。两旁罗笔研，宝剑交蟠龙。黄戍严武威，名瓷眇无双。珠玉及燕支，白金间青铜。一一列汝前，试汝观所从。汝手握军持，陶癖嗤祖风。继复持算筹，治生羞乃公。末翻一卷书，家学期能通。奁具拾还弃，纨绮心未降。饴饵了不顾，说汝轻馋饕。亲党相叹誉，是儿端元宗。老夫亦莞尔，嘉汝非椎庸。而翁壮年时，投笔思从戎。一官百坎坷，平生忧患攻。晚悟稍杜门，学绝道乃穷。唯祝汝长成，不更与祖同。汝父当有后，谷也颜下丰。故令绝游宦，冀渠传明农。以是更遗汝，置汝岩谷中。宁乘款段马，勿作高飞鸿。宁墨守一经，勿为百夫雄。世路纷崎岖，但逐前贤踪。勿縻尔好爵，田野甘长终。檀施剧散金，隐约安汲瓮。食力乐其天，云梦吞厥胸。握龇赤戒汝，雀鼠息争讼。孔释有善诠，餍饫唯雍容。独此一念痴，聊塞万缘空。安能长护汝，待汝及称翁。到苊可能诗，阿耶逊其工。苏氏好孙子，咿嚘夕当窗。小姊娇鸟姿，梨栗推让侬。摩娑新枝剧，笑抚庭前桐。蘋蘩荐先灵，祐此伯乔封。庶嗟尔家适，三命滋益恭。

香宋翁见梦为诗赋此酬和

荣州诗老相望久，梦寐遥怜见我时。国有诗儒隆贼拜，天留耆德系人思。曾期乡郡春秋业，竟赏山川锦绣词。复念目衰似盲左，两朝闻见可传疑。

梅二黍雨挽诗

论交梅仲子，视我犹吾兄。密契英雄业，羞称儒雅名。棘荆怜世路，花药慰平生。忽顿风流尽，当年张绪情。

万里闻君赴，凋残剧可哀。红羊漫成劫，白马未能来。有忆书千幅，相过日几回。归时愁宿草，不忍吊铜台。

寿慧生六十

谢子东山久，中枢匮老谋。流亡溷樵牧，衰病怯车舟。孔逮行年化，庄高上古秋。因君记耆旧，忽黯忆昌州。

冬　雨

气热冬常雨，宵深睡未成。死书还自读，病国漫能兵。跖恣肝人肉，班搋思古情。宗周有嫠妇，恤纬泪纵横。

静坐书所见

斜日窗明野马飞，炉香轻袅篆烟微。邻垣忽有风幡动，偶忆禅家一是非。

读唐宋诗偶成

斫地哀歌声彻天，杜陵高咏失唐贤。祁书亦自伤天宝，谁及将

诗万口传。杜甫

明艳风华意惘然，继声韩杜有雄篇。娇儿日下堪相忆，老去颓唐转自怜。李商隐

题画烟江叠嶂图，烟云变灭似公无。若综赵宋论长句，俯视黄陈视大苏。苏轼

中原日日望王师，临死犹书激诏词。一树梅花万家画，放翁风味与闲宜。陆游

霜　月

霜月凄清夜气寒，愁人闵默思无端。久游漫羡江南好，大乱方忧蜀道难。夷祸只今成酷辱，老怀唯日望平安。叩心椎血嗟何补，安攘相期意未阑。

除夕前一日闻川军克土城颇有斩获喜赋乙亥

闻道黔防胜，滔天祸暂纾。交亲应失喜，乡井可无虞。劳酒逢残腊，嬉春有贺书。不堪战昭广，西北警犹馀。

听吴山人弹琴乙亥

静夜听君绿绮琴，朱弦疏越有遗音。曲经别柳千条折，挥向乡松万壑阴。几拍胡笳悲更发，数声清梵坐来深。时谱普安咒。广陵绝后矜孤赏，迟莫慵为梁父吟。

迁居作

好是村夫子，移居合有图。未饶千廪粟，犹富五车书。妻护庭花发，孙喧野草娱。翛然市尘外，槐柳翳吾庐。

新居偶成

未归茅屋住成都，犹寓吴门溷卒徒。胜境自饶淞水剪，闲园争似辋川图。偶来蛱蝶一双影，新种桃花三两株。老去东坡谙意味，会须直署野人庐。

喜志千再过

年少嵚奇王志千，颇闻风谊薄前贤。文宗陈寿三分国，贫乐颜渊数亩田。曾契艰难从党锢，为怜呴濡到诗篇。寒门比笑堪罗雀，念子能过一惘然。

挽青阳词

青也快男儿，平生独我师。相开蜀军府，同竖汉家旗。彭水孤兵入，香山一老知。何因殉劳瘁，风雨送灵輀。

国尔忘家久，翻怜遗腹孤。风云此儿女，廊庙忽江湖。墨守矜孙子，心斋丧孔徒。欲枯真涕泪，哀汝不能无。

伤逝有作

馀我成翁未白头，生存零落几山丘。箧收断稿思亡友，园为寒瓜愧故侯。伏枥已无千里志，飘蓬苦作十年留。雄心壮慨空销歇，怅见新累土一抔。

疵　　国

疵国濒危可有瘳，交侵夷祸迥堪愁。频忧瀛海三千种，漫负中朝第一流。南渡黄汪自名相，北羁王庾只诗囚。伤心晋乱为戎续，夷甫清谈卒未休。

上海春居遣兴

浅草为园树作围,糁径繁花若雪飞。好鸟凌晨相对语,主人迟莫不言归。闲携甘酒听莺涩,忽忆郊原试马肥。浩荡春光在农野,乡山无分采芰薇。

老　学

建国名□忝,翻经道未穷。馀年双鬓白,深夜一灯红。万事怨歌里,平生忧患中。自怜袁伯业,老学共曹公。

寓斋春莫简澂甫

高槐古柳似山居,中著坡翁晚读书。花圃试夸杨济甫,阑珊春尽欲何如。

上海偶成

杖策域中遍,乘槎海外回。慨慷登广武,清浅话蓬莱。老去思农亩,高风咏钓台。繁华厌夷市,翻为避倭来。

春日游北丰公园

驱车闲向北丰园，晴日携家笑语温。无数秉兰见游女，独来扶杖喜娇孙。枝头野鸟知窥客，篱外清风为扫门。谁信商朝有灵囿，华夷熙攘忘亲冤。

寓斋漫兴

梦入桃源意未迷，逃秦海上且羁栖。墙花烂漫开仍好，园草芊眠剪却齐。短楥偶来蝴蝶舞，闲林时有鹧鸪啼。婆娑镇日从儿戏，午夜摊书月入西。

寓　园

晴鸟一声啼，寒园歇浦西。儿童闲扑蝶，仆妪晚驱鸡。海月临窗迥，檐枝入户低。蘧庐聊可寄，过客百年齐。

阿　武

阿武我婴儿，听歌跃试时。见耶频欲语，依姊宛能嬉。案上应翻墨,尊前可诵诗。名家孙信否,溺爱老夫为。

贫　匮

不事治生产,其如趋路旁。偶捻书籍卖,难固钵瓶藏。吏隐遗清白,金销收散亡。万间有弘愿,贫匮辄相妨。

初夏即事

雨过绿初凉,闲多爱日长。采英蜂侣竞,逐蝶狸奴狂。树古笼阴密,园幽泄草香。儿童静无奈,花底捉迷藏。

寓楼即事

海上栖迟又几秋,频舒老眼在高楼。世情云幻端思隐,国政丝纷只欲愁。午夜明月孤赏寂,小园花发一春幽。茶香书味俱清绝,闲半浮生又易求。

题古月轩式瓷品

精绝珐瑯画,流传古月轩。御书见清帝,懿赐及英藩。韵具士夫作，名因胡贾尊。轻坚妙图绘，桔绢不须论。

盛暑暴雨后作

急雨打窗声，狂风不可名。云垂际天黑，日匿映江明。绕树追凉息，轩波立海横。连朝苦炎热，今顷觉寒生。

暴雨又作

云外有惊雷，金蛇掣电开。倾盆山雨足，拔木海风来。隐簟凉于水，亲镫味似醅。人间有寒燠，天象亦昭回。

题　画

茅檐竹屋听潺湲，清坐萧然昼掩关。一自违乡隐朝市，十年空看画中山。

新病后作

炎天新病后，景物渐宜秋。掩幔防风入，搴帘看月流。蝉声半幽咽，虫语忽凄啾。仙侣高居好，兼旬懒下楼。

卧　疾

卧疾朝来懒下楼，侵寻一月不梳头。闲中滋味静方得，身外浮名睡亦休。老客心情唯爱寂，故乡归梦可宜秋。平生尘累多胶扰，文室翛然为少留。

病起望月

月白秋清漏渐长，静中灏气袭芬芳。老人新病方苏息，忘却虚堂一夜凉。

初秋病中作

衰病日侵寻，难为去住心。凉飙淡炎溽，微月入秋阴。药裹商胡杂，书苦孺子吟。蛰居惯萧寂，谢客到于今。

病起偶成

独居偶尔跏趺坐，小病无堪再拜扶。老去宁忧近新鬼，穷年不恤类寒儒。竹斋药灶烧初冷，花屿书床懒自铺。历历平生几恩怨，间寻旧梦已模糊。

病起闻蝉声有作

秋至蝉声分外清，扶疏烟树月胧明。十年未弭归耕计，一病方知旅客情。雨后夕阳愁际落，夜来花气暝边生。静中佚老何由得，国事微闻已沸羹。

咏白定窑瓷盌

不见钱塘药玉船，定州瓷盌至今传。未须花器琢红玉，邢雪唐风白胜绵。

咏园中秋柳

屋角东西好杨柳，秋来月上故低垂。可堪江介伤摇落，犹恋人间挽别离。呜咽孤蝉吟病叶，伶俜寒蝶抱疏枝。新城咏事今衰歇，偶试鸾笺一写之。

秋夜望月

月冷已秋深，河山感不禁。虫声喧户出，蟾魄入云阴。清绝听宵籁，园明想妙心。危楼成独坐，渐觉海风侵。

黄浦晚望

海月生愁晕，天风作怒涛。骇波千顷激，清夜一楼高。晚断胡笳曲，秋凄歇浦潮。夷氛忧正恶，黯切更今宵。

老　至

老至易兴悲，年伤蒲柳衰。河山风景异，秋夜月明时。独鹤归村晚，栖鸟绕树迟。平生忧国泪，霑洒问疮痍。

愁　见

愁见残山一角青，过江谁更泣新亭。金轮史秽伤心笔，玉树歌妖带泪听。越范只今成梦幻，蜀严终古自沉冥。国亡修怨偏多暇，避面犹争话尹邢。

闻冀变有作

鱼烂亡梁事可哀，时危端赖不凡材。何当痛饮黄龙府，独率先登邪马台。可有今皇亶神武，似知彼其故驽骀。两河破碎供蚕食，慷慨悲歌日几回。

国　乱

国乱真无象，心安讵有方。仍忧妻子累，皇问钵瓶藏。花草霜威肃，河山月影凉。自怜堕尘劫，不忍见沧桑。

天倪见怀却寄

江海漂零客恨多，故人书札问如何。千年鸥鹭盟空冷，万灶貔貅野屡过。袖手看天成侘傺，题诗对月且婆娑。孤清迥念陶彭泽，可有桃源避网罗。

寒夜吟

月冷霜严耐此宵，残灯孤枕梦无聊。玉清宫远仙踪绝，何处人间有堕翘。

偶　　忆

九死千艰剩此身,闲将影事忆前尘。群儿但赏花开日,谁识移根播种人。

即　　事

人心险绝山川久,执手犹看伪笑颦。为谢冤亲已平等,中山狼传喻何人。

夏历元旦雪后丙子

南州雪后暖,气盎已如春。竹压添山角,盐堆翳瓦鳞。延客试争赏,呼酒莫辞贫。竞喜占丰岁,国忧到野人。

元旦试笔

雪映屋山明,晴窗静鸟声。椒花几家颂,爆竹一宵鸣。俗古张春胜,年深饱世情。时哉美新论,寂寞谢雄名。

南中春日作

几日惊看万象新，椎桃无那已陈人。当歌老骥渐千里，携酒流莺作比邻。弱柳舒枝频放眼，微风吹水欲生鳞。江南草满谿潭绿，触迕乡心一怆神。

春日园中作

雨后晕新绿，百草滋闲园。老怀良不恶，踏鞠随诸孙。僮稚适其天，长日语笑温。余亦排积疹，将雏虞心魂。嬉戏未及终，颓阳颓前轩。静愒眇澄虑，偶翫春华繁。此乐晚弥真，卒述乃忘言。

寄怀香宋翁

问讯横溪叟，新诗近几多。词游有陶谢，共和宛羊何。秀句传三蜀，仙音饶大泧。何当陪仗屦，邑里恣经过。

再寄香宋并酬见答之作

诗来两度方严武，益触郊亭忆杜心。梦我吟魂返关塞，期公把臂入山林。三年桤木长阴亩,万壑松风一听琴。老隐峨眉是清旃,乡思日夕念来深。

南　　朝

收拾河山未有期,南朝聊复见威仪。无多耆硕追声叟,泰半将军似敬儿。相有珰名朝野惧,神膺帝号古今疑。珠帘宝帐骄张孔,可有香闻十里陂。

周黄戉歌

革命高风肇汤武,曾孙王发缵其祖。左仗黄戉右白旄,神物即今相从取。司马法亡据遗编,殷忧乃尚白与玄。唯周戉土中失色,贻此黄戉天下传。王曰玉人汝予治,大璞无文泯厥饰。严以尺度彰素功,持之威光照华裔。周家历数八百载,此戉沉沦闷光彩。阅世应随九鼎湮,遑同传国玺犹在。魏晋以来矜禅让,九锡册加功莫抗。铁戉得之事征伐,崇章备物僭膺赏。桑田海变随物迁,玉鱼金盌出人间。此戉获自洛阳郭,地不爱宝今逾年。岁久霾深土花蚀,犹见殷红血沁迹。得气一夕露光怪,反薄珪璋易琮璧。庋置斋阁锦囊封,客到启视惊璁珑。日中灯下更研翫,血丝密罗纷千重。通假同声有钺字,俗儒望文遂生义。致令疑戉须铸金,良玉千秋竟茫昧。我今好古生非晚,淘海凿山竞胡叹。史证搜兹玉镇归,长日摩娑剧三遍。四夷交侵偻正苦,午夜闻鸡欲起舞。安得秉戉麾六师,犁扫穴庭诛邪马。戉兮戉兮听我歌,乌乎禁汝辛受何。

秋日登高作

目极登高秋风清,疏烟数点夕阳明。池边倦鸟潜窥影,枝上寒蝉静有声。列燧只今忧涨海,惊沙端恐见芜城。南朝自古伤心地,落木栖鸦画不成。

太炎先生挽诗

绝代章夫子,雄文眄汉唐。攘夷昭大谊,翫世隐阳狂。九死张苍水,平生盛孝章。姑苏城畔路,池馆冷斜阳。

秋　夜

院静凉深九月秋,月斜河汉正西流。春镫照夜仍无寐,黄叶侵阶始欲愁。庾信江南最萧瑟,虞翻岭表故羁囚。何堪骄寇喧倭警,贻我沉忧欲白头。

秋明月引

看月燕京秋气清,南来月亦向秋明。何心造物分南北,但觉殊方异雨晴。秋情尽说江南好,月明白露莹汀草。蟾光照尽古今人,姮娥有情应亦老。小来见月秋宵多,年华如水任销磨。即今老去仍孤赏,如此月明秋夜何。停杯问月几时有,昔人翫月今在否。天边终古一轮明,人命朝霜那能久。秋来我亦好楼居,胜寒高处不关渠。人间何日悬青镜,天上谁家种白榆。故国山高秋月小,新愁旧恨知多少。狼藉落花过却春,黄叶深阶闲不扫。凉月年年海上生,此是苍茫万古情。谁能寂寞堪秋冷,何处相思无月明。

九日登高不果

九日江东暖未寒,欲登高处觅来难。信知游兴随年减,莫续风流与世看。冬迎可逢天地闭,愁来唯觉酒杯宽。干戈俶扰忧家国,皇恤身菑学避桓。

秋夜偶成

露重风高霜月清,寒蛩犹咽杪秋声。一镫万绪浑如积,谁解离人深夜情。

闻先茔被侵书愤

远望松楸百感哀，医畦真愧不归来。已伤浪梗无家别，安得驺笳□家回。兵子践闻横牛马，佃人怜为剪蒿莱。平生甘旨悲多阙，况遗危忧到夜台。

寓斋偶成

轻红擘荔忆乡园，黄叶江南尚有村。久绝入城诣官府，闲来端叩野人门。

渴　葬

渴葬经年负母慈，孤儿今已鬓成丝。为因长窆无归日，敢薄深思有尽时。怅望首丘唯陨泪，空怜木主镇相随。差安灵骨尸虫绝，香净瓶居赖恭维。

小园携孙看菊

秋老菊花繁，来看挈幼孙。晓霜千叶饱，晴日一天温。陆羽分茶具，陶潜对酒尊。经过断车马，真息庶人村。

寄乡中知友

海月荒荒白，秋花淡淡开。九州谁铸错，十载不归来。枳棘凤鸾择，风波鸥鸟猜。幽居淡群虑，计决老蒿莱。

喜第三孙诞

又报新雏产，如闻螽羽歌。天应怜老寂，晚复令孙多。殷宠偏娇女，亲偎剧阿婆。他日能问寝，髫龀粲星罗。

简亮吉弟

戴子今刘晏，官司佐理财。何因厌鞅掌，频欲偃蒿莱。故园千山隔，当轩一水开。所居近梅里，时复访胥台。

短歌赠喻君华伟

喻家兄弟皆瑰奇，大者国殇小明夷。蒙难艰贞古何有，酒酣斫剑抒危词。余谓仁人由悌弟，堪羡云机好昆季。百战馀生且囚虏，说尽胸中无限事。小喻小喻莫慨慷，卅年曾见几沧桑。前尘影半伤心史，药烟却解依空王。

读讱斋粤行集十叠韵长古即用其韵感旧成篇

昔我与君游丰湖，桄榔叶暗幽人居。簿书堆案滞真性，寻春不得少踟蹰。鱼鸟于人何亲疏，但眈山海皆良图。波摇舟荡水如縠，蠭游蝶戏花有须。病起尚矜要脚健，翻笑复贯垂尺腴。归向山斋饷蒲供，明镫酒盏还相呼。是时异人起岭表，流俗共讶移山愚。城头鼙鼓动箄栗，何以挟瑟吹笙竽。岂知海外九州沸，章亥久已穷员舆。长蛇封豨恣耽逐，男儿壮慨耻为儒。欲援水火登衽席，更辟榛莽成康衢。闻鸡共厉且蹴舞，匪独形影相嬉娱。那知一朝遽小别，归卧海角斜阳庐。君方成功又物化，散帙时复泪眼枯。遗泽往往在黎庶，雅有雨露同霑濡。新诗十篇妙抒写，见子咳唾生玉珠。山阳笛怨间南北，恻怆但有临风吁。

感旧次讱斋十叠韵诗意有未尽辄续成之

平生久已忘江湖，道术乃究衣食居。忆昔赴难自湘至，剑及屦及非踌躇。辑睦诸将志益苦，湘滇粤豫无亲疏。君尝夜过婉谋我，饥军就食非良图。欲亲征赣屡筹策，岂意头白髭与须。比客依人况万众，善啖那得颜敷腴。出或同乘居共席，宛似昆季从人呼。君泯町畦我岩岸，一朝戢羽藏其愚。将军记室苦妨路，大长蛮夷耻滥竽。乃知隐见各有适，惧遂折鼎凶乘舆。弃官归养吾意得，是非那复援墨儒。一廛为氓已自足，更希击壤歌康衢。禅涌清斋母长课，甘旨不复为亲娱。岂期祸变生海国，燕赵北徙思结庐。萍踪聚散一俯仰，谁能忍见桑田枯。多君策勋名亦遂，当时唯我相呴濡。馀事为诗已坛坫，光焰迴照牟尼珠。即令斯人那易得，使我怀旧徒嗟吁。

题张毅崛负米图卷

百域归翻忆母慈，夕葵负米賸余悲。年来始识孤儿苦，图报须亲未死时。

夏日偶成绝句

长夏高斋日闭门，科头箕踞散闲轩。客来陶盏商唐汉，薄胜田家老瓦盆。

绿树浓阴荫露台，老夫冯几日悠哉。晚凉风动一墙影，时有天边月上来。

后述梦诗

我梦为形役，艰难始得归。归家慰老亲，慈意乐依依。明灯彻两厢,列室增光辉。妻孥各自媚,语笑生庭闱。觉来馀味醰,既定复疑非。思亲不可见,泪下如绠縻。人生非孤儿,安知所亲慈。知慈日已晚,亲去日已远。沥血告皇天,长得亲魂返。

汪母程太夫人像赞

晦莽之乡,伊川之裔。笃生淑人,教子以义。维兹贤母,早识废兴。□佳无忝,乃见飞腾。百年大计,奄随物化。一束生刍,式瞻鹤驾。茕茕在疚,歌伤陟屺。藐藐诸孤,失兹何倚。

孙病减喜示家人

晚岁获娇孙,爱若千明珠。生儿廿馀年,养抚或如无。渐谢区中缘,乃眷乳下雏。孙诞未弥月,怜此孱弱躯。十月辄九病,孙病翁乃劬。羹药手自调,且复视溲污。一日百摩娑,微笑因歔欤。昨者大风寒,婴婗生崎岖。始罹若微痒,热痟灼肌肤。瘘甚瘿如盎,唇焦疑施朱。前日遽淡厥,舌卷目直盱。家人尽环泣,翁泪濡髭须。孙忽憯顾翁,恸极口微吁。翁心若劘割,呜咽诵浮图。刹那似决绝,此顷危吸呼。急爇药线灸,声出欣复苏。破涕始一笑,痛剧略欢娱。国医术有穷,朱子过我庐。曰季巴黎归,平市初县壶。海上仙人方,此土相殊途。鼻涕察微菌,液黏肆毒逋。微虫分异类,一疾两族居。其一令喉白,一令气管瘀。蚀喉形若铖,蠹管类双荚。八万四千虫,释语良非诬。一夕喉果白,咽塞气微嘘。翁媪共骇视，儿妇亦欷歔。延医急星火，翁时往来趋。卒用抗毒素，药鍼为驱除。越日庆小瘳，安卧及朝餔。弱婴不胜衣，乃与万病俱。翁已悟属累，幼小独怜渠。平生壮年时，割慈忍爱馀。仗剑出门去，儿女空牵裾。今胡为弱孙，顾恋百峙躇。娱莫觊长成，桐枝荫桑榆。添丁翻墨抹，楚老当窗咿。阿耶两诗变，今古翼同符。

哭殇孙京老

我诗未具草，我孙已就木。变幻倏若斯，岂复禁痛哭。妻泣眩欲殙，儿号震邻屋。儿妇最憯恸，慰安反自出。慰深哭愈怨，哀音断复续。刹那安乐巢，遽成人间狱。

阿耶眼合时，蓦见孙儿貌。非梦复非真，心灵偶相照。不闻孙儿哭，反睹孙儿笑。娑婆岂觉苦，既离差足乐。何以慰汝亲，九泉当来告。汝生尚未言，安得此颠到。

汝虽未能语，已与阿耶亲。长日提抱汝，赖汝尉宵晨。乐时聆咿嚘，病来觉呻吟。但见汝依恋，未逢汝怒嗔。穷愁一室中，汝到物皆春。自翁初得汝，不复知苦辛。犹冀汝暂眠，复得欢笑颦。

昨宵汝似瘉，闻之喜欲狂。继审目复病，举家益周章。医来识危候，谓虫侵脑旁。眼医彼何人，药涕痛乃强。哮喘遂大作，挛拘身欲僵。不忍细顾汝，汝泪汪盈眶。天乎何为此，寸割我肝肠。

大母有妙言，汝去当复来。不易汝情识，但易汝形骸。汝果堕爱缚，再世应轮回。予闻颇默契，愿汝重入胎。明年汝母娠，汝更为我孩。临殁待我语，语罢归泉台。汝若孤此期，胡以塞吾哀。

桐棺三尺长，是汝休息处。荼毗四大空，栖魂应随祖。祖逝未逾年,极乐当接汝。汝若获上侍,问祖今安不。阿耶系尘劳,迷执未能悟。独持此悲愿,待祖相怜取。

汝瞑不移时,举家如有失。一夜栖皇情,聚室转凄寂。相慰更兴哀,相勉各慎摄。念汝咳嶷姿,呜咽不能息。呼汝汝或闻,约汝汝应识。复此一家欢,非汝莫为绩。

忆闻汝生日,适读湘绮记。忽见某孙殇,推书欲堕地。年来忧患深,最警机先示。郁此颇有时,未敢从人语。今竟与谶符,不得卒相避。以此告汝亲,冀薄减悲涕。佛说但因缘,儒家乃言数。

术士茔元经,俗传有殃示。言归东北方,三丈化白气。白者升诸天,汝生有来自。胡作优昙花,一显遂云逝。既种此爱因,汝勿遐余弃。魂兮倘归来,更作第二子。

汝耶泪欲枯,汝身不可见。独有梦来时,觑汝亲笑眼。生前汝遗物,拉杂摧烧徧。不留一馀痕,见之霑泪点。我欲割此慈,佛昔有亲眷。大地日循环,此心不可转。

戏邻婴因忆阿玮

荐乱人将老,长贫客未归。娇孙不可见,看弄别家儿。

天隐阁诗录四丁丑

寓园春兴

老卧海东头,春心直似秋。微名犹厌累,乱国岂胜忧。鸟语闲争树,花枝艳入楼。随人看庙市,始觉有乡愁。

李　　代伤卯金刀狱作也

李代桃僵信有之,芟株钮蔓见无私。曾参曾是杀人者,王莽今非下士时。饶有击鹰陷民吏,尽教缇骑遍华夷。优旃阶楯殊休雨,试与消摇看禄儿。

春　　雨

连宵听雨海西楼,黯黯春光易得愁。已觉落花多几瓣,剧怜烟景似殊秋。冥濛望树忧黄鸟,浩荡翻江戏白沤。系柳孤篷忆乡国,几人天际数归舟。

春日感怀

春气雨馀清，娇花照眼明。江南三月莫，羁旅十年情。客路怜妻子，穷途愧友生。只今忧国难，空看宝刀横。

海　上

海上自年年，方春景物迁。桃花乱红雨，杨柳拂苍烟。珠履无黄歇，画船尚米颠。踏歌盛游侣，闲望独萧然。

寄怀叔雅北平

故都文物凋零尽，独有斯人慰寂寥。太学旧闻风烈烈，夜灯闲话雨潇潇。不堪辽左愁虚莽，犹作淮南苦篆雕。遥念西河久离索，皋比续拥一僧高。君尝从曼殊上人习英吉利文学。

唁希吕兼赠其行

遂有终天恨，伤哉无母儿。惊看一洒泪，忧鬓各成丝。去作关西客，谋张晋北师。悲心腐强食，迦尔有然疑。

春　暖

春暖燕初还，频来语屋山。绕园花自发，当户草能删。尘海依违际，书成偃卧间。壮行苦劳剧，老隐觉清闲。

听雨有感

微雨乱春愁，宵听海上楼。十年仍作客，孤露几经秋。不分笙诗乐，唯馀韅寄忧。祖生今渐老，击楫倦中流。

上海春日作

几树桃花艳欲然，数株杨柳忆当年。竭来海上兼三夏，遥比都中自一天。鲛市波光摇漾里，蜃楼云气有无间。江南三月春如锦，风景依稀自古传。

海上春莫

半世羁殊郡，频年忆故乡。休居缅巢许，何处见虞唐。树古高于屋，花欹越过墙。海城图画里，春事付斜阳。

春莫寄怀天倪

老去乡心百不堪，五年三月在江南。晓风杨柳初飞岸，春水桃花自入潭。静妙参应见虚白，尘劳倦欲憩伽蓝。故人远隔巴山外，尺素多疏一二谈。

戏为绝句四首

孔雀东南琰愤怨，长城五字是吾师。南山肤廓北微琐，刻画独深到小儿。

四言已作朱弦绝，五字惜多优孟词。古貌今情谁得似，律成高格见唐仪。

绮靡初捐妙盛唐，七言真复到苏黄。王岑歌风声殊绝，杜李犹龙气未降。

意深言浅矜元白，平澹稍多未逮奇。别有歌行擅温李，长吉。妙诠乐府此中遗。

课　　孙

已判竞进输时辈，一任颓唐啁老夫。绕屋书声闻婴语，凭谁画我课孙图。

初　夏

丰草绿阴初夏时，疏花掩映有馀姿。何因蜀客江南老，孤负轻红擘荔枝。

汉　瓷

静夜精杯启绿瓷，幽光惊见碧颇黎。丛残一衷邹阳赋，汉制人间苦不知。

晓　起

野鸟争鸣破睡来，静无人处啄苍苔。昨宵微雨看红湿，一楥薇花拂曙开。

寄怀希吕西安

十载离忧鬓有霜，思君留滞在咸阳。朱家已觉枭名薄，广武休观旧战场。

望月有作

午夜月明旁一星,凉云垂白海天青。老夫坐久忘风露,宛觉身轻入杳冥。

夏日遣兴六绝句

隐隐曦光飞市烟,鸡鸣万户欲明天。老夫畏热朝恒起,清晓微风一洒然。

旁礴书裙昼掩关,消摇海上当还山。骄孙侍研能憨语,渐觉人生异梦间。

班马高辞近道真,日长闲理句文身。礼堂写定吾犹歉,愧尔炎歊问家人。

电扇搏风暑气回,华灯如月晚筵开。精瓷自是吾家足,闲设鸡杯睹酒来。

松下俗呼洋松,欧罗巴产,大叶迎风,沪上人家多种之轻风宛冷善,柳梢明月觉清凉。炎威饷午宵来减,便是先生却暑方。

昔年晓月过芦沟,凄断乡心已十秋。今日夷氛正骄恶,孤军卫国使人愁。

今乐府

入夜海风凉，天然却暑方。冷机苦栗烈，老病辄相妨。
驰道遍国中，车行似水龙。长城君不见，白骨蔽蒿蓬。
斗鸡走狗儿，门前肥马嘶。自买行天马，乘空笑鸟飞。
杀人盈城野，横行无降下。一旦觉途遥，缚夫欲相嫁。
可怜玉真妃，乃上穷碧落。洗儿千万钱，博得三郎活。
吁嗟此圣孙，牝鸡持门户。祝汝寿千龄，毒冒端诒汝。

牧马

牧马惊胡乱，牵羊耻郑卑。俨闻哀痛诏，又盛鬼神疑。和议频羞国，伪安足老师。朔方健儿愤，却敌故经时。

闻川菑奇烈恻然有赋

故国人相食，繁霜我有忧。因饥念师旅，垂绝困诛求。黑月秦城哭，青天蜀道愁。因思道玄壁，狱相画中收。

悲吊芦沟桥抗敌死义诸烈

杀敌大刀头，男儿死即休。凛然千古事，蠢尔百年仇。白骨天阴湿，青燐野火流。芦沟桥上月，凄照已如秋。

喜闻廿九军丰台大捷

爆竹欢声动天来，初闻捷至复丰台。弹丸已扫蛟螭穴，绝岛应馀狐兔猜。永定河西成背水，故都城下任轰雷。屯坚自是兵家忌，谁信夷倭有将才。

即　　事

势败反夸胜，群忧转令欢。诸侯观壁上，谍诇间兵端。奇耻何年雪，阴谋只自安。欲遮天下目，应合谥神奸。

悲南苑

见说孤军绝，尸骸痛枕横。可应逢楚炬，猥欲继秦坑。一任神机发，唯凭血肉撑。无援任狼吻，皇忍更言兵。

哀北平

倭寇深侵焰更狂，故都倏忽竟沦亡。不堪文物成灰烬，剩有遗黎饮弹枪。千古伤心唯国破，四朝名迹已荒凉。回思旧梦十年事，耻向人称第二乡。

闻天津陷

又报析津陷，伤残七二沽。苍头自雄勇，碧血当模胡。近海戈船袭，骄空铁鸟呼。冲锋健儿尽，谁识中阴符。

纪　乱

纪乱有新词，风诗正史疑。可逢天宝世，又逮靖康时。离漫矜秦搅，环应谥寿妃。黄汪互降敌，谁复抗戎师。

寿劭深六十

南京禅定未，公案雅能参。世寿百过半，玄言前两三。杀机悲冀北，安隐老江南。莫漫伤贫病，饥来饭自甘。

谁　遣

谁遣潢池久弄兵，东来铁骑正纵横。齐亡遗诩门前决，宋败甘居城下盟。九世复仇惭白予，千秋和议误苍生。庐山真面无能识，黔首多教雾里行。

战　后

雷炮轰令万瓦倾，刀光如雪不闻声。欲知敌我相判剧，试看郊城血骨横。

战急援穷败报哗，可怜万姓已无家。殷红血溅津沽水，疑喷桃花粲晚霞。

夷竖新牵傀儡丝，都门无复汉威仪。衣冠文物欲灰尽，故老心伤赤日旗。

由来索虏贱称嫌，兰艾当门欲尽歼。民散号呼军斗死，有人庐顶笑掀髯。

天倪以诗招隐借避寇难赋此答之

弘景书来苦劝归，客贫心事每相违。信忧海寇骄难戢，空说江团美正肥。象齿焚身明物累，虎头食肉负军威。与君终订还山约，早晚巴西共采薇。

暴　客

暴客东来有谶言，钢刀谁执应机先。十年安堕沼吴志，九世难张伐狄权。黑水妖氛苦长塞，青溪神物竟空传。相惊伯有朝来亟，骄寇深侵一凛然。

空　战八月十三日

壮烈战空中，轰雷耳欲聋。戈船半为鹄，射炮几争雄。更剧金陵卫，长留歇浦功。飞腾喜年少，灭敌见英风。

月夜闻见敌机声景

看月迥生愁，飞机纷夜游。听声数行泪，挞弹万民忧。幸我凌霄士，因之伐敌谋。谁与肆残酷，淫巧至今留。

上海战寇杂兴

避难民如织，门关一室拘。终朝听夷炮，暇日课孙书。半世干戈里,平生忧患馀。哀军奋前敌,苦战日怜渠。

机炮声暂止望月有作

今宵月又明,战寂使愁轻。园静唯虫咽,邻眠但犬声。前军应暂息,穷寇不能横。是役关生死,罢民未苦兵。

闻 捷

战败应知国便亡,欣闻捷报涕霑裳。寇因深入嗟何及,民获稍苏喜欲狂。雷炮声高知我奋,飞车技卓未相当。卌年奇耻今初雪,扫穴犁庭誓正长。

黩 武

黩武寇方骄,哀军斗正豪。月明机影晰,夜久炮声高。狡兔欲倾穴,栖鸟惧毁巢。由来痛夷患,行国异今谣。

月 明

月明彻夜数机飞,轧轧音凄远入微。丸堕何堪吒俗书作"炸",见张华《博物志》人物，创痍满地极天归。

阴符

阴符一卷道兵微，天地何心发杀机。此日龙蛇方起陆，中原狼豕尚争威。时南口津沽间抗战正亟更因海近多鲸跃，况在秋高正马肥。猛士自应寒敌胆，群夷愁说宝刀挥。

连日我军屡捷敌焰衰止望月又作

战罢看秋月，亲人分外明。一天凉似水，万物静无声。斋退稀宾友，闲眠苦将兵。严城机炮息，微觉一蛩鸣。

吊南北阵亡诸烈

不分觅封侯，端知为国忧。卌年洗奇耻，一瞑足千秋。扶病身犹奋，舆尸血尚流。国人故申儆，决志雪吴仇。

八月廿五日夜夏历七月廿日

已失山松垒，诸兵正斗兵。三更方月上，半夜尽机声。海畔千家哭,灯前百感生。陆梁尚虾族,侵侮愧神明。

追忆书事

不战人间有是非,赫然怒与素心违。骄夷黄海舟横集,小妹青溪橐已肥。谁分朝廷多宰瓿,应馀城郭见丁威。风云猛士飞扬急,莫陷白登七日围。

讯　　虏

问讯东倭虏,吾军果脆坚。戾天飞铁鸟,横海控楼船。壮气吞三岛,雠心怏卌年。今朝始相搏,降战汝何先?

海　　上

海上烽烟天际来,国忧皇恤为私哀。平郊铁骑骄腾践,下濑戈船苦溯洄。时江口阗塞,敌舰无由上溯。静夜凛看孤照月,晴天愁听数声雷。馀生半历兵戈老,独对娇婴闵尚孩。

战中书所见

重炮隐东浦，飞机翔远空。已堪共轰吒，独恨绝艨艟。苌血三年碧，嵇衣半幅红。国殇遍南北，取义孰雍容。

敌军登陆屡败欣然有作

罗店半残敌，师林已合围。潮来多舰入，月黑尚机飞。所向无坚壁，因资卫近畿。夕阳易沉落，敌以旭日自矜，今夕阳矣。空见一戈挥。

吴　淞

吴淞江水剪并刀，骄寇戈船气正豪。独有吾军能死战，诸浜喋血已如潮。

罗店倭子墓

传闻罗店役，倭子墓碑存。已喋新殇血，难招古客魂。惊沙开钜穴，是役罗镇悉为敌吒毁，我军殉义亦众。斜日过空垣。近继戚军绩，威加寇易奔。

何铮至前敌救护伤兵感而有赋

残月黯无晖，扶伤载护归。敌数番扰国，□命一身微。热血沙场渍，雄谈病榻围。老夫故灰冷，为尔一翻飞。

沪市渐远炮声略能安睡然罗店吴淞间闻方剧战飞机彻宵未已赋此纪之

严城夜静睡微甘，海畔淞滨战正酣。犹有机声示森警，满天刁斗在江南。

战士推锋半死生，夜凉哀怨几蛩鸣。炮枪间杂如雷雨，烟焰初开月自明。

江　浦

江浦雷声喧昨夜，唐人句。秋庭月色照无眠。无因遽堕修罗侧，何日重楼自在天。

口占酬天倪见怀即次其韵

海空玄血战方酣，城郭人民已不堪。好是一生忧患里，两经夷祸在江南。

偶　成

高射枪声隆爆竹，开林炮发似惊雷。夷场有客伤流弹，华屋无情付劫灰。

搏　战

搏战已经宵，初传克盛桥。尸寒深夜月，血注晚来潮。短接挥溜弹，锋冲斗刺刀。修罗在人境，卫国忍奇劳。

感　梦

忽惊影事十年外，历历分明在梦中。犹有香山亶雄伟，思从蜀道辟鸿濛。艰难数子相谋切，潦倒馀生百虑空。今日国忧人已老，请缨端复谢终童。

杨行月浦陷后我军退据江湾北站间第一防线

败报初闻疑未真，出门欲访复逡巡。轰雷野炮多教毁，近海戈船独自横。陈略只应坚后卫，军心犹幸隐长城。可怜一月英雄血，博得环瀛善战名。

南口陷后北望有作

居庸关外列天骄，袭远夷师漫告劳。倭将未闻丰秀吉，具言丰臣秀吉。汉勋端数霍票姚。秘盟蓝社私逾塞，易帜红军暗渡辽。犹有雄兵半燕晋，威棱谁奋吕虔刀。

寄答天倪

念子相思苦，天涯一故人。仇雠愤夷狄，患难见交亲。海上丁新乱，山中自古春。日闻机炮急，犹作不跳民。

宝山县

宝山十万户，躏践铁蹄前。陷敌三生业，呼天万古冤。壮强赴疆场,弱老化灰烟。谁分推沟壑,愁来夜不眠。

赠罗大西战

闻道罗含宅,高斋供鼎彝。逢人问遗物,驻马读残碑。上古怜精玉,三唐辨细瓷。嗟余擅陶癖,岁晚一相知。

赠王大仁泉

子晋嗟仙去,斯人尚海藏。覃精到编简,濯足向扶桑。玉古相投报,陶精与计量。无心遇唐佛,妙相识空王。近得唐佛画,甚精。

南　　京

六代兴王地,河声绕建康。楼船下巴蜀,佛寺访齐梁。一自飞车袭,群趋窟室藏。繁华歌舞歇,寂寞冷斜阳。

长江谢天堑,近代急空防。掘地蜗为屋,凌虚鸟共翔。驱机风作马,明弹月如霜。敌困期相毁,还咨使节行。

春申浦

春申浦上莽烽烟，百战终期奏凯旋。宝剑横磨初试日，寒衣憔悴已凉天。时方征集装绵半臂廿万具。似严刁斗三更静，难足匡床一夜眠。易好诗篇在愁苦，哀鸿满地一凄然。

夷　兽

夷兽困犹斗，仁师追未穷。凶残似螭鬼，艰苦属英雄。信弹冲霄绿，烧船映海红。清宵数机袭，来往月明中。

秋　阴

海上秋阴百感生，连营倭寇尚纵横。沿江但织桅樯影，尽日唯闻机炮声。回忆陈琳空草檄，剧怜杨仆未专征。万方多难殷忧切，老骥徒深伏枥情。

闻第八军平型关捷

西晋捷初成，红军旧有名。平型关外路，唯见敌尸横。万里输粮卒,三千入瓮兵。朔方能有此,始足备长征。

上海即事

万灶貔貅浦上城,屡摧倭寇忆前明。岳军屹立山难撼,蝎盗东来海不清。当日戈矛犹野傔,至今楼橹擅纵横。坡翁留滞江南苦,身计经营拢一生。

夜起寂然有赋

战声似稍止,万籁觉萧然。海上初生月,人间别有天。多忧堕尘劫,无福遂林泉。肆暴仍骄虏,归心百虑煎。

喜詹景文自罗店归

苦战怜君久,生还喜欲狂。通家惭老辈,英勇见诸郎。白发高堂在,青燐伙伴亡。君代率一营于罗店间,御倭寇,战半月馀,约五百许人。继复补充三百许人,伤亡几尽,残存者唯君与士卒三十七人耳。老姑稍姑息,不忍示金创。

上海战寇杂兴之二

偷安海上村，无分觅桃源。夷炮连天急，兵烽照水昏。谍横稀入市，客少不开门。老病忧亡切，端因计子孙。

国联谘询会波兰代表独持异议书此志警

小年驰域外，亡国忆波兰。今日翻相厄，初盟敢独寒。可惊蜂虿毒，欲搏虎狼欢。因警吾袍泽，无将更苟安。

闻平型关再捷

四关三晋地，复报捷平型。丑虏轻深入，游兵巧遗径。荒祠流水碧，险塞负山青。决战期幽朔，新锋始发硎。

月白

月白至高秋，兵锋黯欲愁。海滨半攻战，泽畔足离忧。狼野骄侵国，蛩哀冷入楼。渐闻晋军捷，早晚雁门收。

战月馀矣敌我相持沪渎间走笔书愤

一月已过二月来，苦战何堪几百回。我自英风见无畏，敌唯兵火日相摧。可怜几炬成焦土，不寐一夜听惊雷。今日倭氛遍南北，更饶吴会飞劫灰。

上海感兴

浪说枪林炮雨间，商胡杂处别有天。壶浆劳苦差能尔，流弹创伤亦偶然。大时代呼文化客，好机缘逐倖门掾。老夫病废终何事，谬欲诗赓荷马传。伊里亚特叙战史诗，纪荼罗被围事，相传为荷马之作，为欧洲文学之祖，几乎家弦户诵者也。

万　户

万户伤心苦吒弹，了无防卫任摧残。弹声堕处肢横毁，机影飞时胆尽寒。遂有严诃来海外，尚馀公论在人间。欲知狂寇披昌剧，但看中原血迹殷。

秋　　雨

晴日机乘月，清江舰跃波。天应怜战苦，雨渐入秋多。闻道冲锋亟，犹能越堑过。军交自哀胜，狂寇独如何。

赠飞机师某

大好天空任尔翔，嗟君年少闻身强。忽来夜半摧顽敌，忙杀夷船高射枪。

向　　晓

向晓厌机声，前锋炮尚横。只今犹苦战，何日是升平。外海频移舰，长江多洗兵。星辰怜昨夜，似复见欃枪。

京沪相邻诸县均被炸毁感愤成篇

近报苏杭炸，流亡又几家。残民化猿鹤，大陆起龙蛇。国乏三年艾，陵荒五色瓜。仍怜隐朝市，兵火望京华。

夜中书事

无数搜灯旧译探海灯，实则应译探索灯。或先似海陆均用之，特海为多耳照海波，轰雷交响落星多。机音隐约云中出，电焰分明屋畔过。炮声将至，必先有飞光如电，物理学家所谓光行速度逾于声者，目验信然。谁信诸方馀净土，何堪六道入修罗。忽思作俑洛卑尔，旧译诺贝尔，瑞典人，以发明吒药起家，临没出其馀财，作世界奖学金，有主张和平之意，冀稍悔过。一技如枯万骨何。

沪战将三月敌增援数次未尝有一日之停感赋一首

昔年屡易将，今段独鏖兵。尽日鸣机羽，终宵振炮声。车从烟幕出，舰到海门横。猛士诛骄虏，军前半死生。

大场失陷江湾闸北我军撤至第二防线

大场新陷后，闸北退兵时。博誉九州外，鏖兵两月奇。青天遮烈焰，赤日竖夷旗。又见无家苦，哀哉此孑黎。

退　兵

鞭弥周旋日，风烟黯淡秋。甲兵愧崔浩，乡里痛张彪。拼舞空中战，壁观海上楼。退军自新略，沉虑觉心秋。

闸北有军一营死守不去感泣赋此

孤军惊死守，壮烈过臧洪。焰张天为赤，血溅水欲红。精忠泣神鬼，浩气塞霄空。空听四夷颂，今知上国风。

闻沪西战

炮声渐近伎魂惊，静夜无眠百感生。夷祸荐忧成附骨，亲知遥隔只驰情。郊西咫尺新酣战，闸北孤悬死守兵。敌械如山恣残毁，我唯血肉铸长城。

秋　雨

云黑压天低，旋空路欲速。机声杳霄汉，车辙陷泞泥。冒雨冲壕侧，乘时战沪西。秋霖稍利我，水潦膝犹齐。

秋　晴

依然晴日赏新秋，郊外雷声撼忽愁。狂寇机丸仍肆虐，哀军兵甲与同仇。菊花竞秀幽逾好，蔓草滋荣隐却忧。时有汉奸曹李等来沪消息。谁名行人资间谍，端令国蠹至今留。

寄张向华军长

上海之役君守浦东凡三月敌未获一次登陆洵奇绩也喜而赋此

屹然山不动，新起故将军。虏计空登陟，勋名无见闻。炮喧知初发，舰调辄空纷。旧日欢杯酒，君应忆子云。

战中感兴

老倦尘羁百虑空，何堪多垒病愁中。苍生未许思安石，诸将谁能似景宗。战卒朔方忧早雪，罢民穷野哭秋风。机飞英话尸如积，厌见夷灯照海红。

大场之役郭汝栋杨森两军各以一师当前敌伤亡泰半所馀仅数百人耳刘献廷郭之师长肖毅崛郭参谋长过述作此悼之

邑子能兵半国殇,老夫迸泪欲霑裳。里桑恭敬吾尤挚,亭柏精忠汝未忘。将士椎心痛夷垒,男儿报国爱沙场。平生师友郭汝栋余弟子,肖毅崛为石青阳门人并乡党,杨森亦乡人,未识面。狄遣刘肖报草堂。

友人招隐不归战时妇孺相依恻然有赋

闻说乡山足苟安,身藏容易徙家难。计前苦用金为累,战乱端知路已残。塾课增应胜离别,俸钱减略勉饥寒。老夫不出疑无用,谁识勘心寸寸丹。

敌海军最横我独无之膺祸不恝书此以为后戒

横海戈船赤日旗,民居沿岸半创痍。隆隆巨响惊天地,郁郁佳城坏俾倪。别舰载机作航母,有时挟弹擅烧夷。国成谁秉端阶厉,十载空无一水师。

上海之战吾军士气虽盛军备足惜亦是役得失之林也爰纪以诗

一怒足湔耻，三军如赴私。精神高不死，血肉勇能奇。战野每闻炮，飞空时有机。不堪江海广，屯卫绝舟师。

秘闻和议书愤四首

幕前何机密，行人且遁藏。攘夷成昨梦，揖盗有新方。隐许千缯馈，阳争尺土疆。由来当国者，一念系兴亡。

殉国仍虚牝，和戎独忍羞。吾民合应死，夷竖尔何修。哲妇贪遗误，商胡巧自谋。万方忧愤切，翻喜便帆收。

百姓争刍狗，群夷半虎狼。健儿方斗死，伎者密相望。早决河湟弃，何疏江海防。时敌兵在金山卫登陆。虚骄终自陷，不忍话儿皇。

外东无宁日，中朝有幕烟。将收和战利，民困死生捐。国削权愈重，兵交伎在间。前军伤不细，念此独潸然。

金山卫

见说金山卫，夷军上岸多。戚公曾戍此，明寇比横何。江海防初急，楼船警再过。及兹来坚壁，犹得退残倭。

闻太原陷二首

满目伤倭警，惊心失晋都。已嗟四关尽，犹戍两河无。再见金元虏，空思燕赵徒。颇闻诸将在，独计保妻孥。

忠勇钦高桂滋傅作义，全军共省亡。威神坚不退，侠骨死犹香。巷战刀如雪，森严貌似霜。只今闻敌誉，千载有辉光。

金山卫敌军登陆沪西退兵独守南市悲愤赋此

兵退辄心惊，深夜寇正横。鲸鲵遂腾跃，鸿雁有哀鸣。英勇军声懿，摧残敌械精。谁令久无备，失计更求成。

壮　　烈

壮烈东战场，亡伤十万师。大难正今日，中国有男儿。血肉糜机弹，音声厉鼓鼙。不仁问天地，何意乱华夷。

浦东南市沦后暴敌连陷数镇区闻之悲愤有赋

居民过百万,闻已堕围中。天惨云垂黑,风凄火射红。屠残遍丁壮,躏践到儿童。陷贼伤心剧,因思亡国恫。

上海退兵感赋

人哭旭升谶可哀,金鸡何日叫方来。屺期今段重亡命,敌可滥用军权,干涉租界,吾辈匿处,又成亡命矣。憔悴行吟日几回。

异　　梦

动魄惊心沪战初,最初一梦隐模胡。中朝半展波旬画,夷虏横张揭钵图。

未　　戢

未戢凶夷焰,遑苏古国魂。流民唯涕泪,战鬼几烦冤。空怀将成劫,和平未闭门。世忧因纵敌,莫遣误儿孙。

战　和

战和纷不定，南宋有前车。叩马书生警，牵牛郑伯愚。人民化猿鹤，城郭荡邱墟。太息纤儿策，终然坏此居。

半　途

半途遽和议，某似国亡时。忠死馀奸在，斯言不我欺。两君俱圣哲，一睚异行为。独有愚黔首，无因罹散离。

南　辕

南辕反北辙，西倒任东扶。国野扰龙战，邻皮与虎图。秘谋诸将惑，歧路一生迂。应变无长策，空教思坐渔。

看　菊

秋老日初斜，寒园菊自花。馀生重亡命，乱别几无家。南北犹闻战，车船已见遮。夷氛相逼苦，迁播满京华。

丁丑生日

丧乱逢生日，前军战正酣。颇闻迁白下，何计老江南。挚友犹相响，流民已不堪。敌围惧粮绝，薄酒暂能甘。

偶　成

异邦亡命由来惯，况复身藏互市区。欲问诸天醉鹑首，何堪长住为鲈鱼。难忘乡井千山外，怯展流民一幅图。怙胜敌军尚深入，诸公卫国可捐躯。

忍寒有作

炭缺炉空且忍寒，行吟忧国思无端。客贫况味更番剧，民散亡逃万井残。愤极自忘家境蹙，愁来不觉海天宽。龙蛇起陆知多少，厝火积薪强谓安。

江　南

江南繁盛地，饥困有逃民。不为君亡国，唯闻将偾军。万方思丧日，田野黯愁云。独有鲜卑助，神机一解纷。

闻扬子江口我飞机十馀猛扑敌陆奥巨舰与之同尽并创炮舰六艘

屡北忧方切，天心惊向胡。忽传吒扬子，稍喜制倭奴。机舰同归尽，乾坤如可扶。会须收失邑，长得卫京都。

深夜有作

国难方殷日，深宵未寝时。茫茫千劫过，的的寸心知。厚禄书俱绝，穷途志不移。至公忧社稷，翻愧稻粱私。

平　生

平生慷慨盛年事，今日颓唐老境初。国自有人负成败，天犹遗我鉴盈虚。园中丛菊经霜后，岭上寒梅耐雪馀。昌獗夷氛惊内偪，谁能奇策护神都。

闻人说兵敝民流之苦辄成短章

易子析骸事可惊，远闻胡骑正纵横。由来名寇今为烈，谁氏生阶久秉成。苦战霜侵千灶冷，流亡月照万家明。期君犹勉枭雄业，莫竖降幡出石城。

川军收复广德泗安饶国华师长战死

殉义传公等，雄名震蜀师。秦亡三户重，家祭九原知。一将能殇国，孤军尽里儿。南都忧正切，却敌系安危。

敌军进逼南京当道宣言死守日来和议声嚣粤某复有澜言闻之感叹成咏

孤寇敢深入，狂兵胡太骄。背城堪一战，雪耻在今朝。壮气吞三岛，孱风谢六朝。无因共伯彦，甘欲谥亡妖。

饶　有

饶有平生未了心，何堪沉废到于今。躬耕下濮期终老，收拾中原苦入吟。江上烽烟看正急,渔阳鼙鼓听来深。号呼宛转穷黎泪,忧乐衰年已不禁。

闻南京急

城下要盟耻孰堪,都门围急战方酣。十年戎备真儿戏,四国鞮胥只妇谙。杜公漫闻收蓟北,庾郎愁为赋江南。伤心朝市今陵谷,一将孤飞可内惭。

南京将失某将先去口占纪之

天马行空牯岭游,冥鸿踪迹杳难求。唯馀一事堪欣慰,不见降幡出石头。

南京沦陷非天实人事也感愤书此以示方来

嵎虏陷京都,修罗一幅图。火云天半赤,涕泪眼俱枯。夷炮惊霆剧,官斋满血涂。高飞信天亶,某及徒党谬诩为天才军事家。死守属狂且。某守将有首都风子雅号。

南京陷落悲悼有作

佳城郁气黯然收，一夜悲风满石头。亶父来朝歌走马，三郎七夕忆牵牛。十年妖鸟横云没，几树昏鸦向夕愁。犹有秦淮呜咽水，商声寒带秣陵秋。

万　骨

万骨成灰泪眼枯，江山唯剩血模胡。马嵬驿传纷迁蜀，虾虏军输半入吴。惨淡金陵王气尽，漂零海上客里孤。纤儿寱语生妖谶，早岁频矜作秀夫。

不寐有作

伤乱苦无眠，沉哀欲问天。何期半南北，只是遍腥膻。乡井空劳梦，烽烟浸隔年。举家困夷市，客况日萧然。

哀南京

民社初悲屋，夷军竟斩关。空馀三妇艳，愁对六朝山。节去云霄外，尸横驰道间。寒燐似营火，战鬼募应还。

闻南京夷军屠杀至数万人悲愤有作

杀气熏天白日昏，惊闻虏将有啼痕。逃者或云：南京破后，夷军屠杀军民数万，虏将松井见而下泣，确否虽不可知，然一时天良之激，非必无事也。颇闻松井亦傀儡供利用，其凶残无人理，乃所谓少壮派军人也。八千子弟宵呼渡，十万人家昼闭门。黎庶心伤待埋骨，元戎胆破未招魂。繁华佳丽俱灰烬，谁问凄凉黄叶村。

重吊南京有感

霸气江东已寂寥，朱门难见草萧萧。长江饮马骄三岛，流水栖鸦怨六朝。七国风流三妇艳，哀时涕泪一身遥。子荆泉下如追始，应悔当年贮阿娇。此斥某侍书大姊而言，其次娟则青泥之莲，不在所诃也。

赠蒋三叔雅

故国荒三径，今来迕蒋生。精诚谋国久，肝胆照人明。百战江东意，三年庑下情。嘉君问诗律，奇正若论兵。

老　困

老尚困钱刀，平生半自豪。地天半荆棘，城郭已蓬蒿。海上未容隐，人间安所逃。飞凡纷堕处，孰忍听惊号。

秘盟忽漏始以考虑为词而无显拒长期抗战良用忧疑慨然有赋

秘盟剧城下，倏已漏人间。隐约烟中幕，凄凉乱后山。苛条邻属地，奇耻绝瀛环。独有将军庆，风波自在还。

富　斗

富斗黄金国里人，美利坚一电气厂，某部长席其妻荫，资金独五千万，自南洋讫欧美各大都会均有别墅。恺崇寒俭迥无论。脂膏万姓供饕吮，机杼空村惠窘贫。刘濞铜山偏善贾，鲁褒钱论独能神。蛾眉虢姊承恩久，复道山阴是后身。

香港本事诗

闻道香江有秘盟，将军应庆死前生。国忠袖有和戎策，姊妹花开异域城。

妇人谋及宜其死，何意司晨看牝鸡。但作秦宫花里活，延秋莫听夜乌啼。

枉破金陵十万家，锦帆今竟到天涯。笑看宫井无人入，叔宝飞来访丽华。

别馆离宫遍海壖，机谋时有象胥传。万钱下着知无处，宋嫂鱼羹进御筵。二龄近厌夷餐，颇思华食，电召董媪往设食馆，藉便供御，真极人间之享，与难民判若天渊矣。

世乱二首

世乱交多薄，客贫味最真。诸孙骄近我，有子厌依人。久乐湖山好，因思鱼鸟亲。忘机向群物，大地如皆春。

我心虽坦易，世路总崎岖。虏患深中土，朝纲紊四夷。独夫仍僭窃，万姓苦流离。此事惛詹尹，无劳更筮龟。

将归赋别示王仁泉钟山隐雷竺笙蒋叔雅诸子并邀同作

玄泊平生管幼安，玄泊或作廉白。频年辽海倦思还。身潜苦系妻孥累，世变翻增出处难。不分龙蛇真起陆，似闻豺虎尚当关。故乡桂树生幽足，愁绝淮南大小山。

余将归赋别诗王钟雷蒋均有和作佳篇络绎喜而各酬一什仍自次原韵

酬王仁泉

四杰初唐爱子安，滕王风送一帆还。故乡信美堪终老，来日方深直大难。艳迹重寻马嵬驿，乡军谁戍雁门关。林惭涧愧君知勉，莫遣移文到北山。

酬钟山隐

妙笔元常振建安，来游郢下不思还。诗成珠玉期三绝，艺抗丹青博二难。作客天涯羁海市，思亲日夕望乡关。哀时念乱悲歌切，萧瑟江南庾子山。

酬雷竺笙

乌鹊惊枝苦未安，倦飞一鸟独知还。闻吟骚赋抒天问，试草玄经解客难。饮马未临江户水，骑驴遥忆剑门关。次宗招隐西岩下，权指鸡笼当故山。

酬蒋叔雅

觅心无有漫能安，有约高僧谢往还。性近诗骚穷更好，才兼文武古来难。愁攀杨柳栽新殿，悔见槐花出故关。今日金陵黯王气，英灵惜看蒋家山。

为王仁泉赠妇

久别思乡里，六朝人谓妻为乡里。深闺望藁砧。缠兵万户恨，偕隐百年心。劳护梅花麓，防寒枫树林。将归且留滞，鱼雁莫教沉。

天隐阁诗录五戊寅

戊寅元旦

令节在严城，难闻爆竹声。辛盘今岁冷，腊火昨宵明。晓日千门静，春风百草生。豹狼纷满眼，何日遂鸥盟。

桃梗张春胜，椒花媚远天。鸿哀见残劫，莺语入新年。客至聊呼白，居幽合草玄。平生欢正朔，今日转凄然。

春日偶成

久困思归苦未归，愁看海上燕初飞。人民城郭悬孤岛，上海繁华甲于我国，近以交通梗塞，群以孤岛称之。杨柳溪桥忆故扉。百战河山馀涕泪，一春心事总依违。晓来时有机声恶，犹报淮西未解围。

寓楼听雨作

海上高楼春雨时，一宵无耐百回思。中原胡汉犹兵马，故国山川半鼓鼙。华裔兴亡争此决，元戎和战到今疑。桃花水暖应归棹，始觉躬耕计已迟。

春　雨

春雨一帘清，阶前百卉生。亢龙穷野战，阳鸟向人鸣。客路忧粱稻，乡山问驿程。中原望刘祖，起舞奋鸡声。

老　去

老去仍忧国，春来未别家。青江一夜雨，红湿满园花。血战天应泣，愁侵月易斜。兵烽遍农野，无计问桑麻。

新　号

新号分齐楚，群追绪律踪。风前几垂柳，海上一孤松。书史千秋重，河山半壁空。老夫自迂拙，槁项甘长终。

闻我军初攻日本飞吒台北竹口大捷而归喜极有赋

飞将新高海外功，台湾直北大瀛东。云封粟影连天白，岛震风声列炬红。自庆深侵薄邪马，可期痛饮入黄龙。穴庭犁扫歌初捷，会见燔烧迫帝宫。

初闻蛙有作

塘野渐鸣蛙,春声杂鸟哗。落花如雾里,芳草又天涯。早燕争寻屋,哀鸿苦忆家。因之怅羁旅,楼畔月初斜。

乱后江南春日二首

江上东风二月天,杨柳城郭莽烽烟。落花狼藉知多少,不见雷塘有墓田。闻倭军奸淫甚于虏掠,横污之女,死辄弃去,其无人道之极,至于若此。

无语残山一发青,后庭花唱不堪听。江南遍是伤心地,谁省劳劳送客亭。

偶成短歌

男儿五十无闻惊已老,忽逢海水飞三岛。登坛大将苦周章,使我健儿靡肝脑。甲午以来氛祲恶,闻风遽遁何恇弱。今时转战勇无前,弹雨枪林且相搏。乌乎,军民百万殇何多,奈汝元戎无备何。

相勖歌示钟生山隐并序

山隐从余学诗，其歌行偶从长吉悟入，屡有佳什，余益以盛唐诸子广之，喜而作歌以宠。

长吉歌词妙天下，钟生学步思方驾。得骨无多山鬼词，月窟天根幻遥夜。我勖钟生毋自画，万象可自豪端出。老杜髯苏一代雄，盛唐长句俱敻绝。生归求学师有馀，佳篇出水纷芙蕖。桃花春涨挂帆去，蛙吹儿时宵读书。生有句云："昨宵新涨桃花浪，好挂长帆溯江上。"又云："野水鸣蛙声断续，恍似儿时夜深读。"皆一篇之警策者也。人生盛年苦难再，遽喜君今豁圣解。试与高吟秋水篇，却怜河伯叹沧海。

春日大雪奇寒作歌

云愁雾憯天如坠，寒雪漫空作飞絮。平生爱雪清吟多，今日冷肠迸热泪。一自戈船曜海东，嗷嗷泽畔屯哀鸿。流民百万救不得，况乃冻馁尘埃中。朱门酒肉聚歌舞，白骨撑天满淮浦。安得雪深十丈埋，不令春融见残污。昨宵急雪敲玉声，窗前丛竹侵昼鸣。重裘尚自凛栗烈，鹑衣瑟缩何聊生。乌乎，造物无情翻肆虐，积雪正尔风萧索。使我拔剑击柱心浩然，欲分温纩囊无钱。

晚　眺

楼迥日初斜，愁看浦上家。万方警烽火，无地着桑麻。晚集惊弦鸟，春多溅泪花。何因苦骄虏，尽室在天涯。

淫　雨

淫雨滞春愁，寒宵度市楼。年衰凛头雪，世乱觉心秋。海水飞三岛，风云撼十州。诸方正气恶，一夜足千忧。

春夜偶成

乡井烽烟外，河山涕泪中。悲凉春夜月，摇荡海天风。暖水千江绿，幽花一萼红。愁心剧清景，寒袭警衰翁。

夜寒阅报有感

春宵料峭寒，愁思杳无端。月没千林暗，风腥万井残。庭花隐零泪，池水皱微澜。邸报纷乡烈，滕县之役，川军师长王铭章以次裨将及士卒以手榴弹互吒而死，乌乎烈矣。灯前不忍看。

未绝

未绝嗟来食,真伤驱去贫。暮年惭烈士,饥死痛斯民。苟足粮三月,休心卧一春。缠腰更骑鹤,国盗尔何人。

久策

久策还山岁已周,严装不办至今留。未应陷贼同摩诘,长欲居夷似孔丘。桤木豁阴劳客梦,桃花春水失归舟。何期复壁重亡命,谬厕中朝第一流。

台儿庄大捷喜赋

厉接台儿战,残倭溃两军。腐心哀未死,流涕捷初闻。好罢殽函笑,新高卫霍勋。胜骄须警惕,期令敌兵焚。

闻捷之馀继以伤感怆然有赋

残破山河霸业空,台儿一役始争雄。吴宫教战犹孙武,鲁国行军过孔融。归路逃倭纷已断,倚墙饥虏偶相逢。汉巴破竹欢声彻,可有流民血泪红。

闻布谷有感

乱里愁听布谷声，悯农尤起故园情。江淮田废无春种，野鸟何劳苦劝耕。

春尽夕雨

春尽在今宵，檐间雨正豪。园荒几花落，帘卷一灯摇。隐计穷山薮，归期愧海潮。韶华苦流驶，犹冀晓钟遥。

夏　夜

微月轻风盛夏初，忧危念乱黯愁余。河流滚滚波沉陆，霖雨潇潇潦塞途。日下已成骄虏窟，天边难枉故人书。东州鹬蚌相持急，匿笑争禁海外渔。

闻旧仆陈海沉江而死哀之以诗

昔岁相从赴海东，艰难唯汝侍飧饔。平生部曲嗟星散，异国旌旗指日红。游戏一官惭薄报,追随半生有愚忠。何缘决葬江鱼腹,地下冤亲可竟逢。何君函云:“其死前颇有寱语。”

夏日偶成

委蜕儿孙未弃捐,皇遗花木记平原。曾栖东海三椽宅,又寄北窗一觉眠。授记梦中是何日,婆娑人外已经年。伤残满眼增悲愿,忍向空山自得仙。

闻敌侵九江慨然有赋

烽火逼寻阳,楼船溯大江。鱼龙沉永夜,鹰隼逐高翔。日来频传我机吒沉日舰。明月悬牛渚,悲风过马当。是地曾告先陷。无心念沦落,端视决存亡。

望 月 作

天气晚来清,中宵月更明。山河微有影,乌鹊静无声。家国何多难,江关正苦兵。可怜阵云黑,潜照汉家营。

越夜望月又作

乘月哺高台，乾坤寄一哀。缠兵人苦尽，深夜鸟还来。淮水千沤发，匡山万马回。因思庾楼在今九江，即古柴桑浔阳治，相传庾亮为刺史时所筑，近成战地矣劫，强虏共飞灰。

月　出

月出海天清，衔枚露卒行。高楼有思妇，此夕正含情。碧枝因风舞，黄流似雪明。惟怜空袭处，虚白夜多惊。

风　月

夏木青青荫小斋，夜来风月盖清佳。山中旧侣如相待，尘外逸踪自永怀。

忘世已无千日酒，遣怀唯藉一篇诗。良宵美景君休误，坐断风清月白时。

无　　题

翡翠衾孤清漏残，鲛绡重织泪汍澜。乌飞桥尽相望苦，燕去楼空孑影寒。饶有分香焚笃耨，可胜历劫住华鬘。红愁绿怨芳菲歇，每到春还不忍看。

咏　　月

天遣双丸照世间，蕴愁今古此蟾圆。离家去国无穷恨，都尽魂销皓影前。

夏日苦热有作

尽日蝉声络纬中，二虫鸣夏见烧空。阵云连海屯兵气，烈日当天作血红。黯澹匡庐西渚月，悲凉彭泽北窗风。军锋犯暑争生死，惭愧身闲逃热翁。

夏日书事

雨过一天霞，炎歊日未遮。心清懒雪藕，血渍厌浮瓜。战后市人相戒食瓜。卓午喧蝉唱，方昏响纬车。褦襶两僮叟，逐热到吾家。

夜起远眺二首

云掩星河欲曙天，一窗微雨夜倏然。比邻灯火穿林出，知有人家晚未眠。

雨过凉生宛作秋，夜来闲凭在西楼。忽思章赣方酣战，月黑天阴始欲愁。

夜　午

夜午风高月堕西，新凉络纬尽情啼。林阴逭暑堪铺席，茶酽诗清睡懒题。

送别仁泉取道滇桂还乡四首

君去巴山已有期，天涯怜我未归时。干戈满地无家别，丧乱方惊避世迟。

记上苍山第几层，西南夷度有悬绳。昆明计日应重过，忍话遗灰劫后僧。

漓水萦迂独秀峰，太平诸将有遗踪。君行若问平戎策，试访军前小卧龙。

归继泸戎摘荔枝，青衣江上载相思。左妻右子还家日，知否人间有别离。

惜别希吕仁泉

邠斋苦寥落，远道去谭王。从逝吾犹待，孤吟兴未忘。好花园砌寂，明月海天凉。独有钟期在，即山隐。知余琴意长。

立秋后望月

微咽蛩声已带秋，月明清夜迥生愁。无云牛渚思枫落，七月豳风见火流。林树婆娑园畔晰，亭台依约画中休。长江天堑兵氛恶，可有胡床啸庾楼。

寓斋感怀

少感唯慕隐，留滞尚尘间。国事艰于棘，人情险似山。久倦南北旅，难沿吴楚还。万方苦妖寇，日夕损颓颜。

铁　骑

铁骑纵横遍两京，每闻寇陷辄心惊。红颜狼藉年前死，赤子漂流劫后生。闻寇据北方后，频载幼童数千入彼国。破屋荒城馀鬼哭，残阳古道少人行。由来夷祸今为烈，更道宁亡不与盟。

晚　兴

清角动黄昏，愁人独掩门。骄夷未剺面，壮士与招魂。龙战已残野，鸿哀何处村。衰年罹戎难，危苦聚诸孙。

失　题

青蝇千古惧谗工，十载莸薰臭未同。寄谢孙资与刘放，老夫元自薄三公。

闻捷克衅端渐缓大战可不遽发感而有赋

弹丸蕞尔略栖迟，仁祝天心倘眷之。一世皆兵胡忍见，全家临难那堪思。天倪屡书促归，深虑大战起后，沦为难民。近闻狼豕凶锋戢，稍喜龙蛇劫运移。独有远东犹苦战,糜民黩武患虾夷。

大尖山之捷继以瑞昌西南胜此台儿庄后一奇也赋此志庆

两岸捷书来,衰颜霁色开。挥戈回落日,逸舰震惊雷。关又万人敌,大尖山之役,关麟徵军力战有功。倭今三战摧。天心可亡虏,飙怒忽飞灰。时东京横滨方有飓风为灾。

瑞阳捷后敌氛仍炽感愤成篇

狡寇仍思逞,深侵未易遮。毒烟成窒息,湍水上轻槎。三镇应蹲虎,群山自绕蛇。愁矜说天堑,半壁仅中华。

秋夜偶成

虫语自凄清,昏黄月未明。国殇千古烈,野哭万家声。海畔怜孤往,山乡负耦耕。苞桑系亡虑,秋夜辄心惊。

秋夜望月思故山

白云明月映清宵，时有天风荡海潮。怊怅乡山竞秋赏，万松凉处一吹箫。

闻汉口急率尔成咏

前锋逼近虏尘飞，鹦鹉洲边夕照微。安得吹笳刘越石，胡儿落泪解围归。

秋夜偶成

怀人秋夜咏凉天，明月虚堂耿不眠。匿迹江南未归去，浮家惭负五湖船。

逋租两月商胡象胥遽诉于理感成一绝

孤城风雨未重阳，败兴催租见虎伥。赁宅租逋已如此，枯鱼涸鲋可思量。

秋夜吟

促织鸣急蟋蟀缓，寒月当天方夜半。比邻胡贾竞歌呼，我独心伤泪如线。深侵妖寇已经年，憔悴行吟欲问天。农耕废破商贾绝，沟壑宛转那胜怜。况愁血肉横飞苦，高空丸堕纷无数。毒气时复杂硝烟，半死年前靡防具。十年阶厉谁秉成，坐令夷盗今纵横。不闻哀痛恤民语，胜算长筹多伪声。杨氏诸姨车风迅，丞相翻矜乘蒲笨。将军天亶神武姿，乾坤一掷成创痍。

夜　　起戏为宋体

万灵方入梦，蟋蟀韵清宵。灯火俱幽绝，人天一泬寥。酸风魂共掠，寒月影相邀。浩渺云中鹤，秋来不可招。

秋　　晚戏为宋体

衰草寒烟欹照时，园幽愁罥雨如丝。百年驹隙堂堂去，一叶蝉吟了了知。静透虫声入罗幕，凉分灯影上罘罳。登临无地归何日，行远浮秋乱更悲。

客有以闭户读书述余海上近状者赋此广之

杜门补读寻常事,远客相过验岁寒。苦道东来盛戎马,未随南渡有衣冠。丹心老去能忧国,绿眼儿嬉每隔栏。十载藏身向人海,不堪家计日艰难。

寄仁泉兼简治公奉复遗资

甄古搜幽沪水滨,君家虔叟更无伦。闻治公收藏古迹颇富。相期燕颔能平虏,独觉猪肝尚累人。瓶钵随身浑忘老,图书充栋敢言贫。侏儒臣朔殊饥饱,墙壁公卿莫漫论。

深　　秋

鸣蛩作咽见秋深,寒月凄迷万树阴。裂帛一声吹铁笛,平沙几弄抚摇琴。长江烟霭生兵气,故国云山系客心。犹自纫兰佩幽菊,芳菲谁忍(云)〔雪〕霜侵。

戊寅中秋月夜

只轮万古几中秋，月自团栾客自愁。丧乱苦殷家国恨，空明闲伫雨云收。果瓜希贵犹孤岛，形影幽清在一楼。闻道残倭望乡切，可逢佳节盛离忧。

中秋又作

一年秋月此宵明，照看千龄万古情。缩影山河伤破碎，飞磷血骨痛纵横。琼楼玉宇高天阙，断瓦颓垣满市城。韩杜诗篇有今夕，愁吟端恐是商声。

中秋口号

蟾魄凄凉万灶烟，寇侵三镇血横川。倭儿若警还乡梦，海国中秋月共圆。倭改朔后，其乡野仍习用夏历。

中秋看月后作

海上生潮月，中秋分外明。孤城连野色，落木送波声。苦照战场骨，悲歌远国兵。频年成独赏，节序客中惊。

秋热追凉有作

秋阴闲啜茗，清簟倚凉开。落日海边堕，西风天际回。蚊雷炎更发，萤火夜初来。谁妙识蛩语，知渠何怨哀。

雅　废

雅废夷侵百感哀，山川血污黯登台。国殇慷慨争趋死，民陷流亡忍弃财。白骨江南寒月照，青天蜀道远人来。老夫亦拟纾筹策，龙性难驯只散材。

喜闻南浔线万家岭大捷

歼师过二万，夷势日摧残。荒志思虚国，遗骸欲满山。两军知尽破，三镇宛能安。猛将推张薛，兵哀骨未寒。我军勇决肉搏伤亡自复非细。

秋夜闻捷感赋

摇落深悲楚国秋，月明皋渚迥生愁。眼穿江夏三城戍，血入浔阳九派流。铁锁千寻空水塞，楼船万里失沙洲。近闻赣岭宣奇捷，狂喜如传蓟北收。

闻捷后复悉敌军攻战仍急感愤成篇

一角阳新未解围，毒烟杂炮共机飞。男儿报国唯期死，夷竖离家苦忆归。迟我山中觅茅屋，随人海上馈寒衣。朔方翁媪知游击，难坐愁心与素违。

哀广东

虏骑南侵急，西飞未忍还。因窥五羊郡，遄入大鹏湾。雷怒波中舰，烽连海上山。壁观见英法，嗟尔路歧间。

海甸无宁宇，荒湾有衅瑕。炮声喧集舰，丸影堕飞车。骄侈谁刘龚，私争尚吕嘉。炎洲著殷富，民散已无家。

计粮叹

计粮以月不以日，稍稍藉缓饥寒逼。故人几辈食肉飞，胡往从之润馀沥。久思将老赋归欤，严装恐耗三月餔。犹却城南万金赠，也胜窗下一寒儒。

战地野花乱发红艳荧目兵子曰此战士血也英颉利人纪之幽叟以为迥有诗意因遂成章

广漠战地野花开，苌弘化碧何微哉。腥血滴滴有英魄，奇葩一一纷初胎。将军跃马忍攀折，胡贾何人不看来。我自绿阴度清昼，悯渠白骨生青苔。

初　夏

幽草绿荫清夏初，静怜啼鸟喧吾庐。舶趠风生在江国，蔷薇花发满墙隅。客来两半且看奕，孙戏日斜方读书。野老未谙征战苦，哀鸿赴海一怜渠。时江浙赣皖难民纷逃来沪。

海上赠希吕

海上羁游不得意，独喜谭君有奇气。昔年相赏在燕都，文人结习今不除。歇浦滩头日过我，归去人家每灯火。异说新学偏海西，清论玄言尚江左。日者手持一卷书，相清奕世盛文儒。蔚宗立传开生面，直至朱明体未殊。著述穷愁矜后世，藁草看君日数纸。都讲炎洲兴更阑，忽去潼关几千里。樽酒论文已十春，岂期东海竟扬尘。深契仲宣身已老，似邕书籍与何人。

初夏玩月

万籁萧然月正明，郊原时有远蛙声。老夫坐久清凉剧，雏众眠酣烂漫横。遥忆烽烟天外警，最怜征戍夜中行。诸公衮衮关兴废，野老何时见太平。

兰心院戏剧时中外人士为救难民而作

乱后听歌雪涕哀，开元天宝共劫灰。曾演《长生殿传奇》。悲怀忽忆冯延巳，春水干卿甚事来。

清歌一曲动心魂，十万无家尽泪痕。信是娑婆半哀乐，尚寻薛访挈诸孙。

悼郑孝胥

作贼佳人郑海藏，晚教衣钵付黄濬梁鸿志。居仓小吏曾观鼠，入室衰翁却引狼。漓水功名非负气，钤山诗句足回肠。前身明相殊悠谬，胡汉俱君促乱亡。

乡　山

海水横飞日，乡山远隔离。人伤长别苦，花惜故园枝。里社惊兵乱，交亲入梦思。巫峰云雾杳，愁绝楚人词。

仙人球花数开率成一绝

老夫久见送穷草，有客来传献瑞花。毕竟优昙为底物，朝开暮落野人家。

闻徐州陷

虏骑遍淮徐，横遮陇海车。大江烽渐警，罢率溃无馀。共讶夷氛恶，翻闻战略疏。乡军健儿尽，西望黯愁余。

倭寇连日狂炸广州死伤狼藉呼号盈路信无人道之极因诗寄愤云尔

昔年开府地，狱相变羊城。万骨逐灰灭，千家闻哭声。咸焚从古烈，倭恶到今盈。谁负防空责，翻令设险轻。

夏雨偶成

细雨足新凉,幽花晚自芳。闲耽初夜读,静约一帘香。玉宇寒何似,炎洲憯未忘。时倭寇方炸广州。哀歌谁斫地,天壤共王郎。

寓斋送人入军

屋角柳如丝,园隅花满枝。可堪孤迥处,又是别离时。愁听三巴曲,休歌二李词。从军须及早,卫国恐违时。

闻黄河大决骇然有赋

河决先惊洛汴墟,朔民百万苦为鱼。残黎尽作无家别,强虏微闻上树居。焦土只令成泽国,滔天何处觅安闾。不仁泛滥殊河伯,江汉忧危此暂纾。

仁　义

仁义今谁窃,奔迁胡太劳。为鱼民苦尽,跃马将空豪。虏自无姚窦,人方及许巢。何因久霾曀,螭魅满神皋。

水　患

水患古今愁,黄河忍决流。蛇龙驱鬼国,鱼鳖化神州。浩浩山为谷,茫茫海入楼。数奇思李广,无地觅封侯。

闻东京暴雨成灾

倭京苦淫雨,夷虏化虫沙。何似河初决,同归鬼一车。三千迴忘祖,十万镇无家。天道循环剧,佳兵可有涯。

夏日淫雨每闻黄鹂或布谷声感而有作

庭院草萋萋,连朝雨足齐。朝昏搴云湿,望迥觉天低。净洗孤花发,幽栖一鸟啼。行春当夏令,(测)〔泽〕国黯凄迷。

观　灾

一局楸枰夏簟清,虚堂落子静无声。痴儿与客消长日,忘却天边正斗兵。

败期能喜胜欣然,此与兵家别一天。何似今时偾军将,国危独计一身权。

夏雨偶成

遮眼文书竟日看，漫思国事有艰难。内园数日潇潇雨，檐葡花开忍却寒。

淫雨书所见

寒雨淫淫五月天，朝来市上半昏烟。战馀濬浦工新辍，积水深街欲渡船。

寓　　斋

海上高楼烟雨昏，漫将番市作桃源。巷迂路僻无车马，一院绿阴深闭门。

隐兴寄从军友人

老徇江湖分永归，呼儿长缉薜萝衣。曾经桑海甘林壑，欲托箕山饱蕨薇。沽酒衣渔檥岸约，背人江鸟掠波飞。策勋破虏输公等，独下严平寂寞帷。

广州遽弃不守讹言百出至有反戈之疑今始知为奉命而退益非浅识所测爰为赋诗纪异云尔

反间军中漫倒戈，羊城倏尔化修罗。卢龙谁卖工延敌，鹿耳亲捐江议和。火似咸阳殊日月，大火三日。船胜下濑狎涛波。可怜百越成煨烬，娱帝无因见赵佗。

哀武汉

半壁东南顿已空，忽惊三镇火城中。戈船溯水屯骄虏，天马行空去总戎。大别山头云似黑，浔阳江上血犹红。哀哀百万残黎泪，博得夸毗几战功。

寄怀天倪

十载一官百无成，唯子视我真如兄。故期山水共筇笠，岂意天地皆甲兵。朕欲诗篇写孤愤，迥从患难见深情。招隐催归惭屡负，会相劳苦为平生。

寄怀皈石

温温向秀饮醪醇，曰皈空闻复此人。绝学远踪三五际，遗文雄视一千春。威严曾振岑公孝，归隐相欺郑子真。今日氛祲逼乡井，思君何计靖胡尘。

寄怀泉浦

李聃今皓首，强为著书时。几死缘朋党，平生独我知。瀼滨隐聱叟，稷下老荀师。异日弹琴日，河阳花满枝。

寄怀以庄

绮岁能文重以庄，阳狂应以醉为乡。元瑜老去翩翩在，何逊衰馀燕燕亡。

渝中首难敦师谊，海上从亡眷故情。鲑菜牙斋瞰晨馔，笑谈真见长官清。

登楼作

危楼穷远目,思见石头城。六代繁华地,一朝偻马鸣。淮水自呜咽,钟山闻哭声。冠盖杳不见,防戍偅夷兵。昔时歌舞榭,今朝荆棘生。红颜饮恨泣,蓬首当年行。朝市迥非故,耆旧纷远亡。曲池既已平,高台亦已倾。郁郁蒋帝祠,颓为蔓草萦。秋风肃凛冽,丛菊凄以黄。顾念都人子,白骨莽纵横。百城类如此,感慨怀悲伤。

垂　　老

垂老犹殷粱稻忧,馀年那复更身谋。一麾江海空为累,万里烽烟始欲愁。避地管宁长去国,思归王粲晚登楼。江南残后多怀恶,暮雨潇潇芦荻秋。

题山隐新画乡里

满眼乡山似旧青,异时游射几曾经。凭君为画嘉陵趣,风浪江中认草亭。

秋晚看夕阳

海上斜阳正泥人,幽花寒树一时新。老夫未惜黄昏近,略有妍光即当春。

题竺笙检书看剑轩图

馀生久分从人弃,海上何期得雷芥。客过频能倾胆肝,况溯通家已逾世。一旦尘扬沧海东,吾衰厌见旌旗红。君方盛年走江汉,请缨杀贼思有功。闻道归来仍铩羽,日奋毛锥三百纸。检书看剑寄雄情,遥契杜陵一诗史。好事鬌张写作图,高堂累壁供歌呼。夷氛此日甚安史,侧身阁栈方崎岖。书剑漂零鬌将老,应恨入山苦不早。干戈满地剧荆榛,何由同逐夔门道。

戊寅十月生日

兵火关山寇正深,海滨一老独哀吟。新觞又见梅花发,旧梦长寻梠木阴。得失文章千古事,蹉跎身世百年心。客中寿辱纷难免,安隐端期返故林。

寓园晚兴

萧然人外此羁栖，野鸟时来破寂啼。风定幽花闲媚日，雨馀寒菜静眠畦。疏星粲粲垂天远，斜月沉沉入户低。自是清凉在尘境，漫寻楼阁海峰西。

寄怀汉舟

已绝能苏事可惊，昔年艰险故知名。是翁老去犹矍铄，有子军前半死生。宓宰弹琴起为邑，谪仙换马坐吹笙。近闻狂虏思深入，应有摧膺拊髀情。

寄吊广州

东沙余昔寓此，俗讹呼东山往迹已成尘，今日南营孙公大本营昔在士敏土厂异故新。满地腥膻半灰烬，摩娑铜狄更何人。

题山隐秋山无尽图

妙点秋山入画图，青林红树远萧疏。蜀江水碧为罗锦，著我扁舟揽胜无。

题郎静山柳岸扁舟图

老柳残阳衬淡枯，扁舟闲棹檥平芜。伤心一片倪迂意，独写荒寒寂寞图。

上海晚望

楼阁冥濛海气昏，清灯照夜忽千门。车声晚共潮俱发，帆影秋悬月一痕。歌舞星河易低转，兵戈阴雨郁烦冤。羁人愁与繁华接，徙倚高台重断魂。

寒夜即事

寒月经天夜午时，静中清味与闲宜。回廊步屧寻声杳，危砌花枝见影移。万里星霜双鬓饱，十年心事一镫知。忽惊南浦东风恶，闻万县被吒甚厉，全城几毁，死伤盈千。念尔无家苦别离。

闲居纪事

近市寡尘鞅，闭门听雨暄。昼寂如岩居，屺必亲山樊。室锁饰霉渍，缃帙从风翻。园果亦有秋，寒菊凄无言。时复弄柔翰，谀彼墓下魂。有道旷千载，邕意何由论。自从嬴政来，厚送繁凉辒。裸葬挢风衰，贤哉思王孙。尧桀共一尽，彭殇孰今存。淹速亦何常，大化安可原。余其绝圣智，望古追浑敦。

立春后晚兴

一线春回鸟语娇，峭寒犹自怯清宵。柳舒嫩鄂初合雨，柳弹新稊欲过桥。海市烧灯天半朗，风枝延月夜深摇。波旬已苦经年劫，丈室维摩可自聊。

岁暮淫雨深夜客过谈次俯仰今昔不胜盛衰之感慨然有作

秋雨浥氛埃，阴云黯不开。危时天亶怒，深夜何还来。可漫横兵垒，因之减债台。年年送穷日，今未罄瓶罍。时卖文获三千金，度岁有资，且济友急。十载以还，此为异遭也。

馈　岁

馈岁欣看有故人，堆盘果饵未为贫。娇孙踉跳争分栗，倦客清谈且爨薪。伏腊羔炮还自劳，绝交龙性可能驯。升平节物翻增感，礼失情荒见乱因。

老　去

老去端思络万缘，国忧独凛欲笺天。市心寂寞何辞死，满耳修罗欲破禅。默数钓游惊故里，频伤哀乐忆□前。寒斋昼静空尘牍，闲爇炉香袅篆烟。

题海藏楼诗

隽语枝辞妙宋声，回肠哀怨有馀清。不因孺子亲封豕，犹附西台唱渭城。

虚中自咏水潺湲，饶有清愁入肺肝。晚岁颓唐见拙笔，途远日暮苦衰残。

诅祝新朝别有心，殷顽那见入山深。中胥自况无惭耻，恶札端推仗日吟。

溺志功名忍薄庄，黄尘青史多茫茫。略堪佳传归文苑，杂兴诗篇擅海藏。

戊寅除夕

瞬息年光尽此宵，海天客思镇无聊。穷兵夷虏深侵粤，时敌以海军出据琼岛。奇数将军未度辽。万里家山隔烽火，年生幽梦冷渔樵。犹怜甫也歌今夕，呼白狂情已半销。

除夕又作

虏舰纷屯寇海壖，天涯岁尽一销魂。秦声赵瑟荒淫日，歇浦申江寂寞村。避地经年炊未绝，怀人今夕酒初温。乡思无间兵气恶，早有心飞入剑门。

天隐阁诗录六己卯

己卯元旦

夏历绍周秦，春初万物新。可堪更始岁，时太阳历，已二月矣。犹作未归人。客至仍呼酒，孙嬉不厌贫。荒园有桃柳，候鸟渐来频。

长　日

长日奔雷响万车，书声时纵老夫家。从游问学谁携酒，有客论诗自煮茶。闻道空航逮乡国，更饶冠盖盛京华。海滨避久不归去，应待支机泛汉槎。

闭　户

闭户即深山，书城树屋间。奇文时自赏，绮语不须删。羽客谈玄罢，骄孙放学还。犹从少年戏，聊得破愁颜。

春日寓斋即事

一角春申江上村，兵戈满地剧销魂。燕莺微语春归树，豺虎仍骄昼闭门。灯眩霓虹盛红绿，海饶风雨易黄昏。域中净宇无多子，新种桃花可是源。

夜梦呕血若奔泉历时未已著地皆赤觉而纪之

愤盈腔中血，梦呕乃一快。喷薄洒向天，霑地复濡块。升斗难为量，奔泉泻若瀑。慎勿惊妻子，寐言犹惜累。平生赋刚肠，所恶窃仁义。亘古一痴翁，权术忽不解。群蚁方慕膻，独游谢时辈。浮沉久俗间，中心若刀劙。背之数十年，一发遂决溃。微躯何蟠纡，吐尽不平气。讯之占梦书，曰血祥匪怪。沉思颇然嶷，鸾翮已云铩。何当淡相忘，与物无滞芥。

元　夕

春酒方酣节已过，韶光迅驶若流河。香尘随马因兵减，灯火侵檐入梦多。此夜升平忆南渡，南渡词人如康伯可等多元夕应制之作。一时乐府继东坡。东坡有宿州、密州上元等词及湖州辛未上元二首。即今尚盛宾筵集，莫讶庭前雀可罗。

横溪翁歌赠赵香宋

僮年我悦横溪风，皋比坐拥方雍容。一朝不乐去乡国，都下新驱御史骢。清廷骄后纵戚贵，抗疏乃请诛奸凶。从此直声震天下，江赵衰麟岂其亚。孤臣忍识露霑衣，老去空山独悲吒。昔我谬从严韦后，安车迎翁称上寿。官贫薄遗草堂资，志乘匆匆未渠就。平生复绝峨眉诗，唐宋以还无此奇。一丘一壑有佳句，山鸟山花皆妙词。岚光水渌任呼吸，钟声梵呗从娱嬉。我愧相从屠沽久，朅来但忆横溪叟。一榻山中许借歆，潦倒馀生共杯酒。横溪横溪今安有？

雨后有作

海天新雨后，清靓乐不尘。茂树唯闻鸟，空斋不见人。众迁端去蜀，孤往欲逃秦。何事归难决，猥云懒是真。

酬王大个簃赠句

之子今王宰，宗风擅缶庐。可堪谢客后，相识避兵初。虚馆引嘲弄，残山收画图。更期写斋竹，闲与话文苏。

闻杨维骞刺范石生事有感

杨家有子最英雄，白昼杀人都市中。仇所戴天端不共，戈能回日忍教空。沉哀未暇忧宗陨，猛鸷还矜有父风。地下乃翁应一笑，滇池云雨奋雏龙。

漫　与

狼虎何堪喻暴秦，药叉端复见波旬。战场白骨多新鬼，城阙青衿异故人。食到无馀思夏屋，师惭最老在春申。伤心溅泪空花草，如此河山负却春。

已　失

已失重门险，犹矜百战功。只令馀国蠹，无计挽沙虫。颂德褒张竦，窥奸恭孔融。牲牺任兵子，虐暴苦华戎。

听　雨

高楼听雨又春宵，十载天涯客梦遥。寒意渐因动帘幕，清声先已到芭蕉。似闻蜀道淋铃曲,应起胥江怒马潮。一院桃开渐红湿,好留夭色在花朝。

客　况

客况暗萧骚,乡思日夜劳。忧天千虑远,听雨一楼高。晏坐披缃帙,斟行脱宝刀。久判共张蔚,长白掩蓬蒿。

春　月

璧月窥窗夜向阑,愁人闵默思无端。可堪国破伤心色,弥绝楼高透指寒。杨柳好风衣上满,桃花薄醉雾中看。乾坤此夕清如许,莫教蟾光到晓残。

晓起闻角有感

夷角晓能听,沦亡忍惯经。刳肝满血碧,埋骨几山青。月落哭袁垒,云生想敬亭。举家寄危幕,未敢惜漂萍。

春日伤乱有作

晓日破荒鸡,春朝百鸟啼。回风沧海外,听雨小楼西。水暖吹鱼沫,花深没马蹄。江南好风景,伤乱入凄迷。

春　　半

春半柳如丝,园桃花满枝。还山人去尽,经海鸟来迟。老病耽书史,客愁厌鼓鼙。国忧尚歌舞,嗟尔五陵儿。

春暮见桃花尽落怆然有感

几树桃花落槿篱,朦胧月映淡燕支。春光暂冶终归去,愁绝寒轻细雨时。

初夏作

人海惊波已倦看,畏贫聊可博轻安。斋头瓶钵垂垂老,兵后溪山黯黯残。春尽鸟飞频绕树,午晴花韵一凭栏。清和尚未歇芳草,夏正偏愆五月寒。

哀巴渝歌

海滨一老西向哭，虏弹横烧万家屋。飞丸堕雨作雷鸣，地拆天崩火山爆。全家数十成灰土，举世纵横满血肉。尸藉骨暴苦风腥，室毁巢倾忧霜露。贾胡雪涕黯愀怆，妇孺号呼穷窜伏。舆尸出郭累新冢，祭馁当门有残烛。昔日繁华伎复歌，今旦丘墟鬼相逐。创痏车盈药物空，哀吟骈死鬼随续。亘古不逢此夷祸，憯相乃变人间狱。如闻金陵汉皋难，轰吒未逮兹城酷。死者一瞑殊万休，生者地蹐兼天跼。风雨何能庇一椽，饥饿倚谁供半菽。仓皇驱乡二十万，茫茫旷野安托足。呜呼，遥闻已使心骨悲，寇狂谁召御者谁。况夫游射歌哭与开国，当时鸡犬无惊疑，即今残破安忍一回思。抆泪成此哀乡词，吁嗟乡兮何都为。

久逐

久逐嚣埃思遂初，海壖聊托欣吾庐。坐隅未叹止服鸟，名刺略惊生蠹鱼。年衰世乱且逃伍，宾退日长还读书。棐几缃帘度清夏，泠泠风月夜窗虚。

露坐星光下有作

星汉西流景渐倾，坐看斗转复参横。霄高自见云阴薄，夜久唯馀露气清。篱落花开惊犬吠，海天风急看潮生。荒园此夕忧思切，更恐听笳向月明。

端午醵饮偶成

已破渝州十万家，一尊客舍尚疑奢。娇孙浅啜雄黄酒，有客闲斟眉绿茶。角黍未忘沿古俗，石榴还发应时花。宫衣端午承平事，子美诗征节物华。

吊陈散原

陈郑诗名有是非，高怀亮节独公归。忍看东海扬尘堁，甘饿西山冷蕨薇。半箠折严万钧石，一门阖拒百重围。精魂若赴诸天日，携句声应作鹤飞。“发之唯鹤声，一一上天飞。”此海藏楼杂诗颂陈句也。相谕之深，未能以人废言。

夏　夜

近野乱蛙鸣，宵沉人籁声。薰风南海袭，凉月昊天明。鸥宿残黄浦，乌飞故冶城。乡园若轰击，时巴城连宵被吒。遥夜若为情。

怀归偶赋

明月沧江想棹归，倦南乌鹊夜深飞。数椽屋老偏青琐，几树花开对紫薇。著作可商新志乘，时有主编《四川通志》之约。乱离难掩故山扉。遂初何与人家国，欲与兴公说息机。

夜坐书怀

不分神州已陆沉，登楼恒叹日俱深。丘墟满目百年感，烟野伤心万户吟。怀友凉风杳天末，寄愁明月坐花阴。故乡城郭忧灰烬，夜雨巴山只梦寻。

黄翁绍雍挽诗

欲知其父视其子，我识黄家好兄弟。大儿能兵多古庥，森戟凝香寝门里。次儿温温研学理，诒我一卷劳农史。小儿磊砢逢奇诡，吾怜其才人欲死，以兹棣鄂相从始。乃翁顾笑乐馀年，芝兰玉树生阶前。隐居冲淡忘华颠，檀施乐善矜世贤。繁江归老忧烽烟，夷祸忍咏繁霜篇。溘焉一瞑蠲万缘，远赴使我惊海壖。生刍欲置无由传，因诗寄奠聊相镌。

似　　闻

似闻曹社鬼先诛，夷甫诸人责未休。今日陆沉最为烈，一时沦陷十三州。战区遍十三省，重镇多已沦陷。

雅　　志

雅志存松柏，吾思宗世林。何须诃父祖，激檄学陈琳。举世乏贞德，斯人矜夙心。独怜雄桀意，爵义未相侵。

行园又作

晨曦微启露华滋，晓起行园爱此时。一鸟自来篱上语，数花闲向雾中窥。永怀尘外多安隐，何事人间有乱离。忽漫衰心感孤寂，娇孙新病未随嬉。

沪　上

沪上羁栖黯十年,波云谲诡忽惊天。黄流泛滥真昏垫,白骨丘山甚倒悬。海尽扬尘良足恶,书聊遣劫未须捐。佛来不救伤冯语,一日偷存便觉仙。

立秋后作

江左攀涤日,淮南落叶时。寒风衰易觉,秋意客先知。苦战三年久,流亡万户移。新悲苦萧瑟,秋鬓欲成丝。

战久币贱物贵感而有作

屡负频忧国,恒饥况累家。可堪困孤浦,长自忆三巴。民食惊腾踊,商舟苦断遮。故乡天万里,归惧僑飞车。

秋　兴

又是人间黯淡秋,天倾故切杞愚忧。子文久去沉灵迹,伯彦今来衔老谋。风厉鸟飞江上宅,月明人在海边楼。寓园杨柳伤摇落,一曲乡弦涕未收。

寓斋即事

殷振商胡市，疏荒处士家。园幽长瓜蓏，地僻隐虫蛇。陶咏轻千首，书藏富五车。时怜白蛺蝶，飞上牵牛花。

秋夜偶成

凉月挂林西，秋窗络纬啼。商声半天发，花影一楼低。静者忧多暇，奇闻醉懒题。海邦有双虎，遽尔作连鸡。时有苏德缔约消息。

苏德缔结十年互不侵犯条约戏成二律

冰炭初容又一时，揭橥主义有然疑。越吴构难终修好，秦楚行成早退师。俪寄友给宁恤卖，买臣妻去不相随。纵横捭阖今殊绝，饶有枭雄便作牺。买臣或作秋胡。

漫笑新人哭胡人，镌心割臂已成尘。旧时粉黛无颜色，一夕银河有好春。丧我俱惊见南郭，窥臣独揖谢东邻。朱檗玉敦羞看血，堂下如闻苦唤真。约成后，苏犹谓英、法代表联盟会议可继续。德犹谓日、西使臣防共为思想共同约仍有效，此真极歋瘉之致矣。

秋夜月明气佳感而成咏

宵悬明月绮清秋，如此河山黯欲愁。谁遣双丸长阅世，自携万恨一登楼。耳垣蛩语凄何极，腾海蟾光散不收。咏谑胡床可乘兴，屐声函道足风流。

德波战起英法海陆空军动员感叹有作

震骇东欧战，燎原祸渐赊。森林纵狼虎，大陆起龙蛇。海水横波恶，天云怒翼遮。齐民痛轰吒，色变说飞车。

憯绝今戎备，能穷碧落骄。楼船横海远，机弹极天高。妇孺离家苦，君妃入穴劳。犹闻杜呼吸，思共毒酸逃。

戎首维希氏，贪残过废皇。微传黑衣相，窃拟白宫方。齐柏矜飞艇，波兰卫走廊。何因布遗嘱，忧实起萧墙。

奇盟缔苏德，冰炭已能容。烽火惊辽左，风云幻远东。不仁自刍狗，争霸几雌雄。和战讲兹国，阋墙斗正浓。

下弦月夜

弦月明时天地清，暗伤垂老寄孤城。闻道廊疆犹苦战，岂期轴国竟寒盟。苏德协定日已见遗；今义复弃德宣告中立矣，轴心破坏至可闵笑。青磷海外相哀积,白发灯前一夜生。镜里河山馀净土,荒唐有说未堪行。

古近口号

胡马今犹践建康,江东率已化豺狼。凭江画守何能尔,长乐迁都谏未忘。

元师十万遇风摧,蕞尔孤存说祝回。今日密宗竞东藏,频闻夷骑日边来。

月　夜

月迥一秋明,清飙海上城。婆娑自林影,和答只虫声。世乱孤踪伏,宵凉百感生。风云遍六合,增触未归情。

秋　夜

木落客心惊,萧萧送晚晴。风从秋后冷,月向夜深明。一老兼衰病,诸军半死生。所嗟镇忧国,复斗海西兵。

闻天津洪水为灾赋悼一律

倭骑方封锁,津沽漫决渠。冤亲共丘貉,中外痛吾鱼。妇孺浮尸积,优倡灭顶馀。流亡念艰乏,漕绝苦饥虚。

谁　　赋

谁赋繁霜正月篇,不随我后不相先。夷侵举国忧烽警,民困何人稽纸钱。清浊几流频问鼎,婆娑一老不知年。犹馀故旧相存恤,话到苍生只黯然。

悯战有作

薄海群生浩可哀,飞丸堕苣瞬尘埃。轰厩绝地两军对垒中间相拒丸弹交流处,彼土谓之无人之地长疑雨,劈历青天半是雷。庾信江关久悲涕,丁威城郭一归来。火花乐共心花发,有子搏风肆虐回。意侵阿比西尼亚时,黑衣相子驾机堕丸,尝有是不仁语。

秋日午夜作

虫喧凄切助羁愁，静夜开轩月满楼。三径北窗时寄傲，十年南国独悲秋。出关有客鸡声发，废院无人萤火流。鼎熟群饕思染指，但忧天定破人谋。《史记·伍子胥列传》"天定亦能胜人"句，宋本作"破人"。

蛰居思骑马不得率尔成咏

髀里肉生黯自伤，未能策马向沙场。世间神物那堪画，徒买龙驹署子昂。

快马如龙俊景宗，飞驰耳后自生风。平生此乐真忘死，何事秋窗闭病翁。

少年乐马端成癖，今日龙媒厩已空。醉墨弓衣几狂染，从谁射虎万山中。

帽影鞭丝夕照西，春郊试马踏轻泥。故乡万事都如梦，空负周王八骏蹄。

独　有

邠翁垂老百无营，似谪顽仙地上行。饥饭困眠为佛事，梳头洗脚乞长生。慈恩法义终须遣，参悟丹机未要成。独有耽吟犹结习，夜阑索句向天明。

望　月

望月忧乡又几回，宵明辄警吒轰雷。深藏权贵浑难觅，暴露残黎剧可哀。弱弟有家应避徙，故人多病苦惊猜。犹馀海上偷生息，离抱何缘得好开。

乐　志

乐志终轻入帝门，消摇聊寄海边村。邻渔肯嗅千金饵，朝隐差安半亩园。遥夜清谈来夙客，有时杂乱聒诸孙。平生剩欲休羁旅，晚觉乡山梦尚温。

简清寂叠丁卯寄怀韵

闻避浣花溪上居，每思林子一愁予。恶声霄汉机飞鸟，韵事园池墨饮鱼。天宝诗人万传句，贞元朝士几封书。因兵更展吴游集，遗咏苏邻恐不如。

再简清寂

胥台对雨爱君歌,赁庑逃兵可若何。流寓迹输乡哲久,乱离诗为故人多。岂期两岁安巢鸟,又骇三山驾海鼍。凄绝昔年泛瀛意,不应夷患荐东倭。

闻湘北大捷喜赋

湘楚新摧倭寇师,中华真信有男儿。合围辄殄千狼豕,苦战仍坚万虎貔。城外商胡奉箪食,江南父老望旌旗。收京凯唱行看及,磨盾军前孰赋诗。

闻捷再赋

幕阜山头草木兵,新墙河畔舳舻横。三年久战关兴废,一役长沙系死生。闻道莘莘半学子,竟能纠纠齐干城。骄夷未信师濒老,十万空矜海陆倾。

寄怀苍一

谁分沙园居士贫，乞书穿限拥都人。谈经爱士终归老，寄庑嗟君昔买邻。传草风流擅郪县，中江李眉生，清季蜀贤之善书者，君书初学其法，颇为神似。从亡羁旅忆春申。即今夷祸伤灰烬，玉碎宁甘迹已陈。君尝泄余此语于衰亲，因奉严训，时距癸丑亡命前三日也。

秋雨夜读感赋

暮雨江南客思哀，轩窗略喜净无埃。凉宵咏史伤词笔，秋桂何因召虏来。

灯前头白未堪伤，一卷能教万虑忘。我自歌声出金石，和鸣江雨夜琅琅。

古人糟粕读何有，轮扁微言故可思。兀兀焚膏贪继晷，穷年阴雨未休时。

一雨秋斋夜气寒，扶疏树绕爱庐宽。渊明自慰能耕种，挟策亡羊可是难。

思澈寥天更入云，长宵遮眼几书文。故人来竟辜今雨，庭菊开时一忆君。

暴雨横流浦江高潮浸及屋址门前驰道与宅后林园均成沼泽感而赋之

路断客来稀，潮高打屋围。平阶穿蚓穴，没石漾苔衣。仆屐褰裳涉，孙车激浪归。何当召沤鸟，入市与忘机。

九　日

西风渐老作重阳，客子羁情久易伤。长自登高无觅处，可因避难得还乡。苍葭故切伊人感，黄菊能骄晚节香。却谢携壶狂杜牧，满头花插鬓羞霜。

见　月

见月迥生愁，飞丸苦夜投。只今饶国难，弥复动乡忧。沉醉天将压，奔迁岁再周。如闻守即墨，七十几城收。

离沪赴重庆行都有作

拉泪娇孙怆别情，老宁轻命不轻名。深惭赴难方今日，苦说还乡近始成。横海楼船非御敌,行空天马未稽程。频年樗散无长策,终拟山居学耦耕。

香港赠许汝为

老将未登坛,瞿翁能据鞍。郊迎故人谊,萍聚举家欢。劲草知风疾,孤松耐岁寒。羡君有娇女,夫壻共乘鸾。

香港赠张廪丞时主其家

故人家住山限里,游客经过此独来。万树青葱倚岩石,千灯明灭映楼台。萘花当户春如在,望海登高日几回。犹有栖皇救时意,夜阑雄辩引深杯。

香　港

灯火夜烧空,星光飐霓虹。市朝惊幻蜃,弋纂杳冥鸿。涨海连天碧,秋花缀树红。机飞似鹰掠,两两入云中。

香港晚望

五岭湾崎地，十年偶再经。浓云垂野白，高浪接天青。拟办登山屐，闲观浴日亭。海滨富宵景，渔火乱繁星。

香港赠雷竺笙

雷子漂零久，相逢涨海滨。忍看共违难，犹作未归人。苴蜀仍防虏，桃源可避秦。炎州早梅发，应寄岭头春。

初至渝赠陶居士

海上山中苦各天，故人消息久茫然。释慈合悯三千界，苏管争禁十九年。余离渝十九年矣。旧日亲贤多下世，后生末契与随缘。颇闻夷祸惊乡井，应向峰隈问菊泉。

初归即事

海上空过十九春，自安朽窳作陈人。未能坚苦追甘地，那有因缘到拜轮。临行赠具，其商标有作拜轮者，因忆英诗人名此，尝与希腊独立之役。天下一家谁蓄寇,楚虽三户足亡秦。迁流分有还乡乐,微惜三巴尚战尘。

由新桥至白家湾

冷水寒乡路,平郊仄径行。山从云外出,日在雾中明。田展青天镜,农安绿野耕。人家半如画,桐竹畔檐生。

泉闾山居即事

寒日照林初,村边嘉树疏。偶分当户曝,时检别来书。荇短闻呼鸭,溪清阅戏鱼。不因闲兵子,端属武陵居。

山中酬答闾公兼简泉老

山静无今古,心清泯乱离。廿年为客久,多难见君迟。长示维摩疾,闲论白也诗。夜阑话畴昔,还与尽深卮。

石梁小坐示劭翁

激石溪流静有声,一泓潭水见空明。鹭鸶嫌客终飞去,白鸟青山相对横。

留宿泉闿山居十日临别有赠

陶李闲居久,来游慰我思。情深留客住,地僻少人知。倚杖或孤往,时闿病不能出游。分灯有和辞。平生隐沦意,垂老与君期。

信宿泉闿山居归忆有作

偕隐欣看两故人,旬馀鸡黍未全贫。临歧无限低回意,更约明年饷早春。

伏虎山中友未来,谓向舣公。承家子弟与徘徊。向有犹子东甫,事母孝恭,且有锡类之雅,时从我游。知君饱饮峨眉绿,门外楼椤花定开。

王翁于我同车久,十日乡山共醉眠。谁信参禅脱桶底,但关大事不名钱。

陶有佳儿李有孙,一时德报在清门。灯前闲与看诗赋,李孙大飞有佳诗,陶儿道恕近为《哀渝州赋》,颇浏亮。笔研因君老欲燔。

冷水道中

深山寒静午鸡啼,略有人家在水西。丛竹万竿梅数点,卷红分绿过前溪。

鱼贯山行趁笋舆，巉岩深处羡农居。茅斋俯壁何年结，十载空看种树书。

宿留王园赋赠仁泉

爱汝园林好，岩高据虎头。梅花香喷雪，竹箨夜鸣秋。斫树成藜杖，攀枝当酒筹。是中可栖隐，三日为淹留。

键　　户

键户高歌宛昔年，静中深味与谁研。志衰枥骥相看老，身隐醯鸡别有天。几案萧斋冷清供，乡园茅屋远烽烟。家书略慰平安语，见说孙喜每惘然。

渝中书事

城外山园宿雾昏，破巢愁鸟略安魂。籍兵逃伍阴藏市，徭吏催租夜打门。商利几闻登陇网，民柔一任覆盆冤。故交频起膺朝列，朕舌殊扪莫漫论。

哭陶天倪

洒泪天西哭故人，国无奇士始知贫。廿年海上归今日，一室山中郁古春。绝学奘基思自圣，清诗颜谢笔能神。平生严惮相从晚，痹苦何因困照邻。

万里归贫十日留，遽闻溘逝已千秋。壮怀郁快方相吐，君尝与余共辛亥之役。老泪纵横始欲流。求友初欣见陶侃，生儿今复似孙谋。新语愁语终难塞，凄绝何堪再此游。余前宿山中赠诗有"清绝平生是此游"句，本作凄，以过愁苦易之，孰意重来吊哭，竟成凄黯。

冒雨吊闾士悲感有作

度阡越陌相存后，苦雨凄风助吊来。乱点纷飞讶天泣，顽云愁积懒朝开。飘零山舍书千帙，冷落灵床酒一杯。谁遣明幽闻精爽，连宵无梦到泉台。

会葬闾兄后归寄道恕

永别沉哀惘然行，一棺千古闭佳城。若翁风谊兼师友，亏我交情托死生。人去山空黯归鹤，夜阑月冷怯闻莺。故乡乱后多新冢，时文伯鲁、童文琴诸君子相继下世。尘骨同悲蔓草萦。

己卯除夕寄上海家人

故园今夕已无家,不复诸孙斗笑哗。谁道清名终画饼,且乘良夜一温茶。相期玉树随年长,好约寒梅著意花。夷寇尚深心共警,可堪垂老异天涯。

题泗英之母陈太夫人遗像

京国承颐养,生儿忆母贤。拈花微妙谛,离垢息诸天。城郭浑依旧,身心遣盖缠。如闻示遗憾,娇女赴重泉。民国二十八年十月十三日,南川全城为敌机炸毁,泗英之姊甥罹难,母旋弃养。

天隐阁诗录七庚辰

春日得家书感念诸孙慨然有作

海水群飞急，繁霜正月交。衰老万里游，不得略消摇。还乡仍客羁，归梦心忉忉。妻儿相念切，书来述所遭。诸孙俱远隔，一一方垂髫。大孙已能书，娇索白熊猫。川藏边地产此，玮孙于动画见之，书来索购，憨态可掬。次孙渐驯性，上学收威骄。三孙可怜儿，愿为耶服劳。取履与进菰，谓淡巴菰。侍耶随所招。晚岁亲交稀，情牵但此曹。倘遂含饴乐，此外复何求。山川阻且修，属累疏以遥。爱而不可见，幽思成离骚。忽焉间忧喜，南桂争传收。

清水溪雨中

岩壑冥濛烟雨昏，树藏屋暗不知门。泉声响出清溪外，倚杖宵听静客魂。

南山引简劭深以庄友周诸子

南山千松高插天，俯视下界皆雾烟。贾胡昔岁此卜筑，亦厌尘鞅亲天然。今来历访二三子,星散环居多十里。何年结屋共一峰,翛然著我云巢里。

石墅夜闻雷雨晨起有作

悬江急雨破惊雷,暖醉桃花离乱开。十日山中天渐改,廿年海山客初来。春风惠我宽衰鬓,尊雨留人简旧醅。犹有情亲栢笑语,为疑妖寇日边回。

春日山中

山深静无语,时复听农歌。绿树笼村渥,黄花绣陇多。地幽尘迹杳,时变鸟声和。即是堪终隐,如婴寇难何。

闻蛙声有感

谁分紫色与蛙声,忽忆冤禽事盖惊。子孟上官俱谢汝,会之伯彦独怜卿。鸾栖枳棘宁孤往,牛夺蹊田忍互倾。君本佳人最堪念,莫教千载恨终成。

江乡春日

无数山光映水光，故园风物盛江乡。桃花著雨独娟媚，柳絮翻空太恣狂。博戏略因聚宾友，春游还复共诸郎。即今老倦轻尘堁，始觉丘栖意味长。

雨霁薄游南岸

连宵细雨此冲泥，山径云屯涩马蹄。饶有花时双蝶舞，悄无人处乱蛙啼。衰龄忍更伤羁旅，微禄真堪忆旧蹊。南岸高丘偶登望，大江东去夕阳西。

山居闲眺

危栏一角看春畦，弥望黄云蔽陇齐。时听流莺相对语，偶来梁燕故娇啼。江城客到欢疑梦，乡社人归醉似泥。物象太平静鸡犬，屺知天望有鲸鲵。

春日山居书所见

柔绿遍春山，晴川水一湾。力耕田父苦，危坐社公闲。波暖吹文縠，峰高拥髻鬟。深村静无侣，野雀暮知还。

春　阴

笼云如幕锁春阴，静绝空山感不禁。随堕草间且偷活，偶来花下一沉吟。夭桃紫灼娇疑靥，野菜黄稀散似金。犹自衰迟饱忧患，那堪重省少年心。

石墅偶成

半亩荒园踏荷花，羁怀谁信客无家。忘因久坐贪清景，却怪岩前日易斜。

答友人问

群枭问鼎有然疑，负汉中行只益悲。两事晚关名节重，廿年青史百篇诗。抗战以还，余为诗约数百篇。

春　夜

渐短春宵月向低，镇怜颓影度花西。更阑籁寂鸡初唱，村迥林疏鸟未啼。天地兵纷方荐乱，平生游倦此幽栖。风暄桃李吹香雾，境阏山深路易迷。

无　题

杨家姊妹袅翩跹，天马行空望若仙。谁信亲蚕催夜织，已闻割鲙进朝鲜。将军宅长连枝木，幕府池开并蒂莲。一自丽人杜吟后，相嗔炙热莫教前。

春莫山居即事

狼藉阶前半落花，春闲端爱野人家。游倾笋舆双柑酒，静啜茅亭一碗茶。漠漠水田灯掩映，时南岸诸村多有电灯。疏疏云汉月欹斜。芳菲蔬圃纷袭予，忘惜桃开尚晚霞。

与人谈英吉利废皇谓可风世喜而纪之

脱躧真看弃天下，死权彻政只成痴。江山何似美人好，晚觉温沙是可儿。

玉冕珠旒岂足骄，鸾囚凤篓未消摇。高情平视白门友，相传废皇在位时，曾亲视甘地于狱，弃宫后，入巴黎则先观平民窟，与相周旋。金屋微嫌窘贮娇。

马嵬埋玉负三郎，南内无人侍上皇。谁似情牺好乔治，一生长伴野鸳鸯。

纷纷恩恋满人间，恨海遥深未易填。合与爱神为两翅，不须密画祀张仙。

咏甘地

墨翟觳劳乃求野，头陀苦行好成真。集枯但吁群伦菀，我独平生愧此人。

大石坝石墅即事

蹀躞雨中路，婆娑江上村。廿年还独客，永日忆诸孙。挟筴聊遮眼，焚香偶静魂。平生故人子，适馆似家园。

简伯申育仁恕刚亚休翥双暨省门诸君子

千里书来苦见招，贾胡留滞信无聊。鹏飞未逐扶摇乐，鹢首空通上下潮。老去独殷避机弹，逋归端合溷渔樵。浣花溪皱微波绿，春酒应携过野桥。

春日有怀成都江楼

遥忆江楼几树花，枇杷门巷薛涛家。溪流浅涸稀归棹，井水浏清共煮茶。匹马东郊春迥丽，哀鹃午夜日初斜。韦皋自尔能安雅，我昔微嫌警戍笳。

草堂为兵子所据寄吊以诗

死后生前共苦兵，千秋凭吊客心惊。诗书墙壁愁来惯，奴仆旌旄势故横。溪竹但堪供马策，潭庄无分结鸥盟。平生狂态轻严武，那有斯儿更护营。

悔别一首寄示儿洵子妇芳

悔别诸孙怅索居，空航遥返望家书。而翁愁系上林雁，念汝欲烹锦水鱼。戚党龄衰多已殁，交朋会短日应疏。高堂赖尔慈亲在，寄语儿曹莫慢渠。

闲居述事

老向空山未自聊，雄情壮慨已全消。打掀闲自追缃绮，蹋鞠从谁继票频妙切姚。比屋共栖诸弟乐，提琴遥索一孙骄。而翁睡稳堪兄甫，鞴马听鸡谢早朝。

晚春月夜

夜静月西流，江村入望幽。水天明可鉴，风露冷疑秋。了了山如画，青青麦满畴。远游倦王粲，春尽怯登楼。

从友人饮感赋

谁云酣战尚艰难，泥饮因君强尽欢。泉下故人悭一滴，山中迟日已三竿。蒲陶酒美颇黎薄，卢橘浆清马瑙寒。看剑引杯愧衰老，雄心犹欲斩楼兰。

避防空洞作四月十二日

顽虏机飞趁月明，仓皇避匿莽愁生。携儿扶老贫尤酷，忍饥禁寒病易婴。海外狂尘三载厉，洞中长日七番更。闻往年虏机尝连袭七日夜，人民罢敝不堪。何期宫室昌今世，野处穴居见古情。

防洞又作四月廿日

浩劫浑难息，羁忧未得归。月明人尽虑，机动鸟争飞。野外稍违难，天空屡合围。洞中淹日夕，眠食苦俱违。

屡避空袭偶得家书却寄

破睡连宵生事违，愁闻警急互机飞。四更月吐危犹剧，万里书来泪故挥。海上可能努加饭，洞中谁与唤添衣。老夫忧险经过饱，好语妻儿莫漫归。

晚　归

蜿曲塍间路，宵归扶杖行。市声因野息，人语隔林清。凉兔迥孤照，哀鹃时一鸣。摊书遣良夜，心炯觉灯明。

初　夏

夏气略清和，愁怜春已过。野阴芳草遍，树老落花多。曲径晴犹湿，寒江暖始波。宵眠警空袭，奈尔月明何。一春多雾，夏至晴明，月夜辄苦空袭。

石墅遣兴

老困巴山里，羁栖向小园。好花常入供，新果每过门。寂寞良思友，凄凉为别孙。还因戏邻稚，语笑略春温。

洞中吟

江边憔悴行吟里，漫悔昔年曾九死。一事新输杜陵翁，未能徒步迎妻子。夷祸昌披酿始成，共工长触忧天倾。洞中日月闲经过，一宿朝来白发生。

梦成都

偶忆成都梦见之，恰当二月海棠时。风流耆旧稀相值，约略花潭听子规。

夜雨寄客中邑子

夜雨琳琅急，期归未有期。闲寻玉溪卷，偶咏巴山诗。禹庙龙蛇没，佛关猿鸟悲。乡音自终古，游约别径时。

晚归南岸

晚渡泊江乡，遍舟荡夕阳。数峰在云表，一水与天长。人外野花落，田间幽草香。老农渐相习，复此话羲皇。

石墅夏木

笼墅千章夏木阴，满园新绿一窗侵。分凉行旅应相憩，触热交亲肯见寻。迴想百围生远籁，如听万壑有哀音。杜陵剧我穷愁感，暂去堂西无树林。

偕泉劭两叟夜入防空洞有作

山斋新枉后，复此洞中行。老友深忧患，残年共死生。废餐惊警发，时方晚餐，未御。破梦撼机声。竹露空清滴，何心玩月明。

洞中书感

一函孙影到方欢，家书附寄三孙影片适至。旋入壕深战夜寒。犹苦月明来敌扰，始知世乱别家难。遗黎有泪何从洒，老子将心未遣安。沦辱衣冠已三载，可怜恸哭望王官。

防洞喜霞姑青阳女公子送粥

洞中一粥胜天浆，犹嫌无功访醉乡。同是防空有丰啬，闻某掘一洞费至百馀万元，迄今工犹未辍。众生平等莫思量。

一钵端能饱数翁，时余与泉浦、劭深及善相胡叟四人俱饷。笑看扪腹月明中。石生孝先饫后能豪语，施食行教处处同。

廿八日江北狂吒惨烈感愤有作

中山林外路,枕藉暴尸骸。夷寇日深矣,国防何有哉。侧闻寡妇哭,能使壮心灰。秉国谁今梗,孤支谢众材。

敌机临洞上空时群情震肃感而成咏

机鸟临空静呼吸,屏营待命咳声无。岂期量泽人间世,复睹修罗变相图。愁叹媪翁隐挥泪,憨嬉僮孺反为娱。莫年忧患屯今我,实祸虚名可谥愚。

晨起由涂溪弟居遄归石墅

侵晓犯朝曦,空明虑敌窥。邛枝数峰倚,行李一肩随。小别怜予季,深藏托阿谁。近村情遽苦,满目见流离。

题仲弟涂溪新居

门外风荷冉冉香,数椽小屋荫清凉。读书共弟思灵集,寄庑偕妻有孟光。最苦中宵见明月,微吟小雅怨繁霜。故乡戍鼓殊分散,莫遣狂歌乱更狂。

赠怒刚

但子飘零久，馀生信可哀。相看走南北，独自忘形骸。静爱禅中得，飞伤乱里来。平生谬朋党，临老足追陪。

闻警有作

闻道宜沙急，荆门屡合围。六军缘益下，一将破空飞。戍卒且横掠，更丁多遁归。行都根本地，犹重警倭机。

重哀渝州

故里复堪哀，人间似夜台。弹飞乃千百，财损剧京垓。痛极维干泪，残荒有散骸。暮年忍见此，几欲悔轻回。

寄个簃王贤

王子清如鹄，新诗近宋贤。山川能赋异，花鸟几嫣然。粉绘求师外，珍鲑供母前。馀生苦孤露，羡尔一相怜。

无　　题

御气乘风一将飞，倾城三艳饰戎衣。华夷命赌何赢绌，贼汉兵交有是非。谁信龙鸾能誓死，可怜燕雁已无归。即今天马徕东极，万里长空屡合围。

七哀诗一首

巴蜀乱无艺，惘然歌七哀。夷侵洊三载，顽虏御风来。庐舍半为虚，田野生蓬莱。长日阴隧中，灏气昏黄埃。豺狼莽盈路，麟凤来何迟。不见陈玄礼，但睹张敬儿。哲妇为鸱枭，诸将安可思。昊天降鞠讻，伤哉此孑遗。

敌机轰吒后赴会入城书感

昔盛繁华地，今横瓦砾场。惊心多废毁，满目尽荒凉。蹈火一来集，宿桑终去乡。城归谢仙鹤，累冢日相望。

一　雨

一雨城荒夏气凉，机难凭日藉朝光。月来敌机卜昼不卜夜。悲伤丁壮流亡剧，笑识将军礼数当。谁似临边王相国，可犹却贼郑公乡。千门万户多煨尽，浥湿尘灰已不扬。

战三年矣未知所届思家念别惘惿成咏

积寇战方酣，思家每不堪。孙还愁蜀道，耶梦绕江南。适意饶阿武，精心擅小三。它时论汉史，于汝冀无惭。

一　病

一病人间万事非，鬓丝闲皱欲忘机。阴阳相搏风还起，皮骨犹存气已微。暮齿骥衰唯苦疾，平生鹤瘦不能肥。沈腰消尽衣初叠，十日愁看减带围。

客病六首

余每夏辄病今岁以频入防空洞故寒热相搏病亦益剧

客病辄思家，空斋自煮茶。老妻讯盟鹭，子妇絜珍鲑。孙竹长横箨，孤松偶落花。机飞动遐想，哈密远来瓜。余到渝后，友人以航空见赐此瓜凡三次。

城郭诚知毁，河山许再春。岂期新病客，犹属未归人。贻食怜庞照，青阳女绝警慧，病中送食多依之。今再闻道，定复更有涯量。防衣念杜频。少陵诗遣瘧，还与度宵晨。

故谊孰敦薄，亲知半有无。穷途仗友仆，时余仆亦病，仅赖友仆往来趋侍。谵语及孙雏。末劫欲无说，连宵殊有须。乡园异今昔，犹自别诸姑。

几夕经风雨，一痾间热寒。客装陈欲绝，余病剧时辄汗出如渖，所携襦衣匮乏，不周于用。旅食寄尤艰。余平昔于食饮不甚择精恶，病后遵医嘱始略治，然客中殊难。老去皇弹铗，相从偶授餐。时仲弟亦多治食来饷。渐衰知卫摄，长白怯衣单。

老病入深愁，苍生系我忧。灾荒两城酷，时重庆江北被吒俱烈。凄绝四山秋。水断方凝涸，灯疏未语楼。蘧庐谁可寄，凶吒不能休。余所寄居周舍，亦微震毁。

余亦窜蓬梗，言归南岸村。沉幽易感疾，剧病欲招魂。患起阴阳搏，危时日月昏。旋经四空袭，辞入洞壕存。病未愈时，决拟不入防空洞。

病不入防洞感念有作

病来百念冷，度外死生轻。防洞靡从入，休居诚未惊。圣诠戒天命，士勇励儒行。亦有岩墙说，亲交滋论评。

石墅莫景

林鸟乱鸣时，苍烟暝色滋。蚊雷昏动急，花雨夜来迟。闭户牛羊下，眠墙鸡犬随。此中富乡味，合办买山资。

敌机复趋夜袭闻警率赋

警报月初明，机飞盛恶声。乱山犹鸟寂，僻径已人行。憯憯扶携出，呜呜掩抑鸣。谁矜胜知彼，三载尚能横。

八月十九二十两日敌袭行都狂掷烧夷弹环城大火公私荡然闻而悲愤赋此纪哀

虏弹惊烧十万家，元戎无备可胜嗟。千年巴国菁华竭，三月咸阳祸乱赊。灭曙窗殊九微火，颓垣坡断七香车。空村故里伤天宝，凄绝斜阳噪晚鸦。

秋　　雨

凉雨黯成秋，羁深始欲愁。风悲宋玉宅，月暗庾公楼。清绝虚堂卧，殷忧故国留。寒衣动刀尺，相忆海东头。

寄山隐海上

夷氛微远爱山居，万里新诗一起予。垂老耻为沟下断，故人真寄空中书。阶馀玉树期相护，园有寒花未自锄。更拟寄声谢刘尹，烦君同绘课孙图。

淫雨三首

淫雨连朝盛叹嗟，罢农获谷若生芽。廿金斗米惊币遇，民困深时世已哗。

尧年重见潦堪吁，今日真成米似珠。频问巴渝几贵贱，老夫愁坐一筹无。

寄食相依有主人，门前罢亚未云贫。何期尽日无烟火，此事悲伤在近邻。

祥日

祥日爱秋阴，低空缓敌侵。天摧狂虏意，郊静老人心。尽室倚沧海，何年归旧林。田家晚新获，黄熟陇云深。

迩来为诗偶伤率易赋此自嘲

一自丰干饶舌后,寒山拾得那相寻。人间剩有闲言语,岁晚谁饶旧赏音。老去尚馀狂虏愤,病来无尽远人心。濂洛风雅休轻哂,得句聊为击壤吟。

南岸秋望

木落江清儵已秋,月明人去庾公楼。舟船久待通三峡,消息犹闻断数州。故国可膺强敌撼,乡山端愧暮年游。衣冠南渡殊今昔,翻更言愁始欲愁。

涂溪弟居晚眺

菡萏荷香三顷碧,当门向晚看落日。霞映天边一鸟飞,莫山新霁月将出。兄也归来避夷氛,江村鸡犬日相闻。登秋频测夜来雨,虑敌还觇天际云。拟约读书老溪上,且欣诸稚渐能文。

庚辰中秋

宵晨数见敌机飞，尤恐中秋趁月晖。佳节那堪愁里过，频年无计客中归。近闻滇左争锄道，遥幸山西已解围。万里书传老妻语，渐寒唯与劝添衣。

中秋月暗敌机未来罢民始有节意感而重赋

黯淡中秋月，衰翁远断魂。天云限敌虏，瓜果念诸孙。客久亲知切，宵深笑语温。闾阎还揖让，节拜敢嫌烦。

虫　声

虫声凄切已惊秋，感物怀人兴未休。欲谕李陵可归汉，自怜王粲尚依刘。衰年更剧伤哀乐，小国何因苦敌仇。侵夜西风渐凉冷，敌山深处一登楼。

阴雨连日率尔成咏

穷阴已弥日，客子增羁愁。复念沮袭空，良辰非易求。濛濛暗朝日，入莫恒潇潇。顽云攒层积，宿雾纷相缪。御风策无施，陨石怪维消。罢民眠食安，僮儒歌且谣。秋获方毕功，农弗忧西畴。但荷天眷顾，俾尔粗息休。余时婴采薪，卧疴对林丘。睹兹亦慰心，因徼简行游。感咏殊悲咨，大化轻敌驺。

郊居遣兴

野服无劳垫角巾，江天鱼鸟渐相亲。笑谈每易逢田父，推骂还稀避醉人。几夜樵苏长不爨，敌机至时防御必绝烟火。数家茅舍自为邻。新纵狡兔营三窟，莫漫飞霑海外尘。

无　　题

德义日军事同盟成不忍斥言愤为此咏

嗟卿覆水遽能收，健妇当门里舍忧。岂意冤亲竟平等，谁知枕席有戈矛。虎狼自恣强秦力，羊犬犹滋弱晋愁。拔剑哀歌几搔首，问天胡醉怙群酋。

梦归家

既归复作客，已客还思归。精诚相感通，一夕梦见之。老妻喜极泣，时复问加衣。眠食倚何人，何瘦而不肥。儿及子妇前，伫立犹依依。诸孙跃就我，问耶何来迟。为复乘飙轮，抑亦从机飞。闻耶跳空袭，岩窟日几回。儿僮仍嬉戏，兹事诚或非。余但语云乐，不欲稍涉悲。有时不忍言，微与颔其颐。塾课携示我，更吟我书诗。余尝为两孙书小诗一册，教之吟讽。两孙已习乐，大孙尤专治。为耶弹一曲，琴为欧制，匹亚罗，蓄之廿年矣。祝耶寿豪眉。涤耶愁万斛，理耶泪千丝。耶少解蛮语，小复识其辞。骆宾童名早眠时，鸟唤方搴帏。伦敦下可虞，歌辞有"伦敦桥下坠"语，触余抚今追昔之感，疑者谶示不祥然。桥吒今倾欹。孙时推琴起，我耶何多思。本谱作儿歌，何与欧战为。耶其保玉体，毋复相怜伊。耶意儿岂知，同病滋惊疑。两孙黯微默，小孙犹哑伊。不敢尽此恸，恐使天真摧。别与搜戏言，亦复强笑咍。俱骄不离膝，畏我更远违。即是遽然醒，仍隔天一涯。人生谅如梦，乞梦长若斯。

山隐摄示刘伯俨为绘课孙图即书其后

越海披图见课孙，老夫别久欲销魂。书声婴语应如昨，谁遣离家寓里门。

故我今吾几幻真，两孙伴读屋俱春。岂知弃属还乡者，不是刲慈忍爱人。

谢泉翁苦招因怀亡友闿士

故人鸡黍约，情思一何深。感子殷勤意，纾余迟暮心。山阳悲闻笛，海上寂鸣琴。为念陶居士，音尘不可寻。

垂白犹闻健，弥天见此翁。一官戎马后，万事酒杯中。知我邻刘惔，通家谢孔融。晚年唯好客，窥豹颇能工。

寇患渝中有怀海上

误国谁犹在，羁乡客未还。我家黄歇浦，遥接伍员山。旅泊干戈际，婆娑水石间。只今愁猃狁，变雅不须删。

郊居答远人问

避寇经年问虽通，乡山端合著衰翁。闲花微雨江城外，蔓草寒云野寺中。漫与浩然踏梅雪，偶随弘景爱松风。平生沧海归来晚，旧识还欣是处逢。

山中秋感四首

安仁赋闲居，文通咏远别。空山寂无人，但听秋虫咽。

秋虫尔何咽，万古此悲声。余亦忘机者，难矜太上情。

春秋多佳日，悲哉秋为气。彼是感何殊，南北天各异。

神心澮群虑，夷患怀百忧。却谢清谈客，新亭泣楚囚。

幽居遣兴有作

苦劫频年未解兵，林泉聊得溷馀生。栖迟农亩思躬穑，蹀躞樵峰偶意行。细雨巧霑幽径湿，夕阳偏傍小窗明。盈盈一水分喧寂，疏懒新来不入城。

哀陪都

寥落陪都意黯然，盘庚无复更思迁。化城乾闼何由值，焦土阿宫绝可怜。大屋高门馀鸟啄，颓垣断瓦有人烟。重来朝市多非故，未得空斋一宿眠。

偶书陈后主诗后

轻薄终衰帝子情，流传何限鬓钗横。小窗碧玉真清丽，玉树空尸亡国名。

结绮临春志已荒，不缘宫井始堪伤。人间清浊宜分福，谁遣能诗到帝王。

戏为太老师歌并序

余返川之数月，主于重庆南岸石氏昆季家，其父青阳君尝列余弟子籍，因遂称余为太老师，而群亦以是呼之。枨触余怀，赋此自嘲。名出主人，故聊藉主人为辞云尔。

太老师，太老痴，世人皆信汝独疑。故乡乃无家可归，吾庐聊寄一枝栖。长日一卷书与诗，穷年矻矻欲何施。时有客至闻马嘶，不闻早朝听晨鸡，日高犹自起床迟。古有王孙见哀进食者，少年意气何雄奇。亦有乞食由驱饥，出门不知竟何之。汝独古今遥相追，壮不如人老何为。即今夷寇方艰危，前锋日战千熊罴，胡不据鞍矍铄从军麾。唯怜白首一经随，程郑国乱私自肥。积金思与高山齐，胡长贫贱甘流离。空语仁义膺羞嗤，世人皆涉汝独须。太老师，痴不痴。

上海告急怀忧家人赋示一首

夷寇戈船海上哗，风云急处是吾家。妻儿尚怯归涂苦，朋旧相忧间道遮。长自羁栖困歇浦，何来天汉有骞槎。娇孙亦在惊涛里，尺素称安更问耶。

双桐乍来即逝放翁送之江干传语谢余书来乃以惊鸿自况戏赋纪之

一瞥惊鸿照影飞，冥冥长避弋人机。南溟会奋抟鹏击，五岭相看断雁归。余归时尝取道港、粤。世短阴栽万年药，边寒密织五铢衣。三山青鸟殷勤别，寄语人间丁令威。

竺笙频有酒茶之寄道路梗塞不时达张善子归托携建安名品其人遽亡物亦随化感赋简竺笙香港

叹君留滞水云乡，珍物频劳远寄将。岂意青州化乌有，遂缘虎痴识龙纲。朵颐饮啄应前定，伸臂存亡那更伤。满地干戈可游倦，山中丛桂笑人忙。

秋日思家有寄

梓里思家信黯然，九州分域莽烽烟。扶桑毒日垂三稔，丛菊凄风已一年。往岁秋末返里。老倦方资款段马，乱馀犹怯翰飞鸢。孤游罢读残灯夜，虚馆清深绝可怜。

秋　晚

日色凄清野草腓，乱离瘼甚徂奚归。已闻滇路新膺吒，复说津关未解围。米贵农家有艰食，天寒红女赋无衣。登山临水伤憀栗，岁晚萧斋但掩扉。

庚辰生日时年五十九

泰半生朝客里过，诸孙遥拜奈愁何。登楼谢客知交集，设矢思亲愧负多。蘧孔行军将羽化，随夷素志欠蹉跎。唯馀一事堪矜说，六十衰翁鬓未皤。

叠前韵又作

六十流光冉冉过，摧残无那故园何。平生游钓相怜切，影事前尘旧梦多。壮概豪情俱幻杳，狂谋谬算已蹉跎。盈颠玄发方丝白，岁晚能诗谢涪皤。

闻亲戚某郊宅盗警感赋

黄叶西风警早寒，三秋寇乱历艰难。中行谗构离胡汉，虢国仓皇问贼官。烽火久淹心绪冷，幅员日狭酒杯宽。苟全但欲南阳老，愧说东山隐谢安。门人刘泗英见寿诗及此。

秋莫晚眺

清秋向晚独登台，风起千丘万壑哀。浮海管宁伤渐老，当年王式悔教来。飞轮苦恨奇肱制，爇烛谁邻半臂偎。但乞移家返乡井，馀生合遣翳蒿莱。

喜澄如陈至

嫌教车马动惊猜，徒步千山冒雨来。漫谓将军宽礼数，好随樵隐忘形骸。携诗共赏年俱进，把卷高歌日几回。君于燕谈外，辄讽吟余诗。十九军名在天壤，数奇李广自雄才。

劫后宿周氏毁宅

万瓦堆中映一灯，萧然人海似孤僧。愁城唯拟仙灵乐，历劫沧桑度未曾。

冬暄观日雾中作

雾里朝看日色黄，千山万木迥苍凉。顽云厚积飞轮沮，潦水新干瘴菌亡。乍可穷冬滞夷虏，便饶高隐傲羲皇。昨宵取醉江城入，鳞瓦堆残雉堞荒。

冬郊晚望书感

巴山昼多雾，渝水日生烟。髡树延寒月，归舟望远川。隐贤天地闭，谪宦古今怜。时立法院委员马寅初以罪言被执，发往前敌效命。苦羡安巢鸟，羁栖已一年。

月夜闻鸡有感

喔喔荒鸡半夜声，过江刘祖各心惊。先鞭著已纷馀子，笳吹何因向月明。

重宿周氏毁宅后赋寄均适夫妇

断垣颓壁可堪哀，前度羁翁访旧来。浩劫于人何厚薄，宿缘恋我有迟回。漫寻药裹封蝶网，政见丛残杂蜃灰。方丈维摩宅全为机弹震裂，仅馀一室随法喜，尤逾仲蔚隐蒿莱。

闻民劳已甚感念有作

书壁何劳更问天，艰贫无告几颠连。力农丁选多愁作，拒虏军输已有年。赴役微分太仓米，徙家轻赐水衡钱。老夫寄食矜差给，妻累须哺亦可怜。

米价奇踊某小吏妻因仰药自杀旋一家四口随尽闻而酸鼻赋此志哀

数口无归镇累人，唯将一瞑谢君恩。阎浮何限犁泥苦，此事酸辛信绝伦。

人世艰忧悔却来，忍教酷祸到婴孩。黄泉相待应魂绝，饶比焦卿更可哀。

闲居偶作

多病邠翁更爱闲，不因拄笏始看山。栖丘饮谷由来贯，绮语风怀一例删。勿用潜龙唯解卧，倦飞息鸟故知还。寒天素月亲幽独，好语虚窗莫夜阑。

年来诗喜言孙友人言及因作歌广之

蒙叟每咏河东君，瞀叟诗中辄见孙。至情所寄唯此等，馀年萦慰追右军。一孙昔夭共缠痛，今日三孙骄绝伦。不喜见客厌烦事，微趣更尔同斯人。稽康绝交稍峻厉，晚拟逊行捐危言。江淹文采多丽新，人生适性乃尝云。不事著书且为乐，求名精苦徒纷纷。闲中观书阅数子，雅有意契非眉颦。行年已逮双卅春，忍看东海今扬尘。间关飞空归里门，满目乱瓦支颓垣。亲故沦劫声已吞，血渍往往惊腥闻。孙嬉旧梦宁堪温。

渝中吟兼简都野亲故诸子

昔年亡命居岛夷，今日避浼乡山归。众生颠倒我尤剧，此意茫茫谁测知。羁栖沪渎嗟匏系，人海藏身不得意。长日闭门方课孙，岂意戈船屯胡骑。慷慨殊恩献奇谋，两载悠悠空自愁。河山半壁已残剩，归来恍似丁威游。亲敌相存杂悲喜，情话未终吒空起。飞丸天际有馀威，裂骨横胔莽谁是。岩壑偷生日几回，偶从洞壑听惊雷。城市繁华黯销歇，寡妻夜哭当何哀。家人远别增忧念，万里衰翁可重见。一病几随鬼伯归，空寇虽骄懒逃惯。频年师旅因饥馑，斗米兼金踊腾迅。忧看道旁有饿人，惨闻一家殉随尽。大兵未没先凶年，丁男挑尽少人田。生寡食众自乏绝，况有吏煎骨髓干。崦嵫西日忍见此，老怀唯有泪如洗。欲往援之无斧柯，世乱忧生每宁死。愁来书壁呵问天，桀跖何寿何殇颜。安得挽河洗兵甲，馀生重睹太平年。

迷雾竟日感而有作

四山深雾里，即此是桃源。世乱天终胜，机翔路尽昏。亲交谋薄醉，语笑觉轻温。半壁摇花影，入宵灯烬繁。电灯因吒成障，时方大明。

霜　月

霜月凄清夜向阑，江郊微步野风寒。泊舟秋咏思牛渚，击汰宵行记虎滩。玉露巫山砧杵冷，青天蜀道古今难。不堪重向干戈里，孤枕支愁苦未安。

看落日作燕支色

江上烟烽隐黱眉，西山落日绚燕支。中华妇女犹颜色，应似猩唇点绛时。

郊居观农作有感

已署人间开士居，胼胝无倦独怜渠。忽来“忽来”即忽必烈音译。漫警三秋曲，氾胜唯知九谷书。谁解闭门有禅诵，每思逾陇带经锄。斋心近亦忘鸡黍，偶过农家一饭蔬。

庚辰除夕

乱别经时苦忆家，那堪除夜又天涯。兵闲有客千愁集，梦里看孙一笑哗。几户残荒犹爆竹，半瓶清供有梅花。春明准拟多空袭，忍复来朝玩岁华。

除夕又作

寒雨连朝野径荒，故园今昔迥悲凉。离家迅已经年别，避难稍休古洞藏。孤烛未归人万里,长更应忆客咸阳。明朝六十飞腾莫,徂岁愁新鬓有霜。

天隐阁诗录八辛巳

辛巳元日时年六十

六积干周更遇辛，庚寅吾降可前身。椒糈会纪春盘颂，蓬矢翻思故物陈。谁分飘零还示子，可怜憔悴尚依人。试书何似东坡叟，诗笔初拈已入神。

得海上孙书却寄

软语安孙不久归，孙书有不知何时见耶语。还嗟荐乱与心违。欲宽举室忧如结，但说阿翁癯已肥。肴贵留宾鲜丰膳，炉寒怜汝厚添衣。书又云肉贵不常具，炭贵不燃炉，唯增衣。尤闻一事娇憨绝，每祝空机莫向飞。家人昔书谓：敌机飞翔过沪上空时，诸孙辄呼天祝莫向四川耶边去。

酬般石翁两用僧韵见怀

老爱山僧伴苦吟，眇回天地入诗心。玉庵有相云鬟秃，丹鼎无成雪鬓侵。可许陈东为弟子，翁时主四川大学文学院。更饶昙秀是知音。松风万壑输君领,应听峨眉绿绮琴。

渝州书怀三十韵

迢递经粤边,残荒吊古渝。故乡愁作客,乱世耻为儒。寂寞先贤传,翩跹士女图。高资巴寡妇,绝艳蜀侯姝。天意骄夷虏,人心凛汉胡。孀居有红泪,旧国自青芜。征苦三城戍,行凉九陌衢。贾肥供吏吸,耕病困军输。甫什兵喧点,融书酒议沽。羞闻华胄辱,忍见客心孤。孟叟羞邹鲁,剧生谢楚吴。斋心颜氏子,倚势霍家奴。武健耽貙虎,凭依啸鼠狐。鲁连鄙秦帝,龚胜绝新污。虢国君王宠,山阴面首都。歌传三妇艳,史擅一生迂。龙性思中散,蛾眉惜左徒。市应出枸酱,归不为莼鲈。蠡负金三致,雄虚宅一区。时贪人外逸,故厌府中趋。茶灶临窗置,书休倚屿铺。冲波理游棹,带月问归途。懒倦市朝隐,闲寻山泽臞。亲交频痛腹,老病欲捐躯。花树纷开落,云峰任有无。心情长拂郁,天地日凋枯。有客来安齿,诸孙梦挽须。洞深防疾作,米贵怯饥驱。窭易妻孥谪,穷多父母呼。众生未饶益,惭愧尚今吾。

酬无用君为天倪犹子

准拟春山卓瘦筇,羡君家住碧云峰。宗风故擅陶贞白,子姓端推阮仲容。昆季能文好双凤,君与从弟孝恕俱善属文。九初无用自潜龙。君本字无用。坡翁已逝馀安节,听雨亲灯可再逢。

南郊春兴

冷艳桃花竹外看,数枝先已破春寒。殷忧暂有寻芳乐,疏懒翻嗟出户难。岛国兵尘更扬海,敌侵越南后,骄哗欲掠印度。江村风物已经年。羁愁韶景纷相袭,梁燕秋归又解还。

春夜听雨作

暮雨稀疏滴沥声,小楼孤坐不胜清。玉盘嘈切纷珠落,鸳瓦萧骚彻夜鸣。十日春寒红定湿,钧天广乐耳初明。平生爱听淋铃曲,剪烛巴山无限情。

渡　　江

小别青山放棹迟,漫迎桃叶渡江时。廿年蚁穴荣枯剧,只有荒城老树知。

晚步滩口偕谷劭两翁及大飞叔武无用孝恕东甫诸子孝桐亦自远来会

弹丸滩口地，晚路集群贤。坐对山如画，闲疏水入田。时无用、东甫以藜杖疏凿为戏。溪声仍洗耳，暮色自苍然。已渐暄春气，黄花满目斑。

谢谷叟分赐乳饮

自心是佛了非疑，暂欲因君饮乳糜。唯愁法乳终难得，犹藉牛腥解渴饥。

三斗六升有圣诠，紫磨金色更经传。岂知牛是毗卢佛，不在高原下隰边。

重宿天倪故居

疏冷春槐已带秋，断桥卧柳拂溪流。故人逝已经年别，凄绝寒山又此游。

新冢巍然草渐荒，墓在屋后数十武。春来花鸟亦悲凉。残书万卷凋零剧，谁写遗经向礼堂。

余诗于天倪君有山阳之感其子孝恕见面而怆恸啜泣哀其志因以慰之

至性思亲见子贤,弱龄失怙迥堪怜。哀追生我我,孝恕自谓也无穷德,泪洒人间第一泉。手泽诗书馀宛尔,履霜春露独怆然。颓年我亦终天恨,废咏蓼莪更几篇。

李陶两主人及师立东甫无用叔武葵庵分曹见饷赋谢因简诸家

桃日山中燕未虚,还家竞引似秦馀。故交鲈酒争诒我,海外鲸波莫问渠。

山中即事因谷叟及大飞无用孝恕诸子

烟峦数迭春山青,绮艳桃花塍畔生。溪湾有客静垂钓,雨后邻农来偶耕。闲坐樗蒲聊共遣,病馀杯酒还相倾。兹游平原过十日,絮语往往至天明。

春日山行简谷叟

晚爱田间镜上行，春深绿野见烟耕。晴云闲态青山老，夜雨羁愁白发生。偶过野人如有约，乱啼幽鸟不知名。能专一壑输公久，我亦新来懒入城。

次韵兼简无用大飞

佳传期君两独行，嗟予颓老不归耕。千秋翰墨为勋绩，奕世交情托死生。堪羡有孙还有子，早宁轻命不轻名。落花芳草重来日，老木寒云满故城。

春日涂山道中

溪上人家动午烟，寒砧捣处溅流泉。鸡声忽自云中出，惊破篮舆一晌眠。

如镜平田树倒垂，黄花掩映更迷离。天然景物多幽寂，可被都城俗士知。

野菜分畦杂绿黄，数声啼鸟间笙簧。桃花渐欲迷人眼，雨后一枝红出墙。

绝静山深响桔槔，汉阴机事灌分劳。即今海外夸淫巧，此意庄生久寂寥。

万树高低远近山，漫疑青嶂非人间。徐熙画出春来景，题咏苏髯喜昼闲。

闲花蔓草一牛眠，时有儿童戏纸鸢。竟日山行疲荦确，复逢细雨晚风天。

雨际自城中还石墅

春山烟雨里，草树袭人青。尘世悲群哄，云峰爱独行。黄花随处发，白鸟去边鸣。久惯寂寥隐，玄经未有亭。

听　　蛙

岁岁春来辄听蛙，渐亲虫鸟似农家。声喧一夜蕉桐雨，艳发满山桃李花。独肆淫哇分闰位，仅馀正朔在中华。幽居鼓吹笙歌绕，复有游蜂闹晚衙。

春　　兴

草绿郊原已报春，忍寒枯树遂时新。沿豁柳絮飞迎客，一院桃花静泥人。锦里先生偏爱蜀，武陵渔父不知秦。巴江水暖思归去，愁见风吹皱碧粼。

春明渐忧空袭慨然有赋

已是春明绮碧天，日愁夷虏驾机鸢。沙场驰逐应无分，岩窦消磨绝可怜。好鸟吟风声暖碎，幽花泣露泪新溅。人间但有修罗炽，狂寇深侵苦历年。

八中会入城遇雨喜赋

又向京尘踏软红，峭寒无奈落花风。浓云稠叠荒城里，芳草凄迷细雨中。衰白心情怜病鹤，玄黄血战绝飞龙。涂山此会非修禊，略喜群贤得暂逢。

春旭偶归南岸

春花明媚欲亲人，初日郊原百态新。雨后新篁幽解箨，风来溪水弱生鳞。维登眺迥诗如昨，启泣声呱迹已陈。我自此山来往熟，寻源无复更迷津。

暮春即事

夜雨空山遍落花，清明一客独思家。墅边垂柳穿新燕，江上斜阳噪晚鸦。荐岁兵尘连海国，故国归梦又天涯。丘墟责自关夷甫，胡虏争堪久乱华。

待上海家书久不至

妻子何因沮报书，况惊风鹤渺愁余。魂销海上一轮月，望断云安双鲤鱼。天际舟虚春水满，江南梦冷落花初。寒宵奋笔犹长幅，忘却衰翁是病馀。

春暮即事

和惠野风吹，还山爱此时。分秧勤邻父，蹋鞠戏群儿。好鸟寂闻语，繁花香满枝。太平如有象，不忍问创痍。

北泉禊集因病与事不克赴分韵得禊字

令节古所敦，良辰维上巳。世乱不祥多，禳除隆祓禊。数子迎安车,一老皤然至。言发歌乐山,粤集缙云寺。清梵出疏钟,人天此良会。空翠袭巾裾,野棠香入袂。兰亭与曲水,千载传佳序。当时澹荡人,赋诗各言志。古今如相接,尘劳喜略憩。适余婴病卧,世网嗟久累。寄谢香宋翁,行藏两无计。婆娑充隐情,踌躇从军事。

春晚入城有赋

一叶扁舟弄晚凉,荒城直上倚斜阳。香车宝马纷张许,白袷青衫几谢王。此地自饶宫种柳,有人曾见海生桑。孤翁试访儿时宅,侣燕安归旧画梁。时经敌机吒后,十室九毁。

春暮偶忆江南怅然有作

莺飞草长又春三,羁思乡情两不堪。愁忆将军见旗鼓,落花时节在江南。

春花溅泪来三蜀,春鸟多哀梦六朝。自别江南黯闻曲,吴娘暮雨冷潇潇。

顷作忆江南诗未及眷累复成一绝因寄海上

迎妻徒步只成惭,老卧空山病更甘。自咏新诗念家苦,梅花月下是江南。余近诗有“岁暮怀人苦忆孙,梅花月下海边村”之句。

米　　贵

米贵已成珠,人心苦失图。道忧五斗作,围川西南颇有乱象。求买百金无。柖桑行看竭,肉糜食总诬。颇闻横饮弹,犹是数饥躯。市民购米不得,有怨语,宪兵威之,众为之不平,批其颊。宪兵开枪,死伤市民数人。

山居遣闷

老病空山剩此翁,故乡吟事颇能工。余近作《渝中吟》及《渝州书怀》长律,均谓不恶。平生国难家忧里,半世羁愁别梦中。如听哀鸿满城郭,时谷贵,斗米百金,艰于购求。忍看戏蝶乱芳丛。新诗重咏痁初发,略恐流传到海东。余疟疾再发时,不欲令家人知之。

咏座上瓷瓶

三凤胭脂艳胆瓶,康熙佳制有前型。雍乾谬擅玫瑰代,寡见商胡眼未青。欧人瓷书谓雍乾为玫瑰类时代。彼所谓玫瑰即此谓“燕支水”也。实则此釉远起明代,清则已盛于康熙。余蓄有康器十馀事可证,雍乾特发扬光大耳。唯康用浓泑,雍乾兼用淡泑,淡者更鲜艳适俗目。然淡有仿造赝品,浓则绝作,未睹伪制,此其异也。

小旱得雨喜赋

风雨晚潇潇,愁心一半消。宛逢甘澍瑞,得降圣明朝。道殣朝犹恤,将军惨不骄。疲氓但天宠,膏泽润新苗。

初夏观秧绿欣然有会

数亩秧田绿正秾,波纹微飐已薰风。农家一幅天然画,点染花红月白中。

夏晴连日空袭避洞有作

晴明天气正机飞,荡荡长空屡合围。造物不仁方浩劫,布帆无恙几安归。数声警笛人俱集,万仞冲车鸟亦稀。洞穴寒侵易痁发,久支病骨不能肥。

闻　莺

晚来花外听鹂歌,黄鸟江淮《说文》:"焉",江淮间黄鸟也。焉莺声转蜀故多。四月山深始闻尔,数声箫笛奈愁何。双柑斗酒谁携赏,孤负春游又一年。犹藉墅林来鸣鸟,清音沥耳到门前。

索居寡欢远书略慰感物怀人赋示相存诸子

温峤矜名悔绝裾,愁怜系雁与烹鱼。江头风恶安空警,山半云归爱雨馀。枉用相存故人谊,丁宁忧病老妻书。忘情太上何由得,强半幽思为索居。

闻人谈某友新宅被吒有正中头采语感成一绝

中采声矜反更哀,山丘华屋几灰埃。道场恶境何分别,曾向孤斋一宿来。周宅震毁,馀余一室,环居比邻唯见瓦砾,亦异迹也。

晓　雾

晓雾早晴天,高空饶引鸢。鞭驱疏散苦,洞穴止栖怜。鱼葬江频跃,鸿哀野渐喧。浊流滔满眼,犹分在山泉。

出防洞感赋

廿年啬遇可昌诗,东海扬尘事更危。岂比客儿成佛后,漫随陶令去官迟。愤思虾鲍烹三岛，老笑鹪鹩寄一枝。已似顽仙未逋劫，人间洞府有然疑。

倭机夜袭书所遇

袭夜端教忍倦逃，机飞争趁月明高。五年民苦夷氛恶，一夕城惊鬼火烧。兵乱久成无妄世，洞寒重度可怜宵。老衰独感霜侵剧，绣被留温岂自聊。余深夜寒极，霞姑以一女帔暂被余体。

六月五日敌机夜袭时重庆城内大隧道窒息死万馀人闻之悲愤作歌以纪之

城乌夜啄枭声恶，狂寇机鸢晚犹作。忽闻隧道骇变生，窒息骈尸莽盈壑。愁月云阴黯澹明，天公忍泪不能倾。孰意修罗在尘境，万人一夕如秦坑。大块噫气群生息，洞中炭养尤忧积。何缘牢锁不开关，重门严闭无风入。生道杀民昏岂知，草菅儿戏安得辞。更传临命惨呼急，军吏铁面方无私。老夫聆此悲心骨，夜半唯馀万家哭。长日城头纷鬼车，裂衣啮指惊相哗，防空奇耻污中华。

偶读李义山诗即书其后

锦瑟纷难索解人，葩经比兴有传薪。莫胶题什依篇首，追忆如睛点却神。

阙文班马几更衣，孤证偏搜仲景医。解释长筹香枣意，了知药转异廋词。李义山《药转》律诗第三联："长筹未必输孙皓，香枣何劳问石崇。"廋词，隐语也。更衣，如厕也。

山中雨后

雨后挹清芬，山中懒白云。端居有怡悦，空袭断知闻。厌尔豺狼满，招余鸾鹤群。峰高罕人迹，世难徒纷纷。

后悲愤诗

时德苏战起，天下之乱极矣。伤己悯人，而有是作。

周召共和久刺衰，生民泰半苦流离。那堪恤纬忧宗日，又见援琴鼓荡时。万里有家剩孤孑，三年行国饱危疑。即今天地霑腥血，海外尘扬尽可悲。

拔牙

奇方海外问仙人，麻沸华佗迹已神。刮骨早应轻痛楚，拔牙端不更逡巡。张苍老后浑无齿，李耳患馀尚有身。除却粥饘系残喘，兼旬饭茹未霑唇。

补牙

骨具皮囊假视真，齿牙堕落忽翻新。偶思善相还童语，一笑哜蔵软作尘。

夕阳

夕阳留恋在西山，田稻青莹众绿间。塍畔邻农相笑语，林阴群鸟故知还。三年羁旅空愁泊，六郡良家半苦颜。犹自诗篇咏簑笠，不堪乐府唱刀环。

次韵酬无量

华阳女士劫灰馀，可有相如尚丽都。一卧巴山懒西向，锦城惭答故人书。

不知有汉见秦馀，那复霍家问子都。圭壁新收已琀玉，鼎彝犹睹未烧书。某收藏家谓三代器亦当时书籍。

晚　卧

世乱官轻迥易求，烂羊都尉满神州。昔嗤乳臭方趋阃，今衔头衔已入流。童仆旌旄觊开府，某院长家奴入官填注革命十年以上资历，实则院长方新贵耳。小生谈笑觅封侯。老夫故与人家国，晚卧空山病欲休。

巴山观日出歌

东山云海屯云峰，晓日正匿空明中。须臾焰轮出天际，霞光万道驱白虹。此时灏气洵殊绝，泠然善也来清风。岸边杨柳堕残月，城外落花扫软红。翻树栖鸦递飞去，林阴更急喧声虫。暑酷炎蒸少眠卧，鸡鸣日出看长空。谁喻弹丸铸金橘，频看入海磨青铜。人间光热尽赖尔，玩赏那与瞽山翁。但登高岭已寓目，漫事幽讨支吟筇。阳精早聚太古热，流金铄石能为功。沧凉初气在平旦，远理谬据争儿童。方当一线破昏晓，恍似天地开鸿濛。十日并出遨射落，双丸终古长相从。年年地轴苦行绕，旭日岂独扶桑东。偶将温煦照万物，每与霖雨苏疲农。老夫清晨小快此，歌罢寂尔闻山钟。

晚凉郊游

夕阳初下四山凉,更觉郊原草木芳。早稻已占秋后熟,幽兰新发月中香。卅年尘网归陶令,一曲商歌谢楚狂。假日销忧还自哂,宵来灯火为谁忙。

七月廿七八九卅日警报至八九时始解民多不安寝食洞中感赋

深寇机鸢递袭空,民劳无备困饥穷。中有两日,亿万逃民未获朝食。山中亡命追骄日,乡民尚多无洞可入者。穴外飞丸卷怪风。已苦奔波怜老病,可怜嬉戏惯儿童。樗蒲聊假销长日,危坐城人久念慵。

赠奎垣

何子真名士,君醉答兵子语,群谓雅足当之。畴人海外归。立身能坦荡,讲艺入精微。北海轻权右,东丘阅道非。跫音每空谷,相慰采芝薇。

雨后小步

汩汩泉声树里过，野塘南去见新荷。山中日月清闲绝，世上风云战伐多。家巷梦回仍远客，田园诗就自轻哦。诛茅拟卜江郊地，静任门前雀可罗。

后诸将诗

五载艰难寇仅支，抗兵哀胜久然疑。败军每有桑中喜，随俗唯征带下医。坚壁不羞遗巾帼，乞师空恨瞑男儿。杜公论将思廉耻，贾子金行事可知。

夜　袭

寇续侵空月午前，夜深人静转凄然。悲鸣巴峡三声曲，下视齐州九点烟。尽漏星河明半灭，满天风露伏生寒。兹宵万户无安枕，谁识吟耽惯晚眠。

石墅晨起观秋获

黄稻如云数顷凉，秋成农亩百夫忙。寒灯渐向风前灺，馀月犹随屋角方。万里崎岖思海渎，两年留滞在江乡。不堪连夕俱空袭，愁听修罗苇一航。

仲弟饮席作歌赠别陶子

郁郁天阴罢空战，吾弟好客张秋宴。陶子倦翮方欲归，如闻此是先生馔。忆昨五日幽洞宫，长日饮罢艰一饭。死亡枕藉动逾千，纵有清馐谁能咽。偶馀一隙得偷安，山蔬海蔌纷盈案。信如饮啄别关天，我有龋牙新从换。奇巧真堪夺化工，须臾顿改衰翁面。高啖大嚼靡不为，前时蹇谈今来健。齿病卅年聊一快，举酒且从陶君劝。诗才置君小谢间，早岁已传澄江练。人生适志为乐耳，浩劫忧同缠夷患。君家有叔知我深，生死交情延戚串。惆怅山阳笛里哀，痛哭西州门前恋。幽明长隔古今分，九原一滴何由奠。赋弟有杯来何迟，醉倒且为君作饯。

悼内詹夫人四首

患难相从四十年，岂期一瞑让君先。脱簪救国平生事，随舶将亲赖尔贤。弱息共哀摧陨地,诸孙已大跃呼天。它时歙浦寻遗桂,老去神伤剧可怜。

伯劳东逝燕西飞,共命频迦世所稀。一梦卌年几忧喜,暂游小别总依违。多情合与生仞利,亡命相携出敌围。至竟黔莱有逸妇,频年思采故山薇。

绮岁绿窗曾似花,薄游微劝早归家。小诗吟罢方研露,寒漏分初自煮茶。海上风涛涉隐恶,山中水木忆清华。买田二顷巴南岸,为道溪光胜若耶。

偕隐愆期误一官,债台高筑卸帆难。朝回衣典封珠玉,谪后囊空俭绮纨。古器几年劳护惜,家书万卷恐摧残。何因晚岁多悲愤,血热忆君骨已寒。

中元感梦有作

胜会传盂兰,人家祀祖先。所亲来入梦,历劫度何缘。罔极恩难报,新丧恨未填。季居隆麦饭,格享自年年。

再　　悼

诀别竟无语,悼亡空有词。凭灵一饮泣,触绪自生悲。卌载缠绵意,三生婉娈期。客园有嘉木,不忍见连枝。

三　悼

卌载悭膺一日休，十年前事尽温柔。痴情欸易霑红泪，戏论知难到白头。海外亡来频约隐，山中客久故悲秋。曾听誓死伤心语，强复因君一少留。

四　悼

何乞返魂香，思君欲断肠。教孙俱念佛，唤女那闻娘。夫人一女早殇，视子妇如己出，十年来且有孙女矣。浮海经仇国，登楼望故乡。春申忍羁旅，遗物尽凄凉。

自题压舟砚

清献琴书砚一方，萧然廉石压归装。踏天割处紫云腻，出水刳成碧玉肪。岭外故侯传韵事，蜀中夫子盛文房。奇章异采纷端史，一簇青花照影凉。

秋日早起

风起新秋一味凉，云阴旭日似斜阳。繁霜渐欲欺花老，弱草端能泥霜香。夜语乱蛩犹递咽，朝飞孤雉不成行。愁来愈苦看骄鹜，唼喋群雏远自将。

得子洵及子妇芳书却寄并示诸孙

惨绝争堪抱祖呼，远闻老泪已霑襦。忍听生死捐怜曲，惊见人天离别图。甘旨永虚随母奉，栗梨日冷弃孙孤。而翁万里增摧割，可得飞空慰汝无。

赠潘君怀素

潘子今能秀，真僧端在家。法应勘了义，定不幻空华。瀛海探欧陆，天霄泛汉楂。清斋净无染，禅坐是生涯。

闲居述感

寇难披昌苦未纾，两年称病久闲居。白云出岫朝扶杖，寒月窥窗夜读书。肯共公卿与家国,偶随野老溷樵渔。山妻海上今长别,空计升平返故庐。

秋日山中得友人问

鸭荡新收二顷田,佛关园屋莽烽烟。频年避寇浑无赖,老去依人只自怜。梓里诸公尚相呴,故人娇女最能贤。谓霞姑。遗笺怕读亡妻语,加饭添衣更早眠。

阴雨敌机不至率赋

眠食粗安苦易支,兼旬阴雨太平时。半檠明电亲书卷,一桁疏帘看奕棋。客至渐兴鸡黍约,寇残略愧虎狼词。茫茫大造犹安置,吞象巴蛇可是痴。

遣悲篇为亡妻作

寇祸方滔天,民劳久去国。孰知是生离,已复成死别。结发四十载,一朝溢脑血。万里不得归,痛哭为呜咽。独有超安养,略悲遣心骨。闻君入殓时,三日顶犹热。此相兆生西,曾从内典说。娇孙昔梦见,白衣光如雪。踏星上入云,应往朝天阙。杨娅梦尤异,娅为樾林妻,樾林治科学于欧美,有正觉,无迷信。忽若瞻象设。观音妙庄严，临风飏巾帻。谓我逝将去，端来与汝诀。汝行殊大佳，足弥缝吾缺。汝可助吾家，屈居义女列。汝其速我拜，此誓不可忽。拜罢谢肴膳，谓娅当速发。翩然卒引去，佛去方有役。娅寝正回室，邸报纷嚣息。来告泪绠縻，下拜灵床侧。自是为君女，丧服斩衰绖。蒲伏苫甴间，长日殷谢客。闻者兴赞叹，睹者咸感悦。密意怜西来，无别此心佛。吊客大哭时，因兹为稍辍。知君慧业人，且复思其德。平日直如弦，明无私可惑。除却儿女痴，遇事少缠结。早岁事公姑，夙自无愆忒。晚复抚诸孙，慈祥多悱恻。迩日示净行，腥膻长屏撤。先时戒子妇，荼维当我殁。临命属家人，念佛声毋绝。正性刹那间，涅槃悟生灭。书此瑞相缘，冀哀知有节。世寿何可常，苦海当永拔。

山中见放学儿童怆然有感

野阔山深冷夕阳，偶逢学子负书囊。人间何限兵戈地，巴里应兴廉让乡。亡室重泉今永别，诸孙一海远相望。年来国事多灰短，独有思乡意未忘。

还乡岁两周矣家国屡变行吟无改感而赋诗

廿载支机隔，航空似汉楂。崎岖越五载，憔悴老三巴。孙大思疗国，武孙近告其父母，谓待弟生后，我将出而救国矣。憨稚可哂。妻亡悔别家。神皋痛沦陷，半壁此中华。

散帙检家书重寻亡妻遗语赋寄洵儿芳媳

东海尘扬寇意深，频年夷患苦交侵。即今国辱忧多累，真信家书抵万金。别录欲成小儿语，遗笺微见老妻心。遣悲略有新诗什，寄与若曹试讽吟。

蜀中秋感

青天蜀道撼风雷，墨翟鸢飞日几回。山泽龙蛇愁陆起，简书猿鸟畏车来。滔滔南国浑无纪，攘攘雄都漫是陪。剑阁琴台莽萧瑟，秋城画角至今哀。

秋日追忆亡室

黯澹秋郊怆客魂，孤鸿失侣只烦冤。已殊元相悲营奠，谁似庄生踞鼓盆。尺素哀深怜弱子，僮苦泪染闵娇孙。薄棺万里辜凭恸，鸡酒何因到墓门。

渝州漫兴

双江萦带水环湾，雄立数山相对闲。十万人家烟霭没，两三轮棹月明还。李严去后无长策，刘綎初来守重关。名郡三巴须护惜，莫教毒焰煽倭蛮。

即事遣悲有作

贫绝偶眉低，平生愧老妻。只今遗积贮，馀赐及婴倪。早自轻生产，何堪罹鼓鼙。羁孤易悲感，客屋听猿啼。

喜闻湖南大捷

闻道长沙捷，幽忧病欲苏。腐心酬敌久，狂喜卷书无。锁钥西南固，游魂十万诛。汨罗江畔血，流恨满湘湖。

晓起郊步

晓野露华滋，遥峰雾罩垂。寒蛩吟蔓草，闲鹭浴方池。市远人行少，山高日出迟。客怀殊未谧，偶动异乡思。

永别篇

溢血事堪惊，结发恩未已。平生苦相依，百年乃万里。折翼冷孤鹣，尺素空千鲤。昔誃絮不休，今诀无一语。近惭荀奉倩，远谢蒙庄子。通命既未能，伤神亦徒尔。何当太上忘，永别暂游视。

晨郊野望

东方云日晓相晖，山背腾光映翠微。回首天西见清晏，一弯明月尚留归。

晨起偶忆早岁与山妻偕游晓行之乐与宵行之苦各成一首

大野风高冷袭裙，怜君云髻不曾梳。朝来何事忽忙甚，一路看山共笄舆。

天畔山边上小舟，渔人夜息一灯幽。千摇万兀趋繁镇，相挽呼车古渡头。

郑州陷后忽得彝陵喜惧交并有作

几日相哗陷郑州，彝陵东下忽传收。苏坡有路趋樊口，陶侃何年次石头。万户野烟心总碎，一声何满泪交流。涛音尚入黄陵庙，楚水难湔失地羞。

观石墅宅边桔树

种郊千树桔，不更比封君。今日资生切，寒乡取物纷。理财隆实验，研术鄙空文。多少人间事，闲心委山云。

秋　暮

乱山幽树里，黄叶已秋深。侵晓露犹泣，凝寒天半阴。思家游子梦，怀旧远人心。永夜松江月，闺中冷独吟。

南郊秋感

木落冷悲秋，寒郊古渡头。人归孤棹迴，虫语一天幽。兴懒游山屐，魂销望海楼。举家尚漂泊，一老积年留。

客舍遣怀偶赋

天地兵戈际,戎夷战伐尘。可怜垂老客,长作未归人。别路关山远,幽窗草木亲。遣怀赖书史,不忍说伤神。

秋　雨

细雨洒秋郊,寒江静落潮。水清故无底,发白不曾饶。浴鸟浅窥井,归僧方渡桥。渔翁荷蓑笠,茅屋晚萧萧。

捷　告

捷告是耶非,长江屡合围。哀兵方斗死,残敌可知归。海澨伤舆榇,乡山负采薇。双栖两黄鹄,世难惜分飞。

秋霖不出怅触悲怀有作

万里羁孤未自聊,况逢寒雨日潇潇。湿烟态懒轻笼竹,碎玉声哀密打蕉。谁信高秋富佳日,更怜明月隐清霄。天阴白骨多新鬼,魂逝江南不可招。

谢放翁赠温州乳油

王子分酥酪，檀施到野人。藉将脂肪质，犹摄幻泡身。送酒菊花日，延年椿树春。所嗟孙远别，不得更扬仁。

灯下偶成

秋老夜摊书，虫声回壁歔。论交千载上，黜吏十年馀。晚学曹袁共，新诗颜谢俱。惟忧未耕种，时读异吾庐。

移屋书窗临园欣然有会

万木阴窗巧作帷，秋残偶见叶初飞。西来天漏多云雨，郁发寒花待我归。

美日战谣亟冀诸孙还归附书海上

海上烽烟苦渐昏，老怀烦乱念诸孙。犬羊近逼须长策，豺虎仍骄好闭门。锦里先生待看客，瑶池阿母与招魂。佛关更拟栽花竹，饴汝还家似稚园。

悲怀久仍难遣感悼成章

乱里思君只更哀，可应魂断不归来。香奁故物何心惜，缄札遗封敢忍开。谁为穷求向仙海，反疏幻梦到泉台。娇孙弱息俱受劫，惘我乡山首重回。

感时为诗遣悲得句存殁相矜独馀此旨因复纪之

变雅歌哀废几篇，流离琐尾已三年。声沉辽沈千家哭，行绝东吴万里船。老去常忧刺衰凤，乱来唯觉苦飞鸢。娑婆浊恶伤沦劫，君遽西归已是仙。

偶思忧难有作

哀乐中年老更伤，国忧家难互相妨。城头初日飞乌鸟，海上西风起白杨。箕踞盆歌谢庄叟，酒酣剑斫感王郎。寄心私制疏朝政，今日何阴鬓已霜。

石墅再移东屋感叹有作

书舍窗添一角山,老怀略遣不知还。候虫永夜如私语,园鸟一秋相与闲。独倚月明鬟臂沓,空吟幽隔鬓毛斑。馀年久客嗟萍寄。苦闻尘间似梦间。

秋宵闻雨

九月闻冻雨,秋嗟夏令行。盘珠犹瓦落,檐马自风声。倦客三年别,良家十郡兵。寇深若何感,存殁尽关情。

愁　　雨

一夜雨潇潇,愁心似海潮。诸孙三载隔,万里一身遥。故剑浑难觅,香魂倘可招。不眠剩孤客,凄绝听芭蕉。

哀永逝诗亡室荼毗后作

天日苍茫永逝哀,荼毗尘骨已灰埃。那堪终夜同鳏警,应有千年化鹤来。秋月春花忍长往,穷泉朽壤倩谁开。抑扬藻思增凄惋,善谏黄门可费才。

秋晚散策近郊登高远望

灏气入秋清，郊原方独行。横空一雁过，落日万虫鸣。树古长遮屋，烟寒半隐城。晚登异摩诘，犹眺二流明。

秋　色

东山好秋色，已似净居天。梵呗初闻寺，虚空不碍禅。落花千片寂，啼鸟数声圆。即是参心佛，趋器笑学仙。趋器一作吹箫。

秋雨霡霂赋示家人海上

细雨疏窗苦织愁，思家无俚但烦忧。嗟余肠断江村局，知尔魂销海国楼。孙起称安今寝未，内子殁后，三孙晨起如常望门呼安，儿及子妇闻而增恸。客来呼白尚豪不。内子好客，喜为佳馔，戚友多乐聚之，时娱以博戏。伊人去后风华绝，园草萧萧轩树秋。

悼念亡室悲怀靡已再示家人冀并遣之

死别相思泪未枯，遥传一掬达三吴。青山骨朽何分别，白雪灰封定有无。闻内子荼毗后，灰白如雪，主者谓数十年来仅第二见。供客馔肴见陶母，悼亡赋诗续檀奴。承家赖有佳儿妇，万里书来苦慰吾。

酬尧老见怀

上寿天教过杜公，暮年诗笔更能雄。知机我已惭张翰，校岁君兼傲孔融。老去艰虞剧暴日，别来容易又秋风。平生杖屦相从晚，款段因思御史骢。

雨夜独坐

巴山秋夜雨，独坐凛孤清。蟋蟀逆风咽，芭蕉当户鸣。村深黄叶满，江迴白鸥轻。萧散郊居久，愁围苦作城。

忆孙偶成寄示儿及子妇为诸孙解以贻之

衰翁端忆舐童孙，谁次西郊赋乱原。衣葆骄儿俱渐学，含饴大母已无存。名家祷赐甘卿宅,隐德思高于氏门。何日升平更重聚,呼耶语笑共春温。

劳燕异情歌

伯劳何事好单栖,海雁孤飞夜夜啼。寥落馀生太惆怅,春申浦上月初低。

深夜遣怀

清冷孤衾夜不温,凤楼人去只消魂。平生恩意悲离别,拟检残绡觅泪痕。

衰　白

衮白乡关尚苦兵,三年留滞客心惊。嵇康素懒轻鞅掌,徐幹迫忧冷宦情。妻逝反深黄鹄感,友亡莫遂白鸥盟。敝庐风雨沧江上,独有传书庋两楹。

暮　　秋

家国忧同草木衰，穷阴天气暮秋时。吟蛩声断增凄寂，哀雁群空叹晚迟。佳节尽教愁里过，今岁中秋、重九诸节皆忽忘，无诗。缠兵况是客中悲。菊花霜冷堪矜赏，老擅空山绝世姿。

雨中晚望

雾雨遥峰锁，秋郊夕气清。鸟归千树暗，人舁一肩行。客路荥泥滑，邻村络纬声。罢民半愁苦，况乃更闻兵。

霞庄初见菊

天气已新霜，寒园菊正芳。羁情惜节换，鳏绪怯秋凉。城父谁庄贾，人间尚子房。行都万人海，犹得一身藏。

沉　　阴

天气沉阴易得愁，初冬风气厉残秋。无憀展卷编三绝，偶约围炉酒一瓯。念我占乌有孙子，看人牧豕作公侯。长嗟老病干戈里，且复东川二载留。

寿冯焕章六十

将军大树有宗风，一代新诗别创中。蘧孔行年期与化，张关敌万故能雄。闲从野老田夫语，应建勤王杀贼功。六十未衰君胜我，行藏今昔可微同。

岁将暮矣景益凄其感念亡室不能自已抆泪成篇

不尽怀人岁暮思，霜晴犹剩菊花时。山长水远家仍隔，枕冷衾寒老更知。谁思孤鸿呼旧侣，为怜落叶恋残枝。韶年已苦伤心别，衰白何堪见死离。

赠书无鸭荡郊居

赵子郊居似画图，数山苍翠拥精庐。云开正尔看全荡，江渡何殊泛五湖。洞见一垣疑古术，今日医术所用爱克斯光线，与扁鹊视见一方人绝类。漫游百国宝新书。我来却话卅年事，知是高阳旧酒徒。君为辛亥重庆中校首义诸生之一。

题德阳所藏吴墨井伏雨图卷

伏雨炎风诗画传，虏朝歌咏太平年。徐家兄弟相骄贵，偶忆亭林一惘然。

雨中郊行

江村烟雨里，一径入肩舆。旷野看天近，方冬酿雪初。落黄冷山木，寒绿浸畦蔬。路半逢驿使，惊收海上书。

六十生日避寿作

六十归乡尚黑头，世缘谁合死前休。昔经险困期胡逐，老去艰难为国忧。东海尘扬妻已殉，南山豆种我何求。何堪多难逢生日，避谢还嗟似俭投。

六十生日又作

倏忽遄过六十春，彭殇何限眼中人。存危早缮庄生性，亡悼新伤荀令神。丈室如闻定摩诘，九州谁意舞波旬。桑田留命多看待，末世忧飞坏劫尘。

委蜕何因尽弃捐，声虚问寝自年年。揽揆一老嗟初度，遥拜诸孙庆此筵。沪屋每岁仍有客至。耳顺只今从学丘，心斋聊复藉希渊。俗于生日多斋戒，余病未能。百龄易逝空过半，近觉迷津有愿船。

挠甲已新周，千金寿懒酬。轻官久沉野，避客且登楼。倦拟山居赋，惭憎海屋筹。无人与偕老，泪迸不能收。

生日晴霁喜赋示霞姑及见寿诸子

浓雾午晴天，祥云欲化烟。故人远相寿，友女最能贤。阅世方周甲，离家久隔年。碧空照杯酒，一醉及花前。

避寿霞庄喜谷叟至

密勿楼居隐，翁来始若仙。心清今杜甫，须白老颜渊。群意推元叟，私衷赧少年。余少翁十七岁。平生相契分，晚节几彭篯。时放翁亦至，已六十有奇。

闻美日战起有作

起陆龙蛇运可伤，风云倏幻太平洋。东西有国俱蛮触，羁旅何人尚卷桑。余长日郊居，与隐沦无异。忍令娇雏惊险厄，时儿与子妇尚与诸孙阻隔上海。会看穷寇死跳梁。九州近已无宁宇，一角偷安暂故乡。

上海敌扰悬念诸孙赋寄

兵火蔓三洲，诸孙尚海头。慈怀未能已，老泪不禁流。空吒思耶苦，军屯上学不。何当互飞集，遌汝散千忧。

近　得

近得重洋信，某贾沪肆顷由瑞士转电。悬知沪渎安。诸孙音断苦，一老客归难。黄浦心飞越，苍生泪暗弹。敻哉四夷守，卧榻任人鼾。

沪变寄示洵儿芳媳

忽漫增倭警，殷忧念汝曹。婴孙须善保，家累未堪逃。好备收精卷，机谋藏宝刀。九天思阿母，无计更分劳。

忆孙偶赋

残倭遽乘衅,苦我最娇孙。幼小婴忧患,天真损乱烦。笞书应志变,竹马不窥园。梦汝风波里,凄凉隔海村。

郊行遣兴时方有成都游约

雨后霄高日隐云,数声寒鸟隔溪闻。时当域外豕蛇斗,晚爱山中麋鹿群。绕膝有孙江海别,同心一侣死生分。草堂廿载疏游迹,空诵华阳十赉文。

忆孙再赋寄示洵芳

孙小未能诗,村栖梦海涯。雨翁密储果,阿母杳含饴。世乱怜渠远,家艰待我迟。偷生在瓯脱,相忆鬓成丝。

狗来谣

狗来狗来,飘摇九垓。贵妇顾笑,喂以乳糜。何物中委,见狗升天不可阶。云中隐仙吠,那恤港畔哭声哀。吁嗟乎!生男勿喜女勿悲，人何寒瘦狗何肥。不闻一人至，但闻八狗随。庸媪何郁郁，筐篋何累累。城中有口，皆为狗开。羡嫉怨詈，唯意所裁。

狗来狗来，狗不自来。獠奴牵之，御气乘风回。贵妇尔何人，艳名轻夏姬。侍寝曾当禅让时，面首今矜神武姿。能作胡语，胡俗端可师。狗舌从翻控鹤奇，以兹形影不相离。噫吁嘻！狗之来国，胡有人哉。

雨归霞庄

烟雨冥濛湿雾昏，穷冬天气黯销魂。萦泞行旅多愁路，寥落人家早闭门。造物无情偏蜮鬼，老夫有忆即雏孙。扁舟棹入巴渝岸，何似江南黄叶村。

题熊观民所藏傅青主灵异记稿

恣睢群喜诵无神，灵药谁知奉所亲。痴绝霜凫更移孝，虞渊落日不教沦。

为曾吉芝题向春舫所绘蜀山行旅图卷

万仞奇峰笔底开，巉岩斧劈郁崔嵬。故人诗画堪招隐，廿载乡山入梦来。

晚登渝故城

巴曼古城头，雄关据上游。兵车四国会，时英魏菲尔，美勃勒特等将领均至。日夜大江流。锦水思诸将，青门隐故侯。黄昏望烽火，愁说海风秋。闻倭攻美英初战俱倖获利。

闻香港陷屡念汝南老友

闻说香江陷，难知消息真。一身惭自保，八口寄谁人。武困应思汉，连羞夙帝秦。残倭尚豺虎，弋获虑衰麟。

乱后望书不至

乱后望家书，兼金抵不如。空航邮遽隔，无线电多虚。沉寂山间驿，漂摇海山居。骄孙空善画，辍寄复怜渠。三孙平昔恒喜以所画附书见寄。

冬晚郊望

枯树日萧萧，顽云懒不消。幽花闲破萼，寒鸟息归巢。雨后坐清冷，愁来感寂寥。颓龄久乡里，留隐怯相招。淮南小山《招隐士》者，招之出仕。后世解若约隐，可非成是久矣。今从原旨。

冬日感兴

憔悴老烽烟，清霜十月天。胡尘遍华土，人海几桑田。僄勇喧荆楚，时长沙苦战获胜。悲歌冷赵燕。家书迟未达，孙小最堪怜。

喜洵芳书至

愁眉喜忽开，儿辈已书来。见说平安剧，遥知隐逸才。孙喜唯恐寂，母在可胜哀。幸未忧薪米，贫家巧足财。亡妻于世乱时，辄豫筹薪米数月，子妇学之，书来谓足支目前。

长沙确旋足雪前耻感叹有作

长沙已三捷，此役最兵哀。苦战捐肝脑，残妖暴骨骸。讹言湘楚息，笑口美英开。终见孟明庆，殽封哭几回。

得家人电复

夷患海东边，平安万里传。幸因无线电，聊补有情天。孙小猥经变，翁矜已历年。乱中重消息，展见一欣然。

寒日霞庄遣兴

老树扶疏江上村，枝垂径仄不知门。青山映日当深户，黄叶随风过短垣。犬吠偶增孤馆寂，花香不断一炉温。三年帷下巴郊里，散策时窥异董园。

上海变后忆孙偶赋

苦忆诸孙海上嬉，而翁违难得归迟。岂期乳下方依恋，已恨人间有别离。问寝可追王母领，贻谋应诵老夫诗。平生慈爱何由续，念汝遥耽井里饴。

再喜澄如至

新知谢朝贵，端过故将军。论演昄三藏，碑摩擅八分。君时临汉隶《华岳》、《张迁》诸碑，颇得神髓。边侵未立幕，关掩欲书裙。了澈西来意，圆音见句文。君示我答友人诸书，多洞明禅理。

冬夜感兴

一钩璇月冷于霜，万籁无声觉闭藏。老树参差向天际，孤灯明灭伴炉傍。漫思碧玉歌陈宝，时友人有讽置姬侍戏语。谁识黄金铸子昂。千古诗人重巴蜀，苏虞足傲此为乡。

南郊客感

老去婆娑巴岸村，廛田区宅未堪论。庞公渐已无妻女，王翦今犹为子孙。竹马长浜应有忆，竿鱼弹石每多温。外家咫尺同来地，物是人非总断魂。

步月偕熊观民文德阳

倚杖深宵步月华，野田春动已鸣蛙。霜鸦阒寂轻翻树，玉兔晶莹冷映花。谁意空山相过访，自怜吾土彼无家。玄言清论支眠倦，莫讶翁仙似少霞。

苦　说

苦说邻邦战已非,星洲孑立见危机。天骄嵎虏方张乱,民困巴都未得归。妃主应无青塚恨,将军莫误白登围。吾谋不用嗟何及,遑忍泥中赋式微。

遣　愁

潇洒争教日月徂,此身终分老江湖。四年留阻扶桑虏,千树思栽桔木奴。绮梦忍听亡妇语,慈怀愁展课孙图。韶华枉自矜鹣鲽,晚岁空山渐觉孤。

风　雨

风雨闭门中,天涯一老翁。客愁生黯惨,诗句掩沉雄。澳竹平安绿,山花富艳红。孤居似仙隐,书问喜儿童。

除　夕

雪醞清寒梅已花,穷年犹独寄东巴。谈禅两士谁龙象,时劭深、澄如两居士谈禅书札均由余转。黩武三洲半豕蛇。客子光阴非去国，岁时伏腊苦思家。羁孤寂甚伤今夕，遥识诸孙语笑哗。

四载分携苦各天，一年将尽百忧煎。裴休语忍空官贵，子晋得仙更少年。欲向庄严寻佛土，尚馀游戏在人间。山妻近已归忉利，愁说鸾胶续断弦。门人江君以更娶为问，笑谢之，益触迕余怆感。

除夕大雪又作

南来雪见六年馀，未敌今宵正岁除。渝水可禁冰作渡，巴山翻爱玉为庐。余昔寓宣南咏雪有“北来真见玉为庐”句。乡先漫耻前杨誉，贤主应称后孟居。时余生霞庄，霞姑婿以其名署屋，盖纪其贤。余戏拟赠以后孟之居。我自有家归未得，久无春胜为孙书。

琪树琼花一夜开，山楼初觉似蓬莱。丰年忽兆春飞雪，阳纪差当蛰破雷。遥望仙居银阙瞰，晚归人踏玉沙回。清寒客舍增孤寂，邀赏合倾献岁杯。

怀人今夕更后得句

岁晏风多日，宵来雪满天。江村寒少客，玉宇净疑仙。之子数峰外，诸孙遥海边。年年苦今夕，把酒意茫然。

雨后书感谢客问

雨后苍山数点尖,举家别恨不堪添。相思东浦千回首,拄看西风一卷帘。擎掌明珠何可见,益年暖玉故应嫌。禅心沾絮浑无逐,那有闲情计素缣。

天隐阁诗录九壬午

元旦雪霁试笔

快雪喜晴佳,山村春满街。梅窗讶明月,椒酒彻清斋。李愬应收蔡,苻坚未度淮。天风厉高冷,遥见一峰埋。

上海孙久无书慨然有赋

诸孙安稳未,何事久无书。雁帛经时杳,雏婴遇变初。归飞念螽羽,眠警惜鳏鱼。风雨差能蔽,春申江上庐。

煎　　茶

一瓯足睡避兵时,今日谁钦举案眉。已学煎茶到西蜀,行囊莫具定州瓷。

赠刘氏两女童

能画刘家有女童，机精新见两儿风。闲来添树聪明到，不貌山僧貌老翁。

由毅庐夜归霞庄

江村具百丈，爇苣夜中行。远火攒星没，酸风掠耳生。人归鸦已宿，犬吠豹初声。亲故深山里，兵戈半隐耕。

春　　归

天气已春归，游人赋式微。江鸥闲渐浴，梁燕语初飞。巴蜀聊安隐，荷英未解围。举家尚淞沪，变乱觉书稀。

早春见弦月

东风犹未破春妍，寒月昏黄侧挂天。黯澹一村沉犬吠，朦胧几树静鸦翻。嫣红迸鄂俱疏影，垂白离家可判年。今夜窗纱渐虫透，薰人花气欲侵禅。

早春初起作

又际初春薄暖天，海隅南望递烽烟。宾看锦里虚归梦，时拟游成都，未果。鸟语花枝破晓眠。不分心清在精域，漫疑发绿是中年。江关诗赋增萧瑟，庾信平生只自怜。

小极用早春初起韵

偶因卧病向江天，隔牖风帆掠曙烟。煖日端思趁游赏，寒宵犹得恣春眠。酒钱远过铜三百，时楮币低落，百物踊贵。诗帐新增历五年。谁堕孤翁天万里，家贫孙小最堪怜。

春日复思亡室

已断商归数纸书，诔文哀逝渺愁予。时方撰亡室事略。暝昏杨柳惊孤燕，春水桃花帐比鱼。三夏共栖濒海国，十年空忆故山居。兵戈满地无家别，忍觉颓光是梦馀。

夜午

夜午乱蛙鸣,南郊春有声。气清已天朗,月黑渐人行。岸草争波绿,园花射电明。何因骄井底,蜀据可怜生。

元夕雨

元宵薄暖渐春回,润物无声细雨来。檥棹黯归群动息,悬灯红照几花开。因停永夜鱼龙舞,莫湿斜风莺燕猜。准拟真楼恣清听,年年诗句有新裁。余最喜春夜听雨,频年有诗纪之。

听雨

夜雨已堪听,花时酒半醒。蓬蒿仲蔚宅,寂漠子云亭。哀玉旋飘瓦,跳珠偶入棂。三巴万杨柳,晓望接天青。

春思

客思春来倍黯然,兔葵燕麦夕阳边。忍看孤雉朝成操,愁觉鳏鱼夜不眠。梦冷归飞东海上,乱深憔悴百花前。休官便拟相从去,洛下闲居二十年。

渝中春日

杨柳巴江岸，桃花渝水春。故乡佳丽地，思尔太平人。妻在堪偕隐，孙骄不厌贫。何因去亲爱，孤客黯伤神。

春日拟游成都不果以为沪上家人谋未定故

何事春来负远游，佳时王粲郁登楼。浣花任尔花饶笑，锦水若情水应羞。久赘儿孙重委蜕，偶横天地一虚舟。全家犹困兵锋里，犊爱无因谢老牛。

送仲弟之官万县

予季竟行役，一官初泛家。扁舟向南浦，天地尚中华。寥落雨灯馆，凄凉荆树花。涂溪好风月，谁与话桑麻。

春日抒怀忆远偶成长句

懒过嵇生七不堪，困眠饥饭是真参。僧寮小憩茶初斗，客舍狂谈酒半酣。榿木晓风吟屋角，杏花春雨忆江南。东风已绿郊园草，踏鞠知孙语笑憨。

霞庄看花

一夜群花发，桃开递海棠。霞庄花以是二种为最。红霞朝映日，白雪暗浮香。崔护重来感，杨妃被酒妆。巴山盛春色，从任蝶蜂忙。

春日怅睹亡妻遗影

死别伤孤雁，春思黯众芳。幽明一为隔，凄断九回肠。绮语磨难尽，馀情袅未忘。何堪见遗影，客馆独悲凉。

又见观遗影后作

又见春光澹沲天，羡君忘我已堪仙。消磨岩窦吾犹尔，尘劫牵驱绝可怜。

海　　棠

秾艳纷桃李，幽花爱海棠。丰标几萼坼，拳曲数枝芳。海棠花枝独美。五出英输雪，三更月转廊。电光胜高烛，娇睡照红妆。

遣　　兴

举国仍忧虏，无家半似僧。安禅谁与共，哗世我何能。海市春多梦，云峰住几层。长怜江仆射，向寂只孤灯。

春日霞庄偶成

行看绕屋树扶疏，三五桃花似敝庐。余海上寓园诗有“新种桃花三五株”句。龙战苦忧千变剧，蠕围聊寄一身孤。寒奸北海凛昆玉，输我东坡霜鬓须。余须鬓尚未大白。一事马迁偶相羡，游中曾志挈清娱。

伤春有作

怀抱因春合好开，花香鸟语足低徊。五年客馆伤孤坐，廿载乡山感重来。鹤化应归见华表,凤栖何处访琴台。青闺海上苔初积,已觉相思寸寸灰。

天　际

天际独伤神,妻亡已一春。好花愁倦客,侣燕惜羁人。壁挂应犹昨,奁封可拂尘。只今任离乱,长绝翠眉颦。

初春小旱得雨喜赋

一雨能教万物苏,晓来弥望但青芜。岂期海市三年别,长咏豳风七月图。春日柔桑绿尽染,野墙娇杏红微濡。小楼昨夜酣清听,共赏谁过倒玉壶。

春晚即事

气暖风清日驭迟,晚闲一鸟语高枝。洊忧故里生戎马,翻恨馀年阻别离。夜午春声在雷雨,月明花影上阶墀。诸孙海畔嬉犹昔,草长邠园有梦思。

卌　年

卌年忧患里，老我意中人。携鸟经千里，昔养一能言鸟，途经湍险而喑，数月始得复常。栽花过一春。习劳未骄贵，深爱每忘贫。终愿荼维净，明幽谢世尘。

闻蛙有忆

鼓吹蛙声竟夜哗，昔年曾记在山家。故园巴国春如绮，同里长干人似花。两小无猜频月下，相思有梦渐天涯。醉归扶路今应笑，何处钩帘见鬓鸦。

伤春再作

雨洗桃花柳带烟，英娇如醉絮初颠。鼓盆悼妇空千古，蹴鞠将雏已十年。久倦离家天万里，悠飏归梦梅东边。羁情愁更伤春物，新怪而翁但早眠。

霞庄见樱花

粉靥中单白玉肤，海嵎移种两三株。国仇自尔增荆棘，可得名花互赏无。

曾见娇樱邪马滨，卅年情事宛犹新。即今倭寇深如许，谁作看花把酒人。

雨霁

雨霁花开胡蝶飞，落英如雪每沾衣。春来客梦浑无迹，乱后家书渐觉稀。曲水重三应有序，行年五九更知非。诸孙莫漫伤生别，骄汝慈亲减重闱。

澄如过谈庄谐杂出偶及前尘影事相与笑之越日赋赠

子云寂寞雕虫日，玄礼消摇载钺年。偶过山中相视笑，俱来世外或疑仙。明心坐面达摩壁，抵掌谈穷邹衍天。几局楸枰旧时梦，败仍可喜胜欣然。

春日得子妇书纪述其言除夕与洵儿所经却寄海上

越岁又春归，郊原草木菲。天涯怜弱息，别泪忍长挥。愁苦书中语，艰难膝下违。相哀有邻德，谈笑一忘机。

春日即事有作

南岛困风埃，西川静昼雷。山幽一鸟语，春媚万花开。大野酣龙战，殷忧托鸩媒。举家滞沧海，经见几时回。

春晓野步

清晓行吟向万山，半轮旭日见初殷。插花农女偷窥阚，采药樵夫闲往还。画鹈影沉黄葛峡，杜鹃声度海棠湾。平生悱恻芳菲意，放旷春郊始觉闲。

春半闻鹃作

桃醉柳初颠，春山泣杜鹃。好花迎候发，啼鸟到今怜。暖日穿双蝶，高风堕几鸢。声悲易为感，羁泊久穷年。

夜归霞庄感赋

田野乱蛙嚣，客怀正寂寥。五年别绪恶，孤馆一身遥。篮舆行山樺，人家流水桥。夜游频秉烛，明月想前宵。

午夜闻子规

默坐深宵听子规，清哀无奈忆家时。诸雏烂漫睡方稳，谁解而翁入梦迟。

春明敌机不至喜而有赋

清晓春明鸟戾天，如闻墨氏断飞鸢。故因南岛酣攻战，聊得西川小静便。不分登楼望烽火，偶来扶杖听流泉。山中日月今安隐，时复看云白日眠。

春夜甚雨窗下听作

听雨疏窗泼刺鸣，夜闻微觉峭寒生。书声隔户宛如和，人影一灯相与清。庸媪移床避屋漏,老农分水备春耕。园花开落知无定,我亦纷攒忧喜情。

发书问孙生以否因系以诗

孙雏新诞未,遥拟听呱声。凤誉天应宠,螽斯世易惊。高门尚于氏,赐宅缅甘卿。逮汝称中子,宜膺突忽名。

毅庐省姑晚归风大起即事有作

春风狂似虎,端谢剪刀轻。竹苣百丈均以竹制之更番息,篮舆悄独行。一钩凉兔影,四野暖蛙声。若漫伤姑老,殷殷小别情。

客　舍

客舍孤衾惯晚眠,云山归计冷萧然。一生略似东坡老,海外羁栖几历年。

百　鸟

百鸟悲东风,愁吟一老翁。鹃啼昏晓际,鸠唤雨晴中。野草连天绿,江花照岸红。所思人不见,怅望碧云空。

喜第四孙诞

闻道婴儿堕地安,客怀略遣为加餐。众雏未有彭衙避,娇女能增左氏欢。抱送九天相望久,试啼万里欲归难。精心绷负思王母,应引慈顾带笑看。

敌机不至再赋

寥天一角靖鸢飞,荡荡长空远合围。万里鹣孤永为别,一春鸟唤不如归。防壕久冷蒿新长,永夜闲眠梦亦稀。犹有嬉堂太平燕,斜阳巷口忆乌衣。

深夜偶成

凤泊鸾飘苦未归,可怜一曲雉朝飞。为谁风露清宵立,犹自平生想德帷。

再闻子规

午夜鸡声间子规，春深将近月明时。人间无限相思苦，输与单床倦叟知。

遣闷作

虞翻乱后经浮海，陈仲春来尚灌园。泉石久肓堪送老，文章于道未为尊。

萧　　然

萧然冷一灯，端似在家僧。已近坏空劫，遑勘大小乘。眼遮几经卷，身寄半床绳。脱屣捐妻子，嗟余病未能。

为瑜孙寄示洵芳

娇孙满膝下，垂老尚人间。寝地嗤轻女，吹箫望得仙。儿医须备物，乳媪莫忧钱。时虑瑜孙乏乳，余为寄千金作佣值。漫拟关婚嫁，游山待几年。

读樊通德遗事

拥髻凄凉话夜深，伶玄传警美人心。赵家姊妹俱灰灭，野草荒田何处寻。

春　　月

春月娟娟似美人，老夫独望一伤神。鹃哀不见蹁跹影，天净羞污战伐尘。陇畔菜花黄漠漠，门前沟水碧粼粼。云鬟玉臂今消歇，香雾空辉海上轮。

寿潘母七十兼简仲珊昌猷昆季

昔者随园文章士，廿年侍母真堪嫉。君家兄弟知谁当，靖难将军都议郎。常时奉母有甘脆，行年七十称春觞。老我馀生恸孤露，犹来故里攀风树。瑶池新开仙寿图，驿置且颂华封句。起居八座欢君心，板舆迎养今嗣音。人生难得亲长在，笑谢田桑变沧海。

春莫晚赋

乱蛙声更急，应是苦春归。凉月争云出，残花掠地飞。客深倦游屐，夜久舞风衣。刻意司勋老，逃禅渐息机。

晨起行园赋酬澄如居士

禅定觉诸迷，无心怖鸽栖。随缘供何肉，法喜胜周妻。结习惩蛛网，圆音会鸟啼。空华如医眼，乞为刮金锟。

缅甸我军继溃感愤有作

闻道征南衄，雄心负霸图。海昏间盟舰，山积丧军输。四万陈陶血，千金飞燕躯。何因窜腊戍，天半耆追呼。

闻珊瑚海美军大捷

盟军雷动珊瑚海，敌舰纷纷苦击沉。韩魏共纾灭知策，良仓应快报秦心。三千强弩潮初落，十万楼船岛半阴。何日秋高更横渡，台倾邪马见成擒。

次韵奉和澄如居士春莫看花之作

冷艳残花似锦铺，山深四月野人居。阿维问字且载酒，有客连床方读书。娈婉东风春去也，萧疏微雨夜来无。知君近亦亲毡毳，鴃舌今时可问苏。

晓起意行南岸登丘偶赋兼简澄如

高丘看日出，深谷野烟微。田水耕初起，江城客未归。万山环岸立，一鸟薄天飞。可叹无仙侣，萧斋独掩扉。

我　家

我家烟当酒，款客度寒宵。书畔亲灯火，山间少药苗。鬓丝伴禅榻，歌吹咽仙箫。可笑杨居士，谓仁山宗老。泥犁说罢烧。

听鹃寄澄如

和答欣听两杜鹃，漫师苏李足哀怜。孤吟晚得陈居士，刿贤刳肝扰却禅。

晨起观旭日

浩浩天风入耳过，山中万象日森罗。晨曦自爱清凉剧，知奈人间愁恼何。

春尽闻子规

百鸟俱因唤侣鸣，子规哀怨似孤清。蜀山共尔怜乡土，愁听春归日夜声。

愁热一首简澄如亦闻鼓鼙思将帅意也

愁热天还雨，忧深国未兴。已闻退英缅，复报失滇腾。追敌嗟秦虎，居边惜郅鹰。东征诸将在，点白当苍蝇。

雨　　后

雨后凉生酷似秋，失群孤燕辄成愁。山间碧草芊眠长，石上清泉自在流。

霞庄夏夜

已有虫声竞夜哗，夏来秋独在山家。瓜萦架蔓方敷叶，电掣灯明未蕊花。卧看牵牛星共煜，归怜坠兔月初斜。好天凉夜浑忘暑，更欲挐舟向水涯。

江　　上

江上乡山称隐居，荣华丘壑足怜渠。近闻县令催军帖，昔梦督邮抱诏书。林屋共栖随野鸟，盘餐分饷及溪鱼。洗兵易卜占秋吉，多恐田何术尚疏。

霞庄晓起即事并简澄如居士时来宿于此

数亩秧田绿绕村，斜风细雨晓侵门。一宵与客谈空有，举世何人泯怨恩。梦里蓉城犹未蹑，幻中桑海更休论。清和首夏梅初熟，几日南薰便觉温。

小　憩

小憩安身图画闲，石梁危坐万重山。鸟音穿树方娱耳，童语嬉天偶破颜。市靡晚甘三径僻，农忙雅愧一春闲。槃阿与世相忘久，略有幽人共往还。

晓　立

晓立御天风，霞光射日红。遥闻竹溪水，如听松林钟。大壑散苍霭，奇云屯黑峰。乾坤此清气，浩荡百忧空。

赠李实斋禅者因简劭深澄如居士

游侠闾里幽并客，世网撄心尚精白。才辩如倾泻荷珠，岂意长参干矢橛。心行处灭言语断，犹向王陈问公案。妙知道是平常心，困来眠却饥来饭。我适默坐观诸公，威德期君具象龙。悲愿圣凡齐得度，不教尘世有沙虫。实斋自言持咒弘愿如是。

寥　落

寥落背行都，深山倦鸟呼。王城人海别，午夜客星孤。雨树浓如染，花庭废欲芜。只今馀蜀汉，空自说吞吴。

家书又梗抒愤偶成

家书经月断，已似杜陵翁。老病干戈里，生涯涕泪中。数州梗消息，故国且飘蓬。更隔雏孙苦，草堂诗未逢。

后存殁口号为故人两女公子作一者李尚琼一者石海霞皆群呼大姊者尚琼新殁海霞无恙及若处境各别又无论矣

灵照新伤倏暝馀，大家无恙尚闲居。信知各系多生业，福慧难教一例俱。

家书久仍不至遣愁得句因寄洵芳

鱼沉雁杳事如何，念尔漂摇海上居。孤客五年殷慰我，雏婴弥月最怜渠。家艰赖汝能持户,母逝无人更倚闾。违久因思暂重聚,遥天唯觉梦魂虚。

霞庄即事

乡村好风物,碧草叶初齐。园角缠蛛网,墙阴听马蹄。乱山深树麓,一棹大江西。屡喜寻幽出,归来月易低。

由弹子石归憩霞庄

水逼疑无地,山深别有天。屋边蟢子翙,花下狸奴眠。横馆朝呼渡,河间夜数钱。长干竹马里,怀旧一凄然。

夫归石

弹子石间夏涨湍水险急处俗讹称乌龟石

亡妻床阁地,有石望夫归。见说涂山女,情伤神禹妃。家门三过阻,衾枕十年违。禹居外十三年,言十年者举大数。千古巴江水,苔荒冷发衣。

初夏晚出涂溪

莫色苍茫野霭青,遥灯寒缀似疏星。鸟声方定蛙声乱,寂寞喧怜扬子亭。

天地清气爱雨馀,满山凉绿袭衣裾。娟娟新月迎人好,俱是黄庭入写初。

苦望家书不至又作

永夜思家枕未安,意悬弥月阙书翰。望中亲故期相助,影里儿孙怅独看。音断始知离别苦,寇深方省战和难。何堪岁晚屯忧患,酌酒无因强自宽。

初夏晓起

旭日苍山见几峰,江城烟霭入空濛。已过闲日黄梅雨,幸却数番花信风。

晓起石梁坐眺

石梁一宴坐，江树几人家。旭日曦初吐，炊烟缕薄斜。婆娑飐杨柳，菡萏坼荷花。忽忆忘妻语，溪山胜若耶。

日海军攻美中途岛美军大捷喜赋

洋破太平日，中途岛屿传。行看制骄虏，唯策毁楼船。珊海功犹续，珍珠耻遂捐。敌闻苦忧栗，日制数机鸢。

北非英德大战各以坦克车数千冲激亦修罗巨观也爰为纪之

德英酣战处，大漠起龙蛇。六月闻雷雨，千军走碛沙。硼镗屯坦克，营幕极非加。武士桥边血，同归鬼一车。

阴晨复往石梁独坐

石梁晏坐有晴阴，天色愁通野老心。一罅日光万云霭，乱山无语似秋深。

看　镜

老来犹看镜，不为鬓霜忧。白发长微缀，青春薄少留。寻仙药未饵，养寿道初修。延命经沧海，三山何处求。

石　梁

石梁闲独往，燕坐复高歌。岭霭含空翠，江风澹水罗。乱深家信杳，羁久客愁何。万事沉冥里，新诗日自多。

初夏城中归后作

四月南风黍谷催，黄尘影里客初回。数声桑扈如相警，一夜荷花得好开。烟霭深中看出日，蚊虻聚处鸣殷雷。山居物变观殊切，万缘浸裾独往来。

微　雨

磐石晓来坐，不知微雨飞。凉新渐侵屦，露重益霑衣。鸠听田家兴，驴骑客路归。好风与俱久，孟夏浥书帷。

清　　晓

清晓日初晴，空郊喜独行。鸲鹆时鸟语，络纬远村声。树古浓阴羃，秧新浅绿平。巴山富烟霭，微辨隔江城。

谢傅友周诒芒果其友人新自印度携来

异果来天竺，能生齿颊芬。形殊鸟啄粒，名绝蟹行文。余幼识此果名始自西书。湩溢甘留落，留落之名见于司马长卿《上林赋》，即今南洋所谓留连者。土人嗜之，与芒果相仲伯。欧人亦谓牛乳果，以汁似故。香清讶解芸。醍醐同净味，大士可知闻。

家书知因战阻心悬梦罜率尔成章

沪海音书断，淮江未解围。天骄犹自獗，客老不能归。罜梦几宵发，羁心长日飞。山居两怨敌，炎夏苦蚊肥。

臭　　虫

万物相吞噬，幺幺未等闲。臭虫何有籍，倭寇谓为南京虫，谬斥明都言之。香麝苦无山。甚喜支坚骨,唯嗟刺苦颜。民枯几血吸,汝肆吏兵间。

石梁晓望

独立矜天表,孤筇倚石头。疏松半岭寂,浓竹一家幽。老去真成隐,儿曹可与流。乌呼渐农集,日出野烟收。

久　谢

久谢尘纷独赋诗,雕肝镂血未能奇。胸中万甲谈兵懒,腹有三壬养寿宜。漫与画眉饬浑沌,那堪攘臂逐支离。避夷天遣犹为客,眷国思家半苦词。

石梁观日

红日欲出光万里,遥射鳞云半天绮。匿芒讶见魄沉西,如月浑教画难似。万山重叠烟雾濛,此时奇景思天宫。苦无姮侣相亲证,独咏石梁绿发翁。

石梁词

日日石梁片晌闲，清游独往不知还。偶然得句便归去，辜却留人无数山。

霞庄夏日

忽忽春归已夏炎，庭花园草露初霑。蟾光照水俱成彩，蛛网当窗一补帘。偶学谪仙酬两鸟，澄如读余石梁诸诗赠句及李余写寄《晚望渝故城》一首，以相商榷。近随亡友署孤鹣。讱斋晚有孤鹣小印。石梁频往看朝旭，逐热谁追落日崦。

弹子石感旧

故是长干竹马乡，今成冯吊独悲凉。昔时床阁无残馥，侍婢相看及老苍。

观日又作四首

旭日霞纷绚异光，为疑山外即扶桑。一轮徐吐如明月，似倩余看掩却芒。

黑云啮日吞还吐，芒掩光晶月不如。奇景海东思互睹，遥天稚子未能呼。

苍凉远小忽汤盘，红日升来已数竿。注视移时芒自隐，此情唯忆水中看。

儿时远镜曾看月，闪烁银光胜两星。英教士巴克曾携一当时最新式望远镜，招余及其国侨同看金、木诸星及月。今觑日轮光动剧，双丸终古有贞明。

山洞遇雨

风雨万山西，烟云四望迷。衣轻感晨冷，峰峻觉天低。弱竹缘村屋，欹松接径蹊。寻幽滞笻屐，笋舆度泞泥。

山洞晓起即事

云气涌成烟，苍然视下天。冥濛欲作雨，茫昧可经年。不向山中住，安知象外诠。随缘自得境，无复羡飞仙。

家书遽暂辍止战深邮梗感而赋之

音书今竟断，一日九肠回。犊爱忧无托，朋函敢忍开。亲交伤海隔，梦魂祝宵来。避乱依桑梓，相思树懒栽。

霞庄晓雨

石梁近无往，山雨晓来时。鸟语藏深树，鸡飞过短篱。自然喜频接，灏气觉轻吹。逐物生清籁，瓜篷满眼丝。

霖　雨

霖雨连朝送夏凉，悯农忧国在江乡。满山含雾阴输绿，四野如云稻未黄。有作漫书千牒子，能诗愁听水曹郎。荷风吹谢朝阳杲，何意冲泥到石梁。

苦　雨

晴日朝还掩，霉天夏未宜。湿云多变灭，烟雨任迷离。汲水遮荷叶，迎风舞柘枝。农愁黯无语，诉入老夫诗。

石梁路阻荥泞慨然有赋

咫尺石梁隔乱泥，人间何有上天梯。道藏丹经有渡河筏子上天梯语。离乡万里难为别，况复悬家东海西。

夏晓石梁书所见

晨鸡初唤后，奇景见双丸。时为太阳历五月望后。璧合珠方隐，筇孤露未干。河山馀镜影，烟霭接天寒。光假相终古，行星得好看。

观日即事

晓树苍苍烟雾迷，奇霞如在万峰西。天教长早看朝旭，故遣东山一角低。

偶思一首

私书谁与约忘机，尚爱人间幼妇词。一事偶思遽惆怅，讳衰中酒别家时。

旭　　轮

旭轮如待我，徐薄吐山头。凉月晓仍在，横江烟未收。诸方看渐朗,独径复何求。稻露荷风外,香清复此游。

家书断后悲愤有作

隔绝无妻但子忧,潼关犹守陷东瓯。此次寇攻由浙而赣。音书断后如荒岛,意计穷时乏荩筹。烈概莫年悲老骥,漂零身世愧闲鸥。娇孙难附平安问,稚齿天嬉可欲愁。

晨起散策欣然有感

竹露荷风相与清,兹游闲绝胜平生。频将沐日餐霞意,遣尽离家去国情。

书断忆孙海上

家书今断苦,日日念诸孙。园亩疏嬉戏,晨宵乱梦魂。弦歌犹汝继,泣路几人存。记变儿笞隐,书耶纸定温。

晴　晨

材鸟呼晴宿霭空,清凉不断荷花风。秾阴野外分蔬绿,旭日峰边欺靥红。澹抹微云九天上，孤吟一老万山中。夷氛未弭音书绝，海畔何人卜此翁。

观日偶思家国率尔成篇

流霞错采熏天赤，喜见将升未升日。黑云偶自幻奇峰，无数巉岩耸青壁。天风吹秋浑欲飞，清寒谁著五铢衣。旋看下界俱成绮，忍忆长江未解围。海上有家相望苦，更无尺素强言归。

啖玉蜀黍

山中长自与农亲，朱橘黄甘次第新。日日堆盘餐玉黍，此身终分作乡人。

嘉黍蜀呼包谷，实则当云包黍生南北，南谓真珠米，北谓玉米，亦呼棓子。谁知种蜀因。汁浆春复溢，风味猥来新。赋引疏张载，《文选》李善注引臧荣《续晋书》谓左思欲作《三都赋》，乃诣著作郎张载访岷邛之事，今据《蜀都》，仅黍稷油油一语，有其公名无其别名。歌传富郑珍。巢经诗集有《玉黍歌》，引证详核。老夫独嗜此，珠玉唾弥频。

五月闻子规

夏半翻教听子规，山深五月晓兴时。他年故实征微别，输与儿曹取次知。

观日赏霞有赋

奇霞妙明处，此境非人间。日出闻旸谷，晨观纪泰山。岂知石梁隐，遥似海门还。轶丽丹青绝，雄文或可攀。

邮断航阻顷以无线电通沪喜而书之

路断初教有电通，喜心应已到儿童。兵连江海愁为客，老困乡关念此翁。夜梦渐非车入穴，晨游一快鸟呼风。五年夷患今方剧，两月音书滞远空。

晚看落日

馀霞散绮蔚朱殷，冉冉流云拥髻鬟。近诣石梁看落日，宵来爽气更西山。

晓　入

晓入东方白，飞光云日间。不应天万里，似隔一重山。郊外几烟起，江头孤棹还。何尝举家隐，无复怆离颜。

迟日

旭日轮来烟吐迟，因思亥步有然疑。天悬明镜青山外，雾锁燕支碧海涯。草露未干珠莹绝，荷香初送雨晴时。人间剩此萧寥境，我独行吟一赏奇。

不寐

不寐贪宵坐，凉生欲曙天。鸡鸣深夜月，犬吠一村烟。据乱张三世，缠兵宛六年。五年甫毕，六年方始。孙雏俱万里，子妇尚能贤。

晏起缓步石梁

日上已竿馀，孤游方到初。石梁凉渐隐，朝露润多虚。农圃俱登亩，儿童半负书。晚来诗祟苦，晏起独何如。

晓山即事

界画青山一鹭飞，林阴缺处见人归。灵岩深邃知僧寺，可访钟声入翠微。

早　起

晨起在农先，寻凉及夏天。虫雷殷树疾，草露缀珠圆。出岭一轮日，横江千点烟。金光动明际，云影似楼船。

午发大石坝触热赤日中行

明净午晴天，焚轮欲化烟。舆肩烈日里，凉忆晓风前。纨扇恩殊绝，纸衣热遽传。垂阴偶轻掩，天意倘相怜。

黄桷垭

夕阳古路叉，深树几人家。桷老风多撼，松高日易斜。厨烟借山翠，鸡酒话桑麻。为问罗溪葛，古歌有"黄葛结蒙笼，生在罗溪边"语，黄桷树抑是黄葛，俟证。还流可落花。

晚过清水溪

半壑水声满，千岩炎气消。山边险径曲，洞口夕阳骄。日莫鸟呼侣,人家蜂有巢。流民此羁泊,应念故园遥。

南山协合医院礼成是夜宿复阳山居晨起作歌赠之并简院中医护诸士

文子结斋俯青壁,能从屋内看出日。入牖红云一角山,犹似石梁坐朝夕。南山一院高云中,嗟君延我相长雄。战寇频年苦创疫,与登衽席生春风。垣人视见思桑扁,海上仙方摄光线。余尝谓爱克斯光线有扁鹊视见垣一方人之妙。平生低首大医王,仁术期君发悲愿。老我空山归仙游,儒林方伎传俱收。但令群生减呼謈,深侵狂虏未须愁。

新归霞庄晨往石梁

石梁三日别,朝日出相亲。古树来呼鸟,新阡有度人。稻香感秋获,荷净绝埃尘。静赏逢梁孟,时纯蝦、霞姑先在。因君约避秦。

赠霞姑女公子桂馥

昔我有娇女,人亡四十秋。今来独赴难,见汝远生愁。亲在怜珠掌,诗寻咏玉钩。乾坤此清气,所得更能优。

骤雨奔避戏作

奇霞幻变隐还收，无数黑云凝不流。山雨乍来成小避，一时奔迸笑声遒。时纯、霞夫妇携幼及仆偕往。

自嘲四首

略似边孝先，吸烟但欲眠。故衣爇向尽，补组不名钱。

长作巴蜀人，黄柑三百颗。啜之似甘露，浇却无明火。

古锦不携囊，朝朝到石梁。大千现粒粟，老剩作诗狂。

诸孙远别离，偶与群儿嬉。忽谱朝飞操，不羞侧艳词。

自嘲诗成述旨继作

念远幽忧反自嬉，解嘲应笑好名时。未妨赤裸空遮障，一任天机有戏词。染净共参同法尔，飘翛唯觉与仙宜。晋贤已自能疏放，为乐争禁儿辈知。

电沪家人久未得复赋此寄示洵芳

音阻江关电当书,更无消息报何如。而翁重有别离感,谓死别生离。念汝能支朝夕铺。一语未通如隔世,万金漫抵镇愁余。尘劳永断思阿母,无复占闺与倚闾。

观霞示霞姑

霞庄有贤主,胸贮海天宽。遥瞰东西极,奇霞朝莫盘。人天此符应,居止阅暄寒。独苦屯氛祲,江城雾里看。

后游仙诗用湘绮原韵阙注

水调何堪更独弹,绳床悬寂并栖鸾。民间群艳春申履,今上时亲太乙坛。虢国闲编脂虎队,楚人长笑沐猴冠。文侯早自居奇货,曲跽仍呼作下官。

骑鹤扬州已是仙,楼台七宝胜诸天。苏酋后幕机张目,义帝当时共比肩。剧羡乘风有机艇,但怜贺冕阙楼船。不堪西狩伤迁播,辜负香衾每晏眠。

衣冠难拜九天阊,出洞争看马上郎。谁信师来尚横体,敢云寇退为修墙。遮前故自矜倭堕,短后何因炫武装。闻秘非祥况挟宠,军前独为斩龙阳。

君平常是下帘帏，仙犬声中警叩扉。郁郁龙蛇方竞起，嗷嗷鸿雁定何依。稻粱贵怨神农种，荆布稀矜织女机。天上淮南谁舐药，同仇遑忍赋无衣。

头衔博士有新封，几见签名水墨浓。主战曾钩飞将簿，祷和时打教堂钟。能宣广播娴辞令，最著戎衣逞妙容。千古英娥更无匹，始知天子是真龙。

看初日照远云作

东方日出未明间，西望停云似乱山。何事日光透云彩，遥天一碧万红峦。

石梁偶成

婆娑石梁隐，闲似小游仙。日出生群妙，霞餐驻久年。羁情圹埌野，诗思晓凉天。长日侵晨起，无心更懒眠。

续后游仙诗用湘绮原韵阙注

蝇虎争禁白简弹，英雄夫壻共乘鸾。殃民举世传妖梦，误我从谁降秘坛。法显岂容飞锡杖，遗山空自哭衣冠。言和伯彦初非病，夷伪何心堕一官。

万里飞空便觉仙，旋着荆荆上参天。吸膏不负将军腹，袒臂微窥玉女肩。毡毳渐知崇虎节，锦帆应合饰龙船。雄心幕府思威振，怒败连宵未好眠。

崎岖行在杳金阊，万里踉跄侍李郎。已令迁家去都市，那容撅笛在宫墙。朝贤未有贞元盛，欧化翻轻天宝装。仙女琵琶应衰谶，只今第一占昭阳。

芜城萤火映秋帏，旧梦他时倚玉扉。谁意公孙尚边幅，已无刘表竟何依。虚舟自尔难生怒，抱瓮胡缘更有机。跨马担簦成久忘，升堂不拟为抠衣。

登坛群拜类侯封，绛节霓旌仙意浓。天际屡忧空降伞，都门曾警夜闻钟。鼓鼙思将期无侮，江汉朝宗贵有容。独有斧刀旗下客，深愁云雨奋蛟龙。

石梁往辄有诗近少间矣
忽作后续游仙十首爰系以句

石梁日往已无诗，咏吟兴衰会有时。忽撰游仙继缃绮，禁情争奈野人知。

小　谪

避世忘机懒欲仙，夫容城里辄轻眠。山中岁月无甲子，小谪人间六十年。

赠席女嫁

文渊吾义女，失怙最堪怜。苦志酬兹日，新婚得所天。若翁真再世，阿母宛三迁。慧擅胡笳拍，思邕为惘然。

七月二十七日夜警报时农历六月十五日

荒鹫倭于飞机有此诡称忽惊空，城郊震撼中。月明正如昼，洞冷欲生风。举国怜同病，诸孙念此翁。清平方半载，宵遁苦儿童。

寄热有作

火云长日骇天烧，月喷银光不可邀。何处追凉趁新浴，有人风露立中宵。

洞府能生六月寒，那堪逐热向长安。黄尘万斛车纷过，未许千门立马看。

冷艳新看九夏词，风光细腻老初疑。平生湘绮无拘检，可有花前梦后思。

夏晓即事

壁月犹明曦渐启，一白凝云映天紫。渝市犹屯隔岸烟，巴江日篆分流水。逭暑朝贪憩石梁，闲中天地此清凉。村前竹翳琅玕碧，池畔荷开菡萏香。忽忆有家今万里，滞留江海远相望。

梦亡室

相遇方成笑，相邻可判年。梦中无岁月，境异辄疑仙。

待明吟

东方欲明鸡初唤，启明一星天下旦。新来早起待晨曦，奇霞万片天为衣。人生有情各所嗜，舜徒为善跖为利。老农浑噩利善空，与日作息行无事。我独长吟作靡生，巴山何以观赤城。乐与双丸为隐见，晚称合继沈初明。

初晓并观日月有作

清光谁与辨宵晨，竞丽天边日月轮。喔喔鸡声互昏晓，强将分别待何人。

日　　出

日出与山齐,天西月向低。行人渐如蚁,孤客自闻鸡。空谷兰生径,幽斋竹被蹊。午风苦炎热,晨鸟趁凉啼。

野　　望

日丽绮霞天,人家尚隐烟。沧凉新雨后,菡萏晓风前。有相初知妄,无心晚觉禅。城居苦嚣隘,野望独翛然。

苦旱偶成

井汲濒干日,农忧合问天。云霓空怅望,草木欲焦然。午景翻浆汗,庚呼冷铿烟。起觇银汉切,宵暑不成眠。

石梁述感

红日未出天为凉,山木静绿烟苍苍。偶来林鸟递好语,无数荷花生暗香。晨起宛然成独坐,万方多难馀今我。陌上谁家动挽歌,忽解思妻泪潜堕。

见下弦斜月

月似玉钩斜,非关葬馆娃。姮娥心夜夜,共我苦无家。

天隐阁文钞

喻大将军墓表

将军,四川内江人也。讳培伦,字云纪,姓喻氏。广州就义时,自承为王光明。王光明者,蜀人恒语,子虚乌有之属也。夫自古烈士之殉名尚矣,自聂政后数千百年而有培伦,既糜厥身,不欲以名累其亲,盖非独死烈也,即其意亦泣神鬼也。余观当世志士仁人,未尝不由为孝子悌弟,而培伦其尤著者也。培伦有弟曰培棣,世所称大小喻者也。培伦文柔,而培棣强武。两人者,盖皆已尝从事革命,而共学于日本东京。河口之役,培棣战败,走云南、广西及南洋诸岛间,至于争赴广州,则培伦止之曰:"我去,汝必留,俱死无为,徒绝老亲欢耳。"于是相抱流涕而去。培伦故擅吒烈药术,冠于国人。至粤,乃佯为医者,以诸苛剧品自随,穷两日夜,制弹百许。起义时,则偕饶、秦、熊、但分往,身登陴掷之,湛伪兵无算。战方酣,敌铳洞培伦颐,力竭被执。不屈,临刑大呼曰:"头可断,学说不可绝。"遂遇害。时辛亥三月二十九日也。年二十六,无子。培伦为人奇慧,研精药学,辄覃思废食寝。尝密锻为银药,小不谨,一爆几绝,苏时血浴其躯,然虑谍者奄至,遂亡去。久之,更阐明安平药弹,秘著书传党中,天下多遵喻氏法,而尤自矜喜躬试。汪、黄、陈、但、黎、曹谋刺端方,培伦挟弹从,不成,乃转图伪摄政,匿巨弹所经桥下。事泄发藏,欧美人莫能尽识,相惊为绝艺,卒以是亡虏。民国既建，褒元功追赠大将军。越一年，培棣自蜀如粤立石，而杨庶堪为文镵之，以诏天下后世。

《蜀中先烈备征录》序

烈士者，不祥之名。而世乱则矜之，然有国有群以为一世蕲夫治者，则必尸祝以为天地义仁之气，大难大患，唯御捍之。异族之冯陵，独夫之僭窃，人民憔悴唸咿而莫之撄逆者，斯人乃出万死不顾一生之计，相与搏击而縻战之，而异族独夫卒且为正谊钼伏，而齐民以振。而斯人者，顾多已一瞑不复更视，而遗族或以无告不获世之哀怜，此其情实生人之至可歌泣。然则不祥独在其身家，而至祥固已及于国群也。余以寡薄，缪与于革命之役者十有馀年，不幸及余卅龄之生，遽躬三见焉。而吾故人之慷慨殉国者，盖已百数；及所不识诸死义蜀贤，又以盈万。乌乎，何其酷也。辛亥以前，余敬之慕之；癸丑以后，余愧之负之；至如丙辰，敬慕愧负者益多。而余亦遇变几殆，然卒儌幸苟生，以雠今日之录，则信夫乱世存没，盖非吾人之所能主也。尻尝以谓余不及尽能以慰死友之孤而终厥志，则当肆力于文以传之。曩此有年，而濩落放偷，为之志墓作传者，仅三四人。馀犹多逸阙，而蜀人之仁贤能文章者，乃先我而为，传之其人，不自谓足。驰书万里，以诏余一言，余则胡忍卒默，不亟彰之，以重吾过也。且夫诸烈所以蹈死之故，凡以蕲向其国之尊荣，群之隆善，而身后之名不与焉。而国群顾乃今若是，则必有太息痛恨于九泉者。而吾人致谨，乃徒惧其名之湮灭，侂诚于文字，而国群顾若竢诸无可如何之列者,是则非诸烈之所及,而世变盖可知矣。夫若是,异时贤者将不免踵诸烈之迹,则所谓不祥之祥,祥之不祥。余亦不意自亡清以往者,天下固犹是其嚣嚣也。民国六年五月。杨庶堪。

张培爵小传

张培爵字列五，四川荣、隆间人，故尝为隆诸生。幼读书，见明亡之酷，辄慷慨，中夜起思，以逐虏为职志。然沉深和易，世莫测也。培爵性淳异常，终年劳，无惰容，人所谓苦，独谈笑安之。一日游学成都高等理科优级师范，始入党，与谋机要，课隙则旁皇奔走国事。六君子之狱，其先实谋大举，未遂而罢。奸吏王棪、高增爵刺景构煽，衅祸始烈，世不察乃冤之，非诸贤意也。方杨维、张治祥等被逮之明晨，缇骑四出大索，培爵则从容市衢，为之经纪其饘粥，望见杨仆，招入书肆，询谳状，仆出杨致某君书，愤诟交剧，培爵谕慰遣之，而匿不与通。其不好责人如此。当是时，党员多遁逸，有杜门者，培爵乃愈奋厉，结交四方畸士，闾里游侠多归之，叙、泸间遂时有党人出没矣。诸烈士更屡挫败，频膏虏吏铁锧，而英风至今未尝衰息。每役培爵咸左右之，时出奇计脱免，而独溷迹于叙府公立中校。于是党员既多散去，成都一隅实以培爵为枢纽，而阴结蜀东南之士，思以乘间一逞。伪清宣统末年，培爵始来重庆，名任教育，实欲假以有为。铁道债起，蜀、鄂、湘、粤人士哗拒，而蜀尤愤死争，伪总督赵尔丰一日捕九绅，欲兵之，而同志军哀号起矣，赵纵防军屠杀，蜀以西尸骸蔽野，培爵则深悲大恸，日夜密与重庆诸党员谋，决谓："非革命无从拯民水火。"于是发书致四方豪俊，虑邮之泄，则遣腹心驰递之，各州县党员始稍稍集。而武汉首难，天下震撼，九江、长沙、安庆、贵阳先后响应。重庆伪吏戒严，尤侧目中学堂。中学堂者，蜀军独立机枢也。于是培爵乃益急备，会党、城防军炮队皆密约效命，遂有十月二日之事。当是时，中营城防游击队先出，居民已徧悬白汉旗，培爵则躬督各义军会于朝天观，时伪府、县已先招至，皆惶惧，愿缴伪印反正，义军挟之游市，而人民欢呼，复喜见汉家日月矣。是时起义诸贤以培爵尝主各军，有懋勋，遂举为今都督。

民史氏曰：余厌世久矣，见培爵辄蜚动强奋，诚之感人有是哉！培爵所与谋革命至秘，不及详，详其荦荦大者。曩昔共客成都，猥以“朕即国家”相戏，意谓川省无机关，培爵乃机关也，至重庆亦然。匪无思汉者，莫力行何哉！?

张懋隆传

张懋隆，四川大竹人也，字笕渟。任侠有智计，不谐于俗，而多自谓能玩折之。伪清季年，闾里豪滑率因缘奸吏，骫法蟊民。懋隆与所善陈一夔、萧德明钼其桀者，而恒以学识言论摧伏其曹辈。当是时，党祸亟，里豪辄假以构陷，懋隆卒出筴智脱免，不稍窘挫。懋隆为人廉刚饶訾，喜书，能言革命精理，而尤以实践与陈、萧相勖励。既入党，财往来成都、重庆间，密图举事，屡败不挠。熊克武、黄金鳌、佘英、廖子亚之亡命也，皆尝投止其家，或相将与匿舍于大寨坪。大寨坪者，竹梁间绝险地，孝义会渠魁李绍伊所据守者也。绍伊负固垂二十年，聚徒千馀，肆耕其上，伪吏莫敢撄。懋隆独潜往，敦晓以大义，绍伊椎牛歃血矢天日，愿谨效命。由是数岁无剽掠，懋隆维系之力也。蜀事既久无成，群雄散处。懋隆乃泛海至日本，遍结同盟会诸豪，而尝典司秘要，日栖皇弗给。有所谋，详采周慎，侪辈翕然倚之。汪、黄狱后，党势稍益中衰，于是懋隆举任为东京四川部长，党日益振。广州之役，闽、蜀士死难烈天下，而懋隆实赞其中枢，结士集费，身备诸险危，功虽未卒，国人固已歌泣轻虏廷矣。懋隆尝怆恸方声洞之没，以为由己要输械以致之，思得一当以报死友地下，于是反蜀谋大举。会路债起，武汉首难，重庆党人欲起应之，而阴迎懋隆为助，至则主陶闿，党人夜往计商，懋隆乃谓广州之失缘于人集而械不以时至，非大修战具不能敌。于是慷慨请独赴鄂，从黎、孙假之。时同志会与赵尔丰军相持川西南间，鄂、蜀戒严，行舟几绝，懋隆乃伪为厮养服，乘日侨避难船往。汉阳新溃，武昌城昼闭不得入，从宿临江小逆旅。是夜夹岸枪声如雨，炮如雷败，屋楼摇摇欲圮坠。懋隆危坐俟晓，得间乃入谒孙武，具白来旨。武故素识，至是气微矜。懋隆觉之，颇觖望，然犹容忍，反复为陈鄂、蜀辅车，及南北胜负之数，武始自失。而卒谢以顷兵方数败，枪枝委弃无馀，弹丸山积，唯君恣取之。懋隆丧叹乃归。蜀军政府初立，苦乏械，不时出师，懋隆引为大慊。是时东西南诸省既多已宣告独立，相共约统一政府，会于沪上，蜀遣使三人，懋隆与焉。懋隆亦喜得藉以备械，挈訾遂行。临时政府始都南京，懋隆为参议员，旬月辄弃去。会有驵会刘言广东龙济光蓄枪数千，贬直求雠，懋隆乃偕李允钦、淡春谷往视，遽见济光，言殊烁遁，懋隆疑有诈谩，潜储金别所，唯以符券自随。一日忽被召为约剂，春谷病不能从，懋隆、允钦赴之。越两日夜不归，春谷大惊，诉吏诇迹，则皆已裂尸井中矣。贼不得，群莫廉其内蕴。或曰，济光实知懋隆为民党巨子，遂遇害。

民史氏曰：懋隆重庆之行，余与张培爵实驰书遣门人陈光远迎之，而遂以长逝不归，余亦安能苟生而负友与国也。懋隆尝恸方君，终以下报之。余与培爵奚酬哉？然懋隆、声洞不以国死，其视于世，哀慕何如也。

程泽湘传

程泽湘，四川隆昌人也。性淳至迂戆，不随俗媕阿，而口吃好论难，属笔斐然，多可观览。清末为诸生，竺慕同里黄复生之行，尝咄咄自励曰："吾安得及狱而与之游哉？"会辛亥革命，蜀军开府重庆，一旦款门谓都督张培爵曰："今南北议成，而巨奸拥兵徼利，祸至将无日。吾行矣，必扑此獠以谢天下！"遂去游京、津间，辄从黄复生乞吒弹。时海内初定，革命党人举厚希袁氏，固恪不与，泽湘愤恚则蒙被哭。既已末何，则为文张《民意报》，斥袁政阙失，挞发隐谋，不少容藉，时论忌之。宋案起，袁恶暴著，泽湘言乃皆左谂，而军警日夜搜杀党人，穷极凶鳌，泽湘居时来缇骑环伺，卒以其佯狂褛裂傷之，亦不虞其谁某也。讨袁军败，袁几自王，顾慊于名义，然淫虐颛横，民气荡然矣。泽湘时时驰书让黄复生曰："贼势成矣，吾言之谓何？子犹秘不与我药弹者，非蹈海即自刭耳！"复生感恸，召之航日本，受业七日而归。道天津，友党多泣沮之，卒莫能夺。自携器药入京，关吏以其木讷，未之觉也。居久之，闻袁四子将取妇，贺者麇集，泽湘则密备以往，驾一敝车，以管药分置革囊中。过市，市嚣，行人误推堕革囊，砉然有声，颇黎管遽震裂，囊爇烟出如云，一市尽惊。警隶直前捕之，军政执法问状，泽湘慷慨数袁世凯十大罪。问何欤，曰："欲聚歼。"诸吏骇然而罢。甲寅九月庚戌，袁杀泽湘,楚毒有加。年三十馀。世传所为陈国桢、丁泽谢者。泽湘为人觳荦寡欲,发尝经月不栉,友人戏以刺蝟呼之。又喜为汉衣冠。其轶事率诙诡,非其志行,故不书。尝见其蔬食不肉,询之故,曰:"入进德会耳。"及审所酬复生书,乃云往宿塘沽,饮舟中,忽视海鸟啄鱼,状剧凄厉,因废然曰:"强弱相食,一至此哉!"遂抵杯盘于海,自是不复进腥物。泽湘死,杨庶堪闻之,曰:"向者吾识之,彼乃以此为刺客也。"

民史氏曰:自第二次革命之覆没,民党流亡海外,其能奋身以搏虎狼之袁,盖亦仅矣。泽湘硁硁必死其言,可谓有古烈士风矣。恻怛禽兽,仁人哉。赍志不遂,遽膏夫质。悲夫!

勋二位工商总长沪军都督陈公其美墓志铭

余少读书于蜀万山中，不及与当世仁贤奇杰游处。辛亥蜀军起后，尝一走京师，以衔民政长张公命，所接多贼袁故吏及浮夸政客，无足与语者。癸丑违难日本东京，始获遍识民党魁杰，自前大总统香山孙公以次，恒与为密谋。其后卒因孙公内交吴兴陈公，丙辰三次革命之役，余所相与为终始者也。公故为沪军都督与讨袁总司令，天下有声。然始余闻公名时，毁誉间出，及久相习，则识所为谋国至忠怛，而机敏勇决，独异侪辈，其大归要蕲一死以励天下。乃知向者流言，多敌人蜚语，或惎者谗慝中伤耳。公尝慷慨谓余曰："吾党以能死覆清廷，建国以还，拥节者或稍耽于逸乐，致有不战而逃者，吾耻之。吾必死以雪之！"又曰："中华民国不可无孙公，不必有陈某。陈某未尝学问，然爱国则不敢以后人，孙公愤同盟会之亡，更立中华革命党，率国人以死，吾首赞之。由其道必乃有济；不济，则吾惟首以死继之。吾自败衄以来，恒终夜不寐，渊渊以思，以为吾尝秉节钺，与大谋，而国今若此，吾实负大憝于国人。吾惟尽瘁死，以薄吾过。虽然，吾必使贼袁罢于奔命乃已。"余习闻公之言，盖如此。

及夷考所为，大连一行，而北人士因之殉国者以百数。甲寅十月浙江之变，公为谋，而夏尔玙昆季主之，不幸泄败，殉者亦数十人。其间南通、衡、永、惠、潮、佛山、本溪湖之役，诸崛起树革命军帜者，皆公与孙公提挈之。以孙公为党总理，而公为总务部长，方略军赀，皆由之出，天下敢死之士多归之。贼廷始稍震慑，渐知籍没淫戮不足以寒党人心而销天下之气矣。然贼吏诬杀人，辄假以周内，有所构陷，邸报或云，诇获孙、黄委状。当是时，黄公主徐图，以俟贼恶之盈，方西游美利坚视察其国政民俗，公为书招之，不答，而傅致顾乃若是。以是见贼廷冤狱之繁，而民亡能宁矣。而粤、湘、滇、蜀、苏、浙、燕、辽间，固时有党人出没，然秘匿甚，与世所传绝殊异，非大举急谋，贼吏固未之察也。而贼廷亦纵罦噬党人，或密杀之，大凑乃尤毒虐于上海。上海者，万国租借地，党人所假为逋逃渊薮者也。公尝辟置军府，自少居是间，士无贤不肖皆宗之。一旦告行孙公，以谓贼防坚，同党后先就义各省以万计，创痛极矣。范鸿仙死，上海尤虚，非躬往统筹，东南或不能即发。孙公许之，遂归。而贼袁方以金巨万购公，狙伺终不得隙，苏浙戒严益急。居无何，中日国交危，而欧战未已，潜谋颇挫，孙公频电令返，不往，曰："事不成，吾死不复更东渡矣。"孙公虑其轻挞，致书慰勖，且趣以来决大计。

适筹安会起，天下嚣嚣。乃因返东会谋，改图西南，军资辜较计数十万，而时苦不给，遂约与胡汉民、许崇智、宋振及余分募华侨于菲律宾、爪哇、马来诸岛。公道上海，会事急，独留。旬日，以二王刺杀贼镇守使郑汝成于白渡桥，海内大震。于是招余与蒋介石、于仁杰、余祥辉诸人归，至则谋袭海军，攻制造局，夺吴淞要塞，据上海发难，为天下先。既定议，忽闻肇和、应瑞两舰将调赴广东，势已莫可如何，则于十二月五日薄暮，令杨虎、孙纵横各率所部三十许人，一由黄浦乘蒸艇袭取肇和，一由杨树浦乘蒸艇袭取应瑞，而别以数百人持短铳吒弹扑攻陆署及各要区。会孙艇以无通航符券被阻,应瑞不能得。而杨虎诸人则已跃登肇和,舰员陈可钧等应之,纵炮攻陆,巨声隆隆震天地,贼吏皇骇欲遁,人民欢呼雷动,虽奔避塞途,未尝有怨语。当是时,薄子明提二百许人击巡警总局;吴忠信遣其部百许人击电灯、德律风诸馆;公率蒋、吴、丁、周躬至城中督战,而留余与邵元冲、周日宣居守。时薄、吴两军皆已获利,警吏及卒惊溃,陆上守军突来会战,两军皆短铳不能远击,遂小却退。总司令部未得立,不获已,乃返渔阳里居守密室,谋继进。俄而鞮声潮至,椠门甚厉,知有变。公与余及吴、蒋登屋而逸,法兰西逻卒捕丁、周诸人以去。援军遂不及发,薄、吴两军不支。杨虎等固守至天明。贼将吏以巨金赇应瑞诸舰,环攻肇和,肇和中炮,瞭望台倾焚,死者藉出。杨虎乃从容燔檄告,沉军币,而与马伯麟辈率残部浮小艇退归,陈可钧等被执,不屈,死之。是役也,死二十馀人,伤百馀人。贼袁凶惧,天下闻风知贼军不足为矣。

云南护国军起,公谋上海益急,而时时委输南北诸省为策应。当是时,朱执信起广东香山、高雷,居正起山东潍县,石青阳起四川酉阳、秀山、彭水,皆称中华革命军。朱、居兵各万馀,石亦数千,贼势日蹙。而董鸿勋以滇军前锋转战川南,卢师谛应川西,王维纲、谢兆南应川东,吕超则先发叙府,张煦夺牛背石,向传义、卢汉臣亦引军川黔间。此数君虽交称护国军,而实皆公与孙公所结士,名在党盟。而董、卢尤尝密任为滇、蜀主将,以所居职与所兴地不宜更异帜,故或隐忍以就功业,非背之也。其馀名不甚彰,而权以事会隶护国者,殆不可胜数。世或疑革命、护国两军,画然若不相及,而复有攘窃群功以为己孤绩者,闻董、卢诸人之风,亦可以稍愧矣。当叙府陷时,民军危。公约覃振、林德轩举湖南长沙,蔡济民、田桐举湖北武昌，皆猝起，不及成。而湖南诸县固有革命军盈万，散纷无统，公惜之，于是，更命杨虎举江阴。江阴者，长江第二险塞也，南方用兵必争之。卒以孤立无援而溃。公益愤恚。

然自肇和后，公不乐，更以肉薄多贼良士，乃以巨金购海陆军将卒。警长姜汇清者，敏干，与诸将卒善，秘入党。假之联说，营、连长以降，加盟日多。然其时贼防已遽增至数师，而频调诸舰他徙，畔党某复桑疑沮之。以故海陆军相顾莫肯先发，尝与约，彻夜候之，卒失期。一日，同安舰受金将发矣，至时舰长遁，员兵哗乱，宋振发愤蹈水死。公悲慨愈不自胜，尝病昏仆。越日，接人如故。又恒喜为独行，防素疏，自是益略不为备。而李海秋、王介藩、程子安、许国霖、朱光明之徒，利贼廷重赇，而盗杀之祸作矣。初贼袁惎公甚，遣使刺公凡六七辈，皆无隙末由进，于是募能死公者金万镒、爵五等。许国霖始佯为炭卝贾人，因李海秋求谒，伪言有善卝将质，仰公而成。既成，请以赢馀输军实，乃出柙券，而铳遽发于坐中，门外伏人，遇人即击，公贯颊及脑而绝。乌乎！烈矣！

公讳其美，字英士，浙之吴兴人。其先由陈州徙颍川阳武，后卒从归安东林山，归安于古为吴兴，民国既建，始改称之。曾祖讳泰，为名儒，祖讳绶，父讳延祐。母氏吴，文濬公次女，继母氏杨。兄弟三人，公其仲也。妻氏姚，子二，祖华、祖龢。公死时年四十岁。

少时，读书不成，去学贾，又不乐，曰："书者，学究之业；贾，驵会逐末，皆无拯于国亡危。"遂去游日本，习警监法律，又入东斌学校习军旅。性任侠，常务周人之急。清光绪末，入同盟会，益结客散金无所吝。与徐锡麟、秋瑾、张人杰、谭人凤、褚辅成游，颇共秘谋。大盗王金发独屈服之，亦用以图虏。尤敬事赵声，赵声死，经纪其丧甚厚,人咸义之。尝被执者三,皆以计得脱。辛亥武昌起后,率死士攻制造局,不克。孑身自往譬说,局长囚系欲杀之,援至,得免。遂举为都督。卒收海军处邮电中枢,以召呼天下。连衡苏、浙共攻金陵,转输不匮。南京政府成立而清亡者,多公之功。南北既奠,贼袁任公工商总长,不就;授以勋二位,笑置不屑。尝因延一入见,贼袁伪亟亲之,退谓人曰:"民党多长者,易谩欺。英士机智朗然,真吾敌也。"宋教仁被刺之狱,贼袁欲以谋主误公,而卒赖公力以讦发奸伏,贼惧,益深衔之。公为人求贤常若不及,而好容谠论。尝共黄复生养疴,相与辩难,黄峻词折之,不忤。及黄罹祸,营护独先,有过勇改不惮。尝以癸丑失计用浙某引为大咎,自是择人綦严。然亦以是府怨。王介藩者,有诡行而公所屏绝者也。素志欲死公,公以幺麿伤之,卒为变。乌乎!以公之才而涉乱世若斯之难也。群贼为厉,其遇害可胜戒哉?公死十九日,国贼袁世凯暴卒。世传世凯临殇,遽大呼:"英士诚伪,初不可识!"盖天下固已知公为贼巨敌也。而精灵之说犹怪迂,难言之。唯世亦云:贼袁屯长江兵十馀万,不敢调遣,徒以有公在。乌乎,何其雄也!

民国六年丁巳五月某日,将归葬公于县南碧浪湖畔,其弟其采、兄子祖焘来请铭。铭曰:巍㕍古国昭羲轩,东湖荐之荒屏藩。杰士号呼山泽间,一朝荡虏驱诸关。馀孽未殄生神奸,蜩螗羹沸四海怨。中有勢贤清且坚,九死未悔终勿谖,先贼而陨遣烦冤。亿兆齐民增永叹,百世侠子相哀怜。

蒋母王太夫人五十晋五寿序

余癸丑违难日本,始因陈英士交蒋君介石。及陈公之殁,介石为之经纪其丧葬至挚厚,且日哭之哀,几时祭享弗辍。余因慨然以谓陈公交徧天下,唯介石为尤能始终。余自视非负陈公者,然观介石之行,则恧然愧之,以此滋益重介石。交日益深,遂深侧闻其母太夫人之节贤,为之景叹不置。介石尝亡命走异国三年矣,乙丙之际,偕余密归,日与陈公为国谋,然恒匿处,冀避诇者之目,定省之礼阙然。义军起,贼袁暴殂,党人始稍复家庭聚首与友朋还往之乐。一日介石谓余:“吾母五十之年,而吾适亡海外,不及称觞祝嘏,以博老人一日之欢,于吾心实滋戚。今者吾欲寿母,而乞子一言以娱之。倘见许乎?”余敬诺弗敢辞,则询介石以所欲言,介石曰:“吾母浙江嵊葛竹村有则公次女也。以淑慧为外王父母钟爱,年二十三来归。吾先父肃庵公先娶于徐,生兄锡侯及姊瑞春,母视之犹己出,婚嫁之事独办治之。母生男女咸二,女弟瑞菊及弟瑞青皆幼殇,而吾与女弟瑞莲独存。吾不幸九岁而孤,当是时,吾母椎心仰天,殟绝不欲生,徒以吾与女弟故,忍死抚之。吾时童昏,见母泣亦泣,不复知哀所自出。至今思之,乃极不可为怀。然燕语未之敢及,以伤慈母心也。先父遗产近数万,母平析与吾兄弟三人,无稍畸倚,以兄为前母产,尤用厚。兄为名诸生,事母以孝闻。吾时与弟俱弱幼，所承业，母并储之，而惟督责于学。尝曰：‘吾之课子，非以弋名，但求能为读书明理君子，以弗坠蒋氏家声，斯足矣！’其时诲禁大弛，国人遂以愚弱闻。天下士夫盛倡留学欧美日本之汉，吾欲东渡习陆军，戚党多尼阻之，而母独嘉许，学之费以时赡给，而自奉乃更轻约于平时。辛亥革命之役，吾以民军出战沪杭间，所亲闻报，多相顾骇愕。母则曰：‘男儿报国死耳，何渠为虑。’及捷书至，戚友皆相贺，母则澹然曰：‘是或先人隐德有以致之。吾唯持吾素操，不乐席儿势位也。’民国既建，吾屯兵上海，思迎养，而母仅许临旬日即归，且诲之曰：‘达时须念念弗忘穷约，义敬慎将之，勿令吾家累世长德坠于汝身，则吾意适矣。’归乡后，蔬食布衣犹昔，长日但闻佛偈机声相和答而已。癸丑义师败衄，吾出亡日本东京，戚里多惊惧，而母泰然，如袭故常。吾尝以公务之急，驰书告母，怯者或虑相坐，劝勿应。母毅然曰：‘天下安有子忘身救国，而其亲畏祸不以相资者。吾儿盛时，吾未尝利其秩奉之入；今穷矣，此先人遗业，吾所私爱。’卒恣与不稍惜，其间恶吏伺隙，母视之盖蔑如也。”

介石又曰：“自吾先父肃庵公之卒，至今二十有四年矣。而吾年亦三十有二。十九年以前，虽尝服吾师友之训，然卒顾复教诲以有今日，不见绝于当世贤人君子之林者，则母教然也。且母之劬，不独于其子身，于其孙而恩义未之或斩。兄子国柄与吾子经国，母厚抚之，今皆能读矣。吾次子纬国方襁褓，往年遘危疾，母临视至彻夜不寐，卒赖以生。凡母氏苦节定操，险难不足以累其心者，盖得力于释氏之说为多。内典诸经，母略能成诵，尤复深维其宗派得失。吾尝治宋儒性理家言，近稍究心于佛学者，亦感于母而为之。微母，吾于学盖不知归，人欲横流可惧也。”

余闻介石述其母太夫人之德若是，是乃真可寿。盖自癸丑以还,余友朋伏尸枕藉,以与其亲长决者尚矣。即幸而存,率多转徙异域,其父母死不得一奔临其丧,而但以望哭于数万里外者,又比比具然。不勇若余,亦举家浮海,两亲日夕瞻念,故国故乡,为之郁伊垂涕,此亦天下之至难堪者。介石之母独遥立于危疑震撼之间,恒以家金隐佐其子之谋国,而卒获念兹之庆,殆于至憯极酷之党狱中,而别为厚幸者,余尝谓世间节母之能率加于恒人数筹,何者?其操心虑患,有以致然。至夫家国巨变,反危为安,则非独其子感于无穷,而友朋之视当世庸德恒寿,为尤足钦意。盖非独夫颂祷之谀词,徒饰以为宗族交游光宠已也。实欲今后之尚论者,不独知范滂有母。而吾国女德之修,且将视欧美为懿,则余微意之存,而介石所当深念者也。民国七年二月,杨庶堪敬撰。

四川省长公署布告

（1918 年 12 月 5 日）

照得吾蜀自军兴以来，盗贼蜂起，劫掠焚烧，所在纵恣，乡闾徙避，邱里为墟，商农交困，千里萧条，蜀人不得宁居，盖已久矣。本省长承军政府命，忝长全川，道途所经，目击颠连之惨，耳盈呼号之声，中怀痛恻，苦逾茹荼，深维拯救之方，乃有政见之布。惟是理饬财政，澄清仕途，固属有司之责，而办团治匪，安辑闾阎，则有不得不赖我父老昆季相与策励交勉者。本省长默审大势，以为川局既已粗定，各处匪股千百啸聚者，有吾川正式军队及各处军队分道清乡，不难渐就溃灭。其最为吾民附骨之患者，即此已溃之匪，分窜勾结，伺隙焚掠，辄复散匿。既难频烦师徒，勒此小丑，又不能任其滋扰，不事缉防。惟有认真办理民团，切实编联，更番操练，使逐户皆有精壮之丁，奸宄无藏身之所，庶几缓急足以自固，外邪难于侵入。惟查各属团务，地方官绅确能和衷共济卓著成绩者，固不乏人。此外，则或因官吏庸暗，视为具文；或以士绅不肖，假公营私；甚或官绅朋比，狼狈为奸，流弊丛滋，日趋堕废。非官民合为一气，涤荡污习，共图革新，断难收整饬之效。现已责成各县延揽正绅，芟除跋扈，积极整理。我父老昆季，其尚推敬恭桑梓之义，各于所在惠予巨襄，务令吾川民团，自今日以后，不徒为形式之编联，更进谋精神之训练,节制整齐,隐若长城。无事则互相守望,有警则共职同袍。通匪者与众共弃,窝奸者必予举发。内奸无由立足,外匪自难窜扰。四境既宁,更复结合邻县,互为声援,扩而充之。虽有剧盗,其振掠吾民,当不如今日之甚,则吾父老昆季之所以相惠而惠吾民者,岂有涯涘。择贤旌奖,有司之责,息壤具在,尤不自勉!其有缉捕认真,虑匪报复者,则有护持之方;处事公严,虑人倾轧者,则有鉴别之道。躬冒锋镝,则厚奖必加;把持骫法,则严罚不宥。此又本省长早经熟虑,所以督责有司而期其必行者也。治安所系,此其初基,邦人君子,交勉勿忽。此告。

英译《癸丑违难纪事诗》自序

欧洲文学于史诗外复有纪事诗之别。吾国此体，端推文姬《悲愤》及《古诗为焦仲卿妻作》两首，千古敻绝。逮及少陵《北征》，眇能嗣响。至昌黎、南山，则遂以文为诗，笔势纵横而情韵匮竭矣。晚近郑子尹、王壬父、黄公度诸家，善为斯体。王特步武谨严，力追古则；郑、黄小复纵恣，然犹有乐府遗风，俱可观览。五言长篇，似为独至，非虚谀也。余少以谋国失学，偶涉吟咏，意之所感，辄复书之。癸丑之难出亡后，乃罹钞没，致累老亲携妻儿播越万里，平生所遭，此为酷祸。当时创痛，未暇染笔。越十馀载，始补作之。合否不敢知，要为劳者之歌，略以备遗忘、资警惕耳。龚君质彬邃于英诗，许为译述，怂恿印行。将成，聊志所由云尔。

哀　启

呜呼！庶堪今为无母之人矣，而父没已十年又馀日，岂非庄生所谓僇民者耶？堪以谬闻国政之故，致令两亲后先旅殡之罪，宁复有崖。则若堪者，于国无杪忽之功，而于家有丘山之慝。诚虽欲自赎，其何解于天性之凉也。《礼》：苫块哭踊，当何言。晚近世竞为哀启，马医夏畦之子，均得自述其先世之懿德。抑昔贤有言，人情所不能止者，圣人弗禁。夫礼，固因人之情而为之节文者也。藉非灭性昏罔，亦安能不重思母德，追惟一二，期以托于无穷耶？审是而堪和泪泚笔，以次吾先妣事略，或亦巨人长德之所许乎？未敢知也。

先妣蒋太夫人，胜清咸丰己未年二月四日生，年十六来归。生子一，女二，两妹殇，存者唯堪耳，以是爱怜特甚。尝曰："兼金在前，宠诰在后，吾何择焉？吾唯取吾子耳！"堪自繈褓至今有须抱孙矣，母视之殆犹婴儿，每出晚归，必数数垂询，或遣仆促返夜读。晏寝，必督睡至再至三四，不闻寝不已。母于世间珍奇，盖无所爱，有之，独其子堪耳。然堪幼时学业，母督励綦严。吾父客游归日，或命旷课侍侧。母尝劝阻，以为废学则无以成人。父为改容谢之，居平胪前贤以示楷模，尤斤斤戒鉴于戚党之骄惰，颓其家声。堪之微闻古先哲遗绪，母教乃视典册为初也。

母讳冰如,外王父讳启善,母氏罗。母幼而悦学,外王父咸钟爱,晚岁喜举以为子孙言之。家人围炉夜话时,尝溯述小年丁蓝李之乱,外王母将护群儿,屡频险厄,其间可惊可愕之遇恒于慈祥妙音中闻之。铭儿三四岁,母抚之睡,尤喜述走贼以当故事。走贼者,闾里相传谓避寇乱者也。儿睒半合时,辄牙牙娆母续言,讫于酣寝乃已。吾母半生劳劬,至于弄孙而始破颜为笑,吾识之,吾知此乐之非易得,而母固垂垂老矣。初大母尝卧疴经年,母侍疾率彻宵不瞑;而吾叔当时复患胫疡肿溃,母为扇凉减痛,偶倦假寐,而叔呼叫声即厉惧,以是惊苦,老人恒自儆惕不敢息。如是者二三年,而母亦以劳罢病矣。晚年目疾,盖基于此。

辛亥蜀军政府之立,母闻而矜许曰:"不图汝辈不戮一人,而事集若是。"癸丑讨袁军熸,母与父率家人亡命日本新桥,奉迎时,堪心痛至不可(仰)〔抑〕,母则强为劝慰,但问儿佳否,不及其它。东居日喜学和语,与儿辈相戏答。归国以还,时复回忆彼邦风物以资谈谑,而于流离窘贫之苦,鲜复及之,盖不欲以是重伤其爱子心也。犹忆东京逢母生日,置酒为两亲寿。酒酣,从容谓母曰:"儿昔请游学欧美日本,母不尝谓虽拾金海外,不容儿往乎?胡今者事异拾金,而吾母与父乃以垂白之年,躬率媳孙以俱来岛国耶?"母笑颔之,已而怆然若不自胜,遂罢酒,备论逋亡时途中颠沛诸况,卒勖堪曰:"此国难,汝必夷之。"堪谨志弗敢忘。三次革命之役成,而庶堪归长川政,实母教督敕之力也。然自是见堪劳剧,辄悯念以谓:"汝夙思隐嗣,是当酬素志,国是繁变,非汝所克久胜,能如是,吾亦与汝偕耳。"后此再出掌孙公记室与长粤及总法部,母视之漠然,不复用为忧喜。盖母晚而事佛,归依净土,长日诵佛名号,清斋素食,视世事举无足措意者。一日更诏堪谓:"今兹谋国多材,汝盍研寻内典以薪自度，政争刹那，勿久溷苦为也。”堪虽略习法相诸经论，然闻浅而未及思修。母则精进不懈几十年，日诵佛号至数万，虽衰病失明，未或间辍，讫于今月廿五日一时，而遂与此五浊恶世长辞矣。

天乎！天乎！此何堪为人子念乎！虽并世大德，谓母修持足证极乐，然一念深恩罔极，则攀号泣血亦恶能已。无母之人，乃真世之穷奇孤茕者。乌乎！吾于母而不得致吾情，吾恶乎致吾情也？母于悲慈，盖出天性，布施亦乐竭所有。庶堪儿时见母施饿人，遗钱不足，继之以饭。复患其冷不可食，而炊饪之；粝不可咽，而羹沥之。未尝轻其贱贫而呼嘁以与如世之所谓好行其德者。乃其恻隐之不可以已，蔼然仁恤也。类此匪一，非慈爱之专被于其子若孙者，故不悉书。

母尝观空遣有，嗔恚绝希，独于往年铭儿劫质之祸，厚伤老怀，惨怛至不忍睹。以是推念癸丑违难，暮年行遁至于海滨，复离钞没，毁家圮族，所为郁痛于中者，正未知所氐极。乃叹在昔烈侠所云“老母在，某身未敢以许人”者，其识乃逾堪万万。而堪之罪，遂百劫而不可赎矣。母没之三日，敬遵遗命，阇维寄骨禅寺，异时奉归返里，筮宅卜日安厝。母示寂后，瑞相殊胜，非世法所宜言，故不复称之。所能称者，慈怀爱子之万一，伏冀当世有道仁贤能文章者，矜怜而宠锡以言，则堪率子孙感且不朽。不孝杨庶堪泣血谨启。

田公神道碑铭

公讳桐，字梓琴，蕲春田氏。胜清季年，尝左前大总统孙公创设中国革命同盟会于日本东京，公任重职，参机要。于是有辛亥革命武昌之师，而中华民国以立。方新军密谋大举时，公赴汉口为条画方略。及义兵率起，公已先诣上海迎黄兴，兴以汉阳总司令率诸义军与清悍将冯国璋兵苦战，多公谋，且出入濠堑间，兴亟称之。相持数月馀，战不利，公随兴至江宁乞援，被推为参议院议员。临时政府建，旋任为内政部参事。公固有大度，非其好也。南北和议成，袁世凯当国，公解职去，日为报章撰文，抉袁政阙失，挞发隐谋不少藉。袁使人持银券十万赏之，公峻拒。袁内惭，募能死公者，金万镒。一日铳发于寝屋，颠，会有天幸，公它去。孙公北上，公从游太原，扬德音。民国二年癸丑春，公被举为众议院议员。当是时，已改设国民党。而宋教仁拟组政党内阁，备推为总理。袁惧失政权，阴令羽徒刺杀教仁于上海，天下哗然。狱久不决，复滥举外债，群情欲举兵讨之。公间关至淮上入张汇滔军，说以义，遂兴师会李烈钧自江西东下，议联兵就江宁设帅府。于是湖南、四川、广东皆应。袁令冯国璋据浦江，李纯下九江，倪嗣冲将万人屯淮北，连下颍州、亳州，汇滔军孤立不支，遂溃，公走日本。孙公鉴于癸丑之衄，以党人散分无统，重立中华革命党，公首赞之。先是，松本楼大会党人,公实奔走其间,不惮远涉。庶堪识公,亦以是始。时庶堪与熊克武诸蜀将居西京,公来辄信宿而去。及移寓东京,晨夕相从孙邸,所与谋国事至秘,时复商量旧学,间及诗文短书。晚近公所撰《革命闲话》,犹数及之。

五年,袁世凯称帝。孙公任公为中华革命军湖北总司令,庶堪与密迩于上海,公往返汉口,则起兵者数十辈。王占元为之怖伏,不敢出。世凯暴殂,黎元洪继任,公解兵复入国会,议政多可书,至倡废盐引一事,尤恻怛民瘼。时段祺瑞为国务总理,欧战方亟。六年,祺瑞欲联协约诸国与德意志绝邦交,复议宣战,为国会所持。祺瑞恚,于是有督军团谬请解散国会之举,当世所谓兵谏者也。元洪慄惧,遽下令。公闻,即夕与诸议员南下,开国会非常会议于广州,选孙公为大元帅,称护法政府。九年,复选孙公为大总统。时徐世昌僭北,曹锟、吴佩孚以军人干政。孙公议欲北伐,部将陈炯明沮之。孙公愤,帅大军赴桂林,拟出湖南。炯明通敌,绝馈饷,冀扰我师。孙公不得已于十一年四月返旆,免炯明职,策改道由江西出。未几,炯明叛,迫孙公入舰,名捕公,公至不屈,漫骂之。当是时,曹、吴逢迎时论,拥黎复职,召集旧国会。公赴之,为北方党人策应。十二年,滇、桂、粤联军驱逐炯明,进攻广州,克之。复迎孙公返粤,称大元帅,庶堪辅之,以公为国民党最高干部参议。先是九年春,孙公已改中华革命党为中国国民党,故任公今职,复为大本营参议,党政兼综之。改组议起,公力陈容共非策,稍自辟谢。

十三年秋,浙江督办卢永祥兴师讨伐贿选,与曹将齐燮元战于淞沪间,旋挫败。佩孚乃以重兵攻奉天,张作霖颇告急。初,曹、吴专国横甚,当世罔敢谁何。孙公乃密与段祺瑞结,欲摧之,继复通好作霖,冀获其力用,是所谬称三角同盟者也。至是而孙公日谋所以援永祥、作霖者，自提一军出韶关。会吴部陕军胡景翼密联冯玉祥、孙岳自间道出佩孚后，潜师入北京，执伪总统曹锟，幽之，且逐逊帝出宫。于是，景翼开府中州，征公赴汴。玉祥亦遣使迎公至张家口。胡、冯、孙均称国民军。胡、孙故同盟会会员，胡尤爱党若渴，以是公特亲之，军中无不知有田先生者。

乃至十五年，岳维峻之败，公犹与孔庚御战晋军商震于北门，事败被俘。得释，其主将阎锡山故善公，至是善加优礼。孙公殁后，国民革命军总司令蒋中正将北讨，谭延闿、张人杰合词招公，被任为江汉宣抚使兼湖北省政府委员。尝募人吒毁孙传芳江永轮，所储军械弹药俱焚。是年夏，复将政府命，与周震入晋说锡山来归。越明年，革命军入北京，中国自是复庆统一矣。公被推为国民政府委员，又任为山西政治分会委员。十七年，公复被任为立法院委员，又为中央党史史料编纂，皆未就。侨居上海，唯以著述为事，发其素所蓄积，成《太平策》一书。盖公自是亦浸老矣。卅馀年间，劳剧险阻皆备尝之，疾亦日甚。迩年，病肝鬲。一夕，有所触迕，大感伤，呕血至斗馀而卒。时民国十九年七月二日也，春秋五十有二。

曾祖讳某，祖讳琼林，父讳士莲，母氏吕，生四子，公其孟也。幼英异，长而劬学，群经百氏无不窥。晚学书，法钟、王，复由索靖上溯章草。少时性好游，尝孑身走匡庐。读书由鹿洞入学堂。后则与宋教仁诸子昌言排满，清吏欲逮之。癸卯岁，遂度日本，益与黄兴、陈天华诸豪士游，暇则投文《民报》，勖革命，更著《亡国惨记》诸书。尝于其间，秘赴湘潭，得马福益所将万人，为画策自萍乡袭南昌，未及用而败，走香港。许雪秋、余既成起兵黄冈，以书招公。会孙公道安南，谋取滇、桂边陲进军，令胡汉民等趣公，公则与谭人凤、柳聘农、何克夫、谭剑英、陈树人辈携军用券至海防，被拘。旋出赴新加坡，与居正等为报阐扬主义，驱御徐勤，凛然有声，南洋志士多宗之。公复说荷属爪哇三宝垅坤甸泗水诸岛屿华侨，兴学设报，申警国人。复走燕京，与井勿幕、续西峰、景定成、熊克武密计，欲集北方豪侠袭据京师，而阳托报社避诇目。

公喜言经世，凡往昔典章文物，与其成败得失，辄衡以当世之务，研寻同异，蕲其会通。治河诸策，尤能推见至隐。所著有《太平策》十七篇，《五权宪法草案》一篇，《人生问题》一篇，《革命闲话》一卷，《扶桑诗话》一卷，《诗文集》十卷。早岁谋国，不事生产，得钱辄以分士。公弟桓故知鄜城县事，岁时使人以俸钱三百版奉献，公遽封还，啍啍勉以恤民。它率类是。公配氏童，子侨偃，女一修，孙二：宇、宙，孙女二：容、言，妾王无出。公殁之日，士友嗟恸哭或失声，国民政府明令褒恤，并给丧费，遣吏致祭，隆以公葬如仪。二十一年某月，葬于洪山宝通寺侧。

余既摭公大节，复缀轶闻，乃系以铭。铭曰：粤维古楚，三户亡秦。卓哉首难，胡祚用湮。田氏舜后，实公天下。百世子孙，勿忝乃祖。有清季叶，士皆呰偷。公生其间，乃奋弘猷。礼失求野，学在四夷。负笈渡海，问郯而师。杖剑从军，言逐醜虏。盗憎主人，屠戮罔顾。锲而不舍，卒底于成。造我区夏，大汉天声。解纷排难，夙慕鲁连。功成辞爵，长揖归田。彼已夸毗，哗世取宠。公独夷然，莫不为逋。我昔钦公，谓公典型。昭兹来许，以视斯铭。

追赠陆军上将卢君墓表

君讳师谛，字锡卿，姓卢氏。其先居江西南康，以父官，客成都，因家焉。君为人任侠，勇为义。民国革命，盖靡役不从，而卒以忧死，即其志可知矣。革命者，非常之业。君以文士尝提兵转战，每遇可惊愕及同僚殇国与系狱死者，辄怆然痛哭，几以身殉之。不可得，则一放于酒醉，或歌呼继以号泣，世或以泰酗疑之，而不知其血泪之迸，非是，盖无以发其郁结也。

君少嗜学博涉，师事刘行道先生，而逐虏志愈坚。尝出关，走打箭炉、裹塘、巴塘，图其山川厄塞，日书数万言以归。辛亥蜀军政府建，君已先潜入夔府、云阳，联结其防军，率诸党人以应。于是推君为团长，已而属熊克武第五师。癸丑重庆讨袁军熸，君犹固守万县，与秦军距战，程融光死之，张威为殿。君违难上海，旋游日本东京，密任四川。总理孙公及陈其美、谢持、黄复生、吕超、石青阳与余秘谋，所以推覆帝制者綦力。君自是亦稍病矣。君归长师亡何，复长旅，家居不问军事。而罗、戴之讧以兴，至靖国军起，联军帅唐继尧雅重君。当是时，四川义军诸将有石、颜、黄、卢之目，君最年少，而以雄辩善谋著称。余适归长川政，四人者皆亟亲余，然谈说则共君独多也。因是而赴粤逐陈之举，余与君皆阴受孙公命，以迎结滇军。大本营立，余长记室，君为军长，中更多难，君与余尽瘁以辅翼大元帅孙公。观音山东江之役,君尝苦战,孙公倚之,及余谢病归,君独留,讫孙公殁北,而君犹右右之。南京国民政府成,而川军俱易党帜者,亦多君居间力也。

君尝任为四川政府委员,未赴,继任军事参议院参议,今追赠陆军上将。居平爱党若渴,不屑治家人生产,得财缘手辄尽。尝严冬大雪,赘所御重裘以赴友朋之急,而己则忍寒僵卧不令知之。晚从喇嘛僧及刘居士修习密宗。虽耽禅悦,而忧世之患,恒深宵不寐以思。体故羸瘠,自是疾益增剧,民国十九年十二月疽发背卒,年四十有四。妻彭早殁,无子,以弟师譔子咸绍为嗣。公葬于南京紫金山之原,魂魄几犹依孙公也。自清季革命至今,吾党殉国者顾几何人,即吾川一域膺难而名在党籍者,盖以百数。今其存者,非老则病,英毅若君亦愤盈以死,而余顾顽然无恙,泚笔以哀吾故人,为恸当复奚似。乌呼!此可以视世人矣。

民国二十二年十月巴县杨庶堪表

《骨董琐记》叙

国事当机臬之交，士之怀材抱艺，不克自摅其志，以效用于当世者，则往往有托而逃。骨董虽小道，愚尝以谓竺嗜者固犹贤于博奕。盖考古之职，欧美学院且设为专科，而奖进无已，以为足征人类进化之迹，而历史疑阙，每得藉以证明，而发远年不决之覆。其国人复不恤散金集社以研寻之，彼诚知所务也。

京师为人文历史渊薮，自胜朝故宫以讫厂肆，其间旧家遗族，文人学侣，所为摩娑审玩赏奇析疑不置者，率以古物为大归。邓君浮沉是间有年，平昔搜讨之勤，网罗之富，亦既与谀闻寡识者异趋。君之自言曰："踪迹街市，随时捃摭，证以古近人诗文集及说部诸书至数百馀种，于是有《琐记》之作。其于纪旧闻，述往事，确然为史材一大宗，亦云劬矣。顾不自喜而曰骨董者，以为皆无益。"乌乎，其何言之悲也！夫自怀材抱艺振奇轶俗之士，竭其精力以销磨于稽古识小之途，则国家盛衰之故已可知。卓荦如邓君，乃复矻矻穷年于所讼为无益者，倘所谓有托而逃非邪？令邓君而遭时有为者，亦安能著书以诏于世如今，必传无疑也。

《淞沪御侮记》叙

《淞沪御侮记》,□卷,吾友费君敬仲撰。民国廿一年二月,十九路军及第五军抗日之战,溯原纪实所由作也。夫以吾国内战频年,盖以匪祸饥疫水患,胡忍言兵。虽然,自卫者人权,神圣战争也。甲午以还,日挟其战胜之威,陵蔑我国,往岁突侵辽沈,边军弃地如遗,如入无人之境,莫余毒焉。国人汗且喘走相告,莘莘学子请愿示威相属,中枢久无和战大计,而天下自是惑矣。敌焰日张而靡忌,遂有去月续攻淞沪之举。先是敌以四事要我,市府请于中枢,已屈承矣。敌兵顾莫或稍戢,我师赫然奋起自卫,战之兴盖弥月矣。数数挫敌,欧美咸相惊神武。敌军增援至十万许,不能攫我孤塞之一隅。而巨舰、飞机、坦克、铁甲诸车所谓最新精利器械者,我唯以血肉搏之,杀敌且以万计。敌不获逞,而频以讲诱我,冀沮义师。当是时,国人陨身毁家,曾莫之恤,而唯皇皇以转饷备物扶伤裹创是谋。觇国者肃专,知吾民之未易轻,而吾军之长雄于世无难也。精诚所至,物质为虚,卅年积耻,一朝而雪。此其悲壮英烈之绩,宜有人专为之大书特纪,思以告天下、视万世,表忠立懦,将令群伦歌泣而为之低回感叹弗释者。则兹编之辑,亦《春秋》、《梼杌》意也。抑闻古之史在官,今之史在民,至于夷狄侵诸夏,而我有捐躯卫国御灾捍患之贤出于其间,而吾民亦若视为死生患难之友,休戚共之，则古史之所阙然。而今世文明智勇秉笔书之，足以俟方来而无惭者，虽往籍所称张、班、傅、甘、宗、岳、陈、聂之伦，未或后之。而军民同德之庥，乃独卓越于今纪，斯亦史家之宠荣。庶几当世读而兴起欤？而奈何遽以乏援班师闻也。悲夫！杨庶堪叙于上海。

《念石斋诗》叙

吾友念石翁既殁之越月，其门人将刻其遗诗，而蕲余为叙。余交念石，在清季光、宣间。当是时，秘谋所以逐虏建国者，未遑文咏之事也。然谈艺之乐结习乃未忘之，因得徧窥念石之作。余颇摘其《吴游杂述》与《杂忆》及《华月篇》诸诗，以相诵誉。洎癸丑而余与念石遂有居行之异，今观其集，十之七八皆成于斯时以往。盖兴变愈亟，而念石端居多暇，且有林泉之胜，故其蒿目忧世之患，一发于诗。其《身世八首》与《古诗十九首》等篇，其尤著者也。及若与林、蒲诸人唱酬及和余《故都》之什，均于是时为之。念石才高而学博，其为诗喜自摅胸臆，不甚学古人声律，然固未若袁、张诸家，猥以性灵自标置也。世衰直亡，谀音盈耳，诗序有作，辄若家谢陶、人杜李，情志之真，反以没晦。念石昔尝具此达识，诋諆若曹，余亦安能妄叹以厚诬吾故人？诗之佳恶，读者当自得于意言之表，无事更溢美以赞之。念石盖已铸其一家之词，时汶谻以独啸，而模唐范宋无视焉，唯然而念石远矣。中华民国廿四年六月，杨庶堪。

余朗轩先生六十寿序

余君蕴兰，故尝从余学，后乃同官。民国二年癸丑，尝相从讨贼，及败而违难日本西京，与共晨夕。此以党谊中更艰患，非寻常雅故而已。比同客上海，而迹益亲，一旦踵门来请，曰："今年夏历六月十七日，为吾三兄朗轩六十诞辰，吾父母生吾兄弟十二人，男七而女五，不幸其六已物故，寿均未及周甲。今兄独岿然享兹大年，而矍铄不少衰，是不可以不寿。愿先生为文宠之。"蕴兰又曰："吾兄之寿，盖兄之仁有以获之。庸德琐末弗足陈，陈其孝友之懿，感吾兄弟至深者。兄年十三时，毅然宁自废学，以上助吾先君操劳，治家人生产。今吾兄弟皆得雍容成学以有今日，吾尝流亡异国，及他政治挫败，艰阻困厄中，辄得吾〔兄〕维护尉荐，并资以金，此其荦荦可述者。今逢吾兄初度之日，而吾兄弟皆远适万里，不克举觞一申家庆，故尤愿先生序之，以符私祝，且以信今而垂远。"余乃称曰："甚哉！君家兄弟之难，诚不可无文以纪。"自西化东渐，伦理学说乃有歧别，而秕糠彝常者略出焉。顾在昔或顽旧者之谤谑，或一二浅生偶流轶轨。乃至唯物史观论盛，其情变本加厉，举凡先民之政治、宗教、道德、伦理，皆诅为宗法封建遗毒，猥欲一切摧陷毁灭之，其极乃至弑父戮靡恤。若朗轩先生之自牺奉亲以裁成诸弟，与蕴兰诸昆季不忘其兄之惠，殷然思有以酬答之者，彼曹视之，恐将以不狂为狂，而笑其愚不可及也。嗟夫，此其所以书也欤。

石君墓志铭

君讳开祥，字云廷，姓石氏。四川万县人。曾祖某，祖某，父力农，卒时家綦贫，母氏攻苦食啖教之读。君性笃孝，见母之劳，思有以息之，顾弱无能为役。君自乡塾归，尝勤耕，已而念农虽先业，终岁胼胝，年饥或不能自给。诵读取科第，闻有白首尤踬者，此非素封子不及。俟独有逐什一阛阓间，速可致赢馀、供甘旨，遂请于母，入药肆肄习之。于是，君贾药数十年矣，家亦日遂。于其母以养以葬，皆备礼无稍阙。方君之鬻药于重庆、汉口间也，岁率一归省。及闻母病剧，则舍业趋视侍疾，则躬尝药，涤裙腧，未尝一日甘寝。乡里交称之。君为人诚慤无欺，人有欺者，亦夷然不与甚校。尝以废居为侪友干没数万金，遽笑置之。此有过人者，其遗风今逮其子竹轩犹未替也。叔世之陵夷也，士夫或于内行有惭德。其友明相与，或箪豆见色，或干糇以愆，均之足召盭以趣成衰乱。石君未尝专治典籍，为学问，而其行若此。乌乎，可以观矣。君殁于中华民国十一年，享年七十有三。配氏熊，早殁，子三，竹轩其孟也。孙男三女一，曾孙男三女四。葬于万县三正里九甲塘。迁窆有日，其子竹轩丐其友黄次九君来请铭。铭曰：

曾闵往矣孰为嗣，管鲍遐哉不复遇。君懿能兼孝与谊，长德耆年式乡里。镵此贞珉诒来祀。

赵母张太夫人八十寿序

国民政府既重奠都南京，虑中央与地方之阂绝也，则代表尚焉。其人率多英异长材，且尝修朊仕者。盖非是无能宣达中央政情与启陈地方疾苦。以余所见，赵君巨旭即其选也。余以辛未季冬入都赴会，故人之重逢者既已众矣，而邑人士新来请谒者亦每有徒焉，遂因以识巨旭。当是时，巨旭任四川善后督办公署参军及第四十五军行营参谋长，在国军为重职，而其人蔼然有礼。询以川政，砉然若响，知其受教有自来，非时流暴腾者比也。会既终，遂各别去。如闻巨旭旋归故任，久之，未有以相闻也。岁十一月二日，为其太夫人八十初度之辰，巨旭与其兄荫乔君谋有以寿其亲者，太夫人猥以国难诫止之。其戚党友朋思以锡类介祝者，则为文以启，咸歌颂其懿德，巨旭因从吴醴泉君请余为序。案启：太夫人为邑名士小凤公季女，太常公弱媢也。年十九，来归次徐公。次徐公能文，食邑廪饩，以赴癸巳恩科乡试，适病痎疟，已而增剧，太夫人尝刲股疗之，卒以不起。太夫人忍死抚孤，荫乔、巨旭昆季，今实以文武起家，皆太夫人之教也。太夫人事翁姑孝，训子息严，遇乡党恩，视族姓厚。犹子明恕以团长阵亡，遽命荫乔寻骸骨经纪其丧，尤为世称诵。年已六十馀，老而操劳不休，巨旭迎养市居，暇则喜集家人话田园桑麻事，与旧所见闻朝政国俗，以为笑乐。泊然无撄于势富,而今犹身康强,子孙逢吉,非幸致也。启之言盖如此。余惟世衰教熄,女德沦溺,化庄静为冶佚,损中馈而外骛,艳妇妖姬充然,无忧廉耻之色者,悠悠皆是。纯一贞固之德亡,而闺门之间遂多以殇夭闻矣。吾乡俗故淳朴,偶亦渐渍染靡,此根器之浅薄者则然。闻太夫人之风,其滋愧矣。又念巨旭之贤,非是母固不生是子,因书以归之。巨旭持是称觞,神明之乐固愈于口体之奉也。

祭胡展堂文

夫何哲人之萎逝兮，招魂哀乎江南。唯明幽之判涂兮，岂存殁而异心。九万里而来归兮，窃独怀此故都。长忧国其若痗兮，胡疾渐于须臾。昔香山之崛起兮，岭峤降此异人。运筹弼于帷幄兮，搴义旗而誓天。亥之岁而胡亡兮，夏声炳乎江汉。独开府于百越兮，孰若尉佗之偃蹇。维奠都宅于金陵兮，谢关中与燕洛。陋叔孙之绵蕞兮，微尚希乎管葛。吴越强而见削兮，义甲兴于晋阳。旋奔命而浮海兮，缅三神山之可航。余幼好此文词兮，享敝帚以千金。忽逢君之拂拭兮，允绝弦于赏音。晁谋而夕策兮，刺今而陈古。国莫知忽见仇兮，相与呴濡乎瀛州之下。归三夏而不用兮，义帜忽扬乎旧乡。期廉蔺而馀愧兮，日唯君之在旁。余既离谗而吟泽兮，君骞徙乎南溟。仍忍诟而攘诟兮，几死直而遐征。瑰宝韫其必雠兮，复帅掌乎中枢。苦豆萁之煎迫兮，怜蕉萃于海隅。冀消摇以写忧兮，陟大陆曰欧罗。望天水之无际兮，偃飙轮而卧疴。朝济马流之群岛兮，夕寄乎西极之阿。忽反顾以掩涕兮，念建州民之无家。皇天独生此婞直兮，年既老而无畏。不能毁方以为圜兮，吾固知其凿枘也。信沉忧之伤人兮，闻君发之种种。歘溘死以流亡兮，尽临风之一恸。膏自煎而木寇兮，矜太邱之道广。余独幽遁以相羊兮，忝散栎之无恙。椒浆兮肃陈，生刍如玉兮其人。惜风流之顿尽兮，闷终古而无春。尚飨。

书夏文英事

余往夏时患乳肿核，中西医均疗试不能验。旋得夏文英女医士以禁方祝画治之。越一月，勿药而瘉。今秋孟，余儿洵以热湿患背痈，复因其友不知误击，以而增剧。仍延夏医为治，亦事禁方，无劀杀，弥月而瘳。儿痈殊险恶，当盥瘸时，戚友窃相危疑。余以已前效，端倚信之，卒获已。余疾状以匪笃，然不亟治，阅日久将成乳癌，及其溃时，则术绌矣。余父子皆幸得夏医，而喜其术之能视死生、决嫌疑也。爰举以告当世之患疕疡而苦不得良医者。昔司马迁传扁鹊仓公，皆称其有禁方，且谓扁鹊特以诊脉为名。今夏医独以禁方鸣一时，亦徒以傅油裹绵黏膏为名，然其效可逆睹也。虽未遽及于扁仓，固亦和缓者流也。至于妇人女子，则尤难。余是以书。

答友人问诗三事

一事:“奥到”不足尽信,一语已为破的,王孟高岑,类列有自,其所造诣,各自名家,易梅为李,似邻多事,盖少陵外,不独四子博涉所及,虽大历十家,犹不足限擅长何体,别有精专,胥视吾人抉择,以为模范耳。近有湘绮《说诗》之刻,自校《王志》为详,嘉州正月,诚为佳制,其五律可诵,正复多篇,愚见尤赏其七古,能于摩诘外更树一帜。

二事:专别两集,四部攸分,选本之精,《昭明》为最,《玉台》继轨,微傷侧艳,后此有作,恒视其人以为轻重,愚意从专集中自选读之,如入天厨,任择精食,以期果腹。次则名人选本,当有差别,《三昧》、《十八家诗钞》流传已久,略便无书之初学。唯王集偏重丰神,于雄奇绮靡诸作多从摈谢;曾选直分类钞胥而已,旨趣茫如,捃摭鲜当,多注“一作”,乃及坊本,谬为炫博,以惑后生,以是知其外道,非苛言也。□曾氏于文,雅有甘苦,诗则反是,观其所作,类多肤廓,盖由先有一大家横于胸中,而无实力充之,故其流极若是,纱帽诗之尤拙者。未知作,焉知选也。

三事:前书以琢与不琢分途,致谓非剀切。愚意诸凡名世之作,未有不观雕琢自然之发,乃雕琢之极也。绘画雕刻诸术,靡或外此,亦有妙手偶得,文若天成者,此由静中体物得之,亦琢中事,非率尔操觚所幸获也。来问发端二语,已为探要,历举诸家,而复以琢与不琢别之,仍踵前失。盖如条理者,琢之事也;终条理者,自然之归也。始终乃一贯之义,非家数之别也。视之若异,即归化与否,然则妙造自然,非理想之准则,为必赴之恒期,其始皆刳心鉥肾而得也。贤者于此,仅一间未达,亦非甚深微眇之论矣。

刘伯高君墓志铭

俗之陵夷久矣，自贤士大夫不能终其节，而乡之善士盖泯然无或间闻焉。至若貌逡谨而心任侠，一旦亡人望门投止，舍匿之无稍惧，且调护焉，是乃昔者朱家之风，而眮穰诸氏所绝莫能为者。而吾乡刘君乃今以是特闻。

君讳自超，字伯高。先世由陕迁直入蜀，远祖有全福公者，明翰林学士，仕至承宣布政使；其子若宰，崇祯时以进士甲第迁四川保宁府知府，因乱寄籍为川人，后徙巴县，因家焉。曾祖朝喜，祖正星，父醉经，皆笃行君子。醉经公尤好施与，高赀遂落，君奋然殖货，冀兴其家，趋时若鸷鸟之发，而乐善周急亦愈厉。余少时侍先府君，尝挹君颂止，先府君隐阛阓间，久于当世贾人鲜所嘉许，独闻刘君之来，辄色然喜，余固已奇之，府君称曰：刘君盖能不苟一钱者，虽偕贸未有奇赢，而数年如一，出入之资悉能毛举，毋失纤豪。有所贷而力绌不能毕偿者，则请府君共贳之。此其异姓有过人者，余识之，言乡贾必先刘君。癸丑讨袁军败，总司令部参谋长但懋辛君归自前敌，而重庆已入敌军舟，诇严莫能越，乃与淡春谷君夜投刘君家，刘君慨然藏之复室。淡春谷者，君子祖训妻兄也。而懋辛则相闻而非雅故。当是时，名捕急，逻骑四出，戚友闻而栗危之。刘君顾坦然馆之数月，所以饷荐之甚厚。数年后，懋辛从熊克武君开府重庆,谒谢刘君,刘逊谢未尝与人干请,但置酒相乐,共话畴昔,尉勉而已。懋辛交余,恒亟称之。君为人廉刚,善饮,辄尽数石。尝一游海上,倦而归。江南卑湿,齿病遽剧,苦哮喘。复恫心国难。戊辰八月,遂以疾卒于家,时年五十九。妻氏杨。子四:祖训、祖荫、祖功、祖沛。女五,其三适窦钟敏、张必玉、酆开文。孙三:宗益、宗裕、宗敬。越一月,葬君挂榜山之原。辛未秋,祖训以但君介来请铭。余闻祖训有父风,已贾致富而为侠不坠。乙丑夏,余儿劫质之变,祖训尝贷以千金,余旅贫尚未有以报也。两世之谊若斯,而锡类之请,不可以不铭。铭曰:

世风之颓,而不可救也。则国有尸夫仁贤,而乡有楮本耆耇也。不陆沉于俗,而日与骩法吏为斗固无咎也。一节之奇,允铸金镵石而同寿也。

周道腴先生六十寿序

革命者，不祥夭阏之事，寿在千祀而不系一时者也。自清季至今，吾党殉国者奚翅千万，其人多英妙少年，皆已一瞑不复更视。今之残存者，率都已皤然黄发，其至老且病者，不胜其迟莫之思尔。有康强岿然屹立不敝者，道腴先生其最也。夫自国窳寇骄，若清之末季，同盟党人出万死不顾一生之计，以与鞑虏周旋。其不幸赍志以殁者，固已求仁得仁，幸而在，亦创痛馀生。益帝制复辟及武人乱国诸役，不忍息肩，与国贼争一日之命，犹不死以讫今，兹计其年，猥已五六十老。盖天留耆硕以阅沧桑，而国有老成则典型斯寄者也。

余识道腴先生，在癸丑违难日本东京之际。归国后，先生尝一任国会议员，再任国民政府委员。顷者五六年间，先生长日唯临摹古人法帖，以工书雄一时，萧然若有终焉之志。孰意此即当年奔走弗皇、蒙犯险难之三湘一盛年男子耶？余尝读先生自叙，知先生幼贫，于炊爨耕牧樵鱼之劳靡不亲。少长，受学于其季父理琴公，复从周询尧、尹少农、宋慕苏诸师游，经史词章训诂之学，皆诵习之。及入两湖书院与游学日本，则周悉郡国利病及世界政治经济，而忧国之志滋益深。尝从黄克强、赵伯先、谭石屏、沈儒溪、舒葡生诸君密谋革命，濒于危者数矣，两赖有力师友营护以免。当是时，克强、伯先名震天下，清廷侧目，先生实左右之。至海隅重亡命，遂决然追随总理孙中山先生。其后，开非常会议于广州，与出师桂林，筹援郴州，先生均奉命不坠。而平生最引为快慰者，辛亥尝电趣王铁珊独立，广西隆世储起肇庆，洪湘丞起惠州，及若甘肃之黄幼蟾、新疆之刘定坤，皆以湘军旧故，从其说以反正民国。以及晚近樊醒民之赴援广州，胡笠僧之抗绝贿选，阎百川之共襄北伐，皆先生与田君梓琴阴约结之。武汉首义，日知会尝为主谋，先生又同创立此会者也。于民国有重勋，赏薄而劳不替。

先生性故率直而爽豁有度，喜面折人，而遇忤亦复坦然忘之。是宜享兹天年而神明端固不衰，有由然者。曩岁尝相过从于北平故都，今复偕客沪上，其意态有足矜者。海内交旧与其邑子闻先生今月十日六十诞辰，辄复相与谋所以寿者，而属余为文介之。余念今世膏粱纨绮足不逾阈，而美衣甘食以厚养其靡脆之躯，一旦离寒暑、膺霜露，辄奄然以容。若先生之匮乏劳勚，极一世之契阔艰险，而顾坚强，老且益壮者，何哉？岂非孟轲所谓生忧患、死安乐，将降大任而动心忍性以增益所不能者欤？是诚金以淬而益坚，锋以磨而益砺。古之经生学人，与乎名贤硕德，皆征大耋以昌其玮业。盖必皆有非常过人之秉，用弘取精，而后能成其所欲也。以是为祝哽之词，则庶几免谀云尔。

李公裴知五十寿序

余自弱龄涉学有识，则喜交当世闳材硕彦。其于文字教育之会，时则有若胡湘帆、李峙青、冉方倩、李泉浦、李磐若、李景湘、金介眉、林山腴、余苍一、王又新之流，相与为游而莫之心逆。当是时，余已秘入同盟会谋革命。隶斯会者，率多慷慨致命英贤。自刘士志、张列五、黄复生、谢慧生、宋绍曾、邓孟硕之伦，余尝与为死生患难交。其囿于重庆一隅者，昔余作《渝中十六友歌》，盖多已纪之。其间若梅黍雨、朱叔痴、吴梅修、董颂伯，其尤旧故者也。晚得向仙乔、陶闿士、石青阳三贤者，则又以文字教育因缘，而卒以与辛亥革命之役者也。民国既建，余退居不关世事。无何，将列五命入京师，则与当世所谓官僚武人者相接，其人率多袁氏掾属，不足以与言友。及癸丑违难日本东京，则各省革命党人多在，自故总统孙公以降，尝与为国谋。然此诸贤，各有其性情气类，余所论交者乃至狭，最天下之英，而余得异省友率不过三三人。有方外人焉，曰曼殊，其次则萧纫秋，其次则世顷所哗某闻人者。不幸中道蔽谗，与余违忤，交几绝，故独隐其名，不欲小涉恶声，然曩时固尝与深交，且谬以师事余，而为之諟正文字者也。余之交友实录，固未忍忘之。

至丙辰归国，与于英士上海之役，则独得一友曰李公裴知，即于彼时重以婚姻之好，两人相谓为亲家者也。余识公于乡有年矣，顾往者仅犹苹梗之相值，至于上海而始为内交。寖久而交愈深，谊愈挚，弗与寻常戚党比数。盖戚属之名，无以加于友谊之实也。公故承父业，隐阛阓间为商，以异趋故，虽同里闬，若不相闻。至辛亥，而公与哲兄劲风均加同盟，然其时犹以众人视之，未之奇也。余返国来上海，辄闻其优礼仙乔甚至，且延之教其息嗣读，世之敬师，未有其恭且诚者。余识之以为仙乔者，学诣至深，操行至峻，庸夫俗子所歒歙或望而去者也。公知礼之，此其素所蓄积必有过人者。时余与锡卿、青阳谋兴义师于吾川，孙公之军资俄空，锡与青且留滞不得即行，而帝制日急。余遂因乔请公，遽躬以六千金来，而婉谢余书券，谓言："公辈谋国，日者固毁家矣。此戋戋者，责偿于异日，仆则何安？"余数数强之，卒不肯持以去，余惊谢之。然窃疑或以是杜余更请，虽感，且犹惑之。其后过从稍频繁，谈谐亦日纵，渐得尽窥其蕴蓄，未宜遽以世情测者。叙、泸战急时，公尝密沮川轮，俾贼军不得上溯，为益至闳。类是匪一，以公不欲尸名，故不悉书。

英士肇和挫后，屡起屡踬，费亦日荒。因密请余假公金，余叩以所须当若干镒，曰："得三万金即足矣。然不遽即得，俟据上海时，持此为建立资，仅须夙备耳。"余告公，公诺。三日咸具。然始约固有待也，而公感英士近者冒死之忱，尽将支符以至，英士咤叹，遂受之。英士死而责亡，余谊应偿之。公知余贫，不责也，每见必为逊词慰余，余感且惭悚，遗憾至今未塞。尝以诵之孙公，公颔之，而公责若山，未皇一二毕也。当是时，护国军继起，世论视岑春煊、梁启超诸人为成功，而余与英士辈为败衄者，去就之情可知矣。公与岑世交，梁亦尝以避祸寄其邻室，公之所备也。岑约公，公戏谢之，而所推服乃在英士与余，恒言必称之，若不审为世人之弃者。

盖不独不责余以损累,反谬崇信之,何其情与俗殊,而与吾徒为团结不可解也。

及余谬长川政,公不乐为俗尚之周旋,世所趋者,公若避之。然复以巨金助余施政。而余先君子之丧,公独短衣芒屩与墓工杂处,日督励之。殡葬之役,一以身任,其为世难能类如此。公于吾川政俗至周悉,有所建言,不乐炫暴。余欲以财政浼之,辄以故业难弃为辞,余亦不强之。故逮余败,而公固巍然独存。世亦知其情实,无以难之。余尝蒿目而忧世变之亟,辄复念公孤危不置也。

往年携其女芳赴沪来归吾铭儿,余两人始得卜邻为晨夕之聚。感往嗟来,谈燕又至乐也。一日家庆,聚两家儿女嬉戏于母太夫人之前,公我顾乐其间,此欢盖数十年所未有。余尝膺国难,公辄助余,欣戚积疢暂欢,盖不胜今昔之感。而余尤惘然矣,思之惘惘,殆犹梦幻。

已而余北去,公西返,不数月而铭儿劫质之祸作。余虽至艰痛,不忍举以电告公,以各为人父,公之怜女何殊余之爱儿?必儿出,乃始以吉询相慰。且余尝以国累公亦至矣,岂复更忍以家难贻之深忧大戚乎?

余今谢政有日矣,而贫滋益深。每至困剧援绝,而公救辄至。居平笺素皆各疏,信人之所为,自有非恒人呴濡所得拟者。公之行谊固尝蕲以纾当世之难,遇人恒期无失,而于余独深且竺,若夙世异熟,不期而辄得之。余亦尝交天下之士,有以致吾情者,公谊若是,安能淡忘?相喻无言,而遂已也。

夏历今年七月十八日,为公五十诞辰。远道不及奉觞称寿,以续沪上之乐。爰叙吾两人交谊,冀薄有以娱公,亦令两家子孙识之。异时谈通家者,荷公之宠,雍睦当日归于厚,而公之耆德,其视于后世景行何如也。

《先烈张列五先生手札》题辞

此吾亡友张君列五遗札，睹之拉泪，以君成功如彼，罹祸如此，盖民国肇造若斯之难也。清之季年，余识君成都，时方有杨、黄诸贤之狱，党人纷散，或杜门不与世会，君独楮柱其间，余戏以"朕即国家"称之。及来重庆中校，秘谋所以革命者綦亟，于是有辛亥十月二日之役。君举为蜀军政府都督，余复自暇逸，而旁剧乃累君独荷之。君尝犯险难数矣，似有天幸皆得脱。而孰意其于弃官息偃之际，猥出不备而卒婴网罗也。袁世凯之于民国，殆谓汉贼不两立者。而吾列五首膺其酷，专制者之肆虐，固必自诛钼豪杰始也。闻君就义时，怪风扬沙昼晦，行刑者嗟骇，而君顾莞尔，群相恤叹，诚民国来第一冤狱也。君节行吾党罕觏，艰苦烦剧中，辄复欢笑忘罢。余时殷忧易怒，见之辄解，而卒相与有成者，君之懿也。然余尝窃谓列五凡百多精强，独惜略乏文采耳。已而津门屏迹，日亲书册，不半岁而属文斐然，俱可观览。余于日本得君书，惊其孟晋，不遂意此即为其绝笔也。今其遗孤若挚友搜布此诸札，皆平日性情之发，足以窥瞻所养者。然以列五手创民国之殊勋懋绩，仅托此区区以传，吾民之崇报为何如？而余尤怆然，追思曩昔，悲来横集，非僮负之而已。中华民国二十六年七月。杨庶堪。

汪母程太夫人像赞

晦莽之乡，伊川之裔。笃生淑人，教子以义。维兹贤母，早识废兴。佳□无忝，乃见飞腾。百年大齐，奄随物化。一束生刍，式瞻鹤驾。茕茕在疚，歌伤陟屺。藐藐诸孤，失慈何倚。

杨詹夫人事略

夫人字淑则，姓詹氏，名懿，葆珊公长女，巴县人，年十六来归余。合卺之前夕，余方应童子府试，冠其曹。亲意不以嘉余，而以夫人为吉祥女子，由是别宠异之。来归后，堂上问寝侍膳馀，余辄教之读，尤喜移录唐贤小诗，入夜则以曼声吟讽，老人顾而乐之，不甚责以家政。及余讲学叙永、成都间，两亲则命夫人偕往，盖自是不复知有客况寂寞矣。时余已秘入革命同盟会，惧亲疑骇，唯夫人亦讳避之。成都、叙府、北京、广州诸役，余益愤不乐生，而所主叙永中学，亦时在风涛骇变中。余尝微感夫人以"为诗人妇易，为英雄妇难"等语，夫人闻而怆然，疑虑旋生旋已，以隐莫测余旨故也。辛亥蜀军独立重庆，余与其役，友人妇见夫人洒扫涤器，调之曰："胡皇娘犹习家人操作耶?"盖愚民谬意革命为图王，妇据调笑，然亦见夫人不改其素也。癸丑四川讨袁军败，余既逃去，夫人则侍亲携子，间关赴上海。先是避匿乡野雷姑所十许日，及僦舟潜下，月黑宵行，仲弟、洵儿昏茫失路，误询途于冢墓，以为道旁人家也。夫人笄舆随老亲后，闻噩伤之，不敢以告。舟过牛口，湍高水急，举家惶迫，几沦没。时襆被单甚，霜重寒袭，仅与佣媪以背相偎倚，月馀达日本东京新桥。重聚时，悲喜横集，夫人哽咽不能声，惟频顾老亲幼子，泪涔涔堕。当是时，余心若割，午夜残灯，述所经，通夕不瞑，海风狂烈，撼木屋，凄黯欲绝。已而余长川、长粤，若为孙公长记室与长司法，夫人均与俱。虽小休弗自暇逸，独闲时偶侍母太夫人博戏，岁时燕享，亦间以娱宾。余少恶嚣，向时颇厌闻麻将喧哃，自亡命后，则胥视为承平雅颂声矣，非唯毋沮抑，且纵恿之。余尝去职，客北平，旅赀俄空，夫人乃出其平时蓄金，举以供余，有时急人，亦靡所吝。独余收购古物则滋多劝沮，意谓所获已足，复虑以癖习耗产累家，余两人平生独此为各异趣耳。然夫人爱护余所藏器，则反较余为笃。余所扃镉，夫人每喜出置，以为清供，列之几案间，长日欣赏，余尝与洵儿举以为笑，夫人闻之不忤也。晚岁愤世，有激忱，遇所拂逆，必蕲信径遂，然疾亦以是增剧。始乘小车入燕市，遇所不知何人男子踏车冲之，踣，及能起视，而其人已杳，自是遂患颈偏疾，仅能倚卧，不得转侧。血压日高，奋兴逾度，时辄昏厥不省人。昔膺母丧，僵仆者屡，平昔不戒，亦苦脑热头痛，夷患既深，夫人客海上，忧怀若海。余归赴难，则力赞已，别复嗒焉若丧，书问安不，辄虑空袭，于是中夜起坐，撄万感，更病失瞑，罢极，乃乞灵于酒以速寐，孰意竟遽以溢血不救死矣。死时年五十六，子一，名洵，子妇李，孙三，同玮、同武、同瑾，均侍尽哀。遗命荼毗，未归骨。杖期生杨庶堪撰。

天隐阁函电

致孙大总统黄元帅电

孙大总统、黄元帅两会长先生鉴：

民国成立，薄海欢庆。两公艰难险阻及诸同志喋血捐躯，以有今日。固同胞之幸，吾党亦与有光荣也。此间蜀军独立，缔造仍多系同人。四方党员来归日众，群思北伐，以清虏孽。顾维光复之始，百政待兴，虽变天下为公不矜同异，然未有民国而无政党组合者。以数十年结合坚固之盟，一旦听其消散，揆之事理，窃有未安。且北虏一日未灭，同人仔肩一日未卸，设施种种，复须尽力。而义旗既张，无所秘守，可否即以本会改为政党，联结大群，赞扬民政，既泯狭义自私之嫌，复收集思广益之效。唯兹事体大，本部已否筹有正当办法，四川一隅，未便自行歧异。用特专电请示名称、宗旨、选格，恳一一详复，以便祉遵，无任翘企待命之至。同盟会四川支部临时干事杨庶堪、石远光、黄金鳌、龚廷栋叩。印。

致熊克武电

（1918 年 9 月 21 日）

成都熊督军鉴：

皓日抵渝，同志友朋，一旦把晤，快慰可知。此次兴师护法，我公兼筹并顾，劳苦功高，岂惟吾党进取之光，实为西南根本所托。本拟立即趋谒，聆教一切，藉倾积素，乃闻大驾不日莅渝。良晤匪遥，统容面罄，引领西望，无任神驰。杨庶堪。马。印。

致但懋辛电

（1918 年 9 月 24 日）

成都但军长鉴：

庶堪皓日抵渝。此次护法，执事督师进取，劳苦功多，极用钦念。顷以唐、熊两公不日来渝，须留此以待，特电奉闻。庶堪。敬。印。

致李裴知书

裴知先生执事:

款致,极感!已通知前途点收矣。收据附呈,是否合宜,唯裁示。

堪　再拜
十四号

附收据:

收　到

生银洋三千元正。谦信宝号。

杨沧白
民国七年旧历八月十日

收　到

李裴知先生银洋伍千元并中国券五千元正。

杨沧白
民国七年十月十一日

致熊总司令书

锦公节下：

曩者肝膈之谈，令我感泣。当时，鄙意以为兄能慨任督军，则弟可为辅；如必固执㧑谦，则弟亦将谢绝时人，退守岩壑。岂期各界敦迫，日益加厉；兄复恳切令蔚如将意，要我必出；亚休赐函，更谓兄决解除民政，促我筹策。贾处晤兄，告我以合川通电，愈审蔚如非仅以己意私厚，遂用感激，许以驰驱而自忘非任。以流俗言，弟似贪竞一官，招之即至；实则隐苦之衷，有难为他人道者，不能不对兄一痛切陈之。

一苦于社会公众关系。自癸丑败亡以还，即认国基未固，吾辈终无息肩之日，苟有机会，必奋身为之，一反往昔功成身退之谬见。以故不免日与世接，乃有今兹省会之选，若群情见属，而必矫退以自鸣高，能为绝人逃世，则亦已矣。设仍不自废毁，以今日之望，尚拂人情，后此谁复再为杨某推毂者。盖当世亦视吾二人为患难至友，无论如何绝不至不能携手，故望我加殷，而弟复未忍妄言，兄不我欲敦劝之来，因是遂无绝端峻拒之语，形迹之求，但见我无聊逡巡而已。此对人之难，望兄谅宥者也。

一苦于家庭私人关系。钞没以后，举家浮海，两亲日夕思念故乡，郁伊含涕。去年以往不过苦贫，尚无足□□心者。至今岁，则家君病深，咯血至半载未愈，每念埋骨异乡，辄惨然不快；虽无今兹之事，固决图归，若辞此职，兄纵恳挚见留，当世不察，必有谓弟为兄排除以去者。其不得志于兄者，必假言以兴作风浪，则弟辞以后，必速图离去四川，以归来之难，知遽出之匪易，而吾亲必以为子归又未知何日，必益沮丧，则弟或将不可堪。家君之病咯血，每有黑色块，然据医者言，系由忧郁所致。吾兄试思，老人忧郁，孰有知癸丑之变者。故尝念，若以狭义孝言，弟之罪实万死不足蔽之。故今兹宁蒙无耻之名，而不忍再由我增亲以忧患。此对己之难，望兄矜恕者也。

以此遂不复度德量力，苟得兄赞许，即不敢更以高洁自持，实则弟之不德，至今脑中固未尝以一官为荣也。况乃蜀局纠纷，不问而知，非弟才力所能解救耶。至于宣布期间，弟之愚忱，必待兄合川电至，乃议及此。不图兄以繁剧之故，稍稽时日，此间人闻兄已离合川，而电犹未到，则哗然追我，责诮随之。于是，始不获已，乃从其请。当夜有人得隼高、雨笠先日发书，谓兄拟两电，一促就职，一宣告解除。弟谓□人，吾固言锦公非相忘者，今果何如，诸公之举，徒使我隐愧故人，嗤其急切耳。至得兄两电，群情帖服，弟尤读之惭感。何故人之厚，而我乃不免为贪竞者流也。密电所商数事，尤见推诚，弟唯黾勉图报国家，以酬吾兄隆挚之至情。天日在上，非弟为谀词以相舌也。所稍不幸，不免为渝人惊疑者，则中国银行提借盐税馀款一事。此事起因，罪全在弟，然其情不无可恕，谨为吾兄详陈其概，便知吾心也。既已宣布，不独行政经费未有把握，虽旅费亦虚。因是商借友人及于商会，而商会诸人力图推谢，乃皆来言："中行馀款性质系盐商保证金，不涉政府徒供执事者侵蚀息金、自行放借，若与提借，尽可通融。"遂招丁某来谈，而渠谓："须商请于盐务稽核。”当时告以与稽核商非我所欲，无已，则唯商之熊总司令，以示非私取，故有当日之电。丁某复谓：“公既不商稽核，则传派兵来取，乃便脱卸，前次熊公办法亦复如此。”始拟一文，谓将于某日派警备团长率队来取，实则未遽轻发一兵，此则该行他人可证者。不识渠以何等危词蒙电我兄，致兄严电江防司令部提出，并以兵防守，以致渝人纷议谓：“熊、杨争款，几于用兵。”弟极愧悔，不应商借此借，致堕入某小人术中。首先作事，即令吾兄致疑，实则弟虽愚暗，何致一政未兴，即与吾兄争款。犹幸当时小慎，未照派兵，假令兵在，而兄复遣队来行，小有争执，虽万喙不足自解。此天心稍留一隙以为辩解之地，亦不幸之幸也。弟之不敢怨兄，以为丁某必以危词告急，否则兄必不遽以武力威我。弟心可告无他者，以暂借馀税，而非妄提正税，以指财厅筹还，而非指盐税筹还，决非如丁某所报，谓为干涉者，千万望兄曲恕，弟亦不因流俗有伤面子之说，遽行愤懑也。极知盐税由吾兄交涉得来，兹事极大，必俟与兄详商，万不至于未商之先，但图拖用也。当时之意，不过以此款终属商人，弟需款急，思一商借，兄不急此，无须烦此暂假必归之银，非敢夺之吾兄之手，轻举妄动以自便适也。兄既已洞悉此情，或将许弟暂假，由兄拨付，亦所至愿；如以为非宜，亦唯静待后命，绝不哓哓渎请，致兄不欢。所为反复陈说，不厌详悉者，冀兄知吾心。弟之此次登台，凡以求利国家，求助吾兄而已，非与兄竞以自便私。

总之，有一害兄之事，弟绝不为，以可自誓者。兄如终不以弟为不可教，则望命驾早返成都，以便商承一切，且示吾二人绝非如当世所疑者，则非独吾川之幸，西南大局实利赖之。若久居外不归，则谣诼日益繁变，弟一人毁弃不足惜，亦非兄救国救川之初志也。顷者莘友已有电谓仍听兄命，讽我不为。华伟亦密电质问弟有带兵四团入省之说；且询何不与兄偕行入省，而在渝组织行署。除已密、明两电表示外，并冀兄知我，并未暂设行署于渝，宣布后即已备行，谓之行署者，不过如军官之称行营耳。兵则卫队四十人外，以道途不靖，复生、青阳沿途派兵护送，总计要不及一团，唯虚设一团长统之，亦不过以省长向有警备队不仅一团，非敢僭越也。莘友、华伟之疑，亦唯得兄一言而解。接成都函，谓初有人欲反对，继见兄恳挚论交，乃稍罢息，由此以推，必有类于莘友、华伟之疑者，故唯有浼兄一归，则百喙息矣。弟致莘电，谓自斯以往，随在皆弟引去之机，非与前幅所论苦衷矛盾，盖不宣布而去，人必谓我恇怯，为兄所排，既似无聊，复陷良有以谤。宣布以后不能有为，则阿我者亦自识其非。共和国家官吏不能则去，事至平常，无可造谣者，此则虽去，无丝毫影响也。然既已妄谬百出，亦思稍益于国，故敢浼兄一归，非以一去为豪，且以之抵赖吾良友。廉、蔺之美，良堪钦羡；至于张耳、陈馀凶终隙末，吾辈读史，犹将鄙之，岂复躬蹈以遗笑柄。最近罗、戴之事，兄我更惄然伤之。带兵之谣，造作者心殊可恶。嗟夫，锦兄！世岂有文弱书生与人斗力者，况稍读书明大义，亦尝闻教于君子耶？诚终使人疑，不复能更自解喻者，亦唯赋遂初以适吾素。今日之出，已惭悚弗胜，敢更推波以自取戾耶？剖心以谈，不觉喋喋，并希后此百端不烦言解。弟虽迹邻躁竞，仍但以求神明快适耳。以兄始终未或以我为竞权，不应受职，故一切困难，唯兄能息之，又以道义之求，非徒以禄仕妄干贤者，窃不自量，冀得兄一诺以释万难，不胜大愿，唯进而教之。手此，肃颂勋安。不一一。

弟庶堪再拜

十月二十七日

再恳者，癸丑行后，途中作数小诗，中有感激吾兄之挥泪送别者，他日当写寄，俾知当时衷曲。小子自分非凉薄负吾故人也。

阅讫付丙。

为父丧请免省长职电

（1918 年 12 月 4 日）

十万火急。广州军政府政务会议各总裁钧鉴：

庶堪于支日接渝、沪函电，家父兆南已在上海寓宅病故，未详月日，惊闻凶耗，五内摧裂。前当庶堪归时，家父咯血数月，时作时复，眠食尚未失常，到渝月馀，时接家属函报，均谓家父旧疾如恒，三日前得长子幼铭沪信，尚有“祖父安好、明年定归”之语。当此时艰，庶堪谬膺重巨，家人亲友，或因过爱，托词宽慰，山川修阻，确耗难知，抱恨终天，痛有何极！庶堪受事两月，建树无闻，方冀整理吏治财政，以图绥靖地方，苏息人民，以为护法之助。岂意猝遭大故，方寸已乱，用特恳请免除四川省长之职，另简贤员接替。目前政务，暂时请托熊总司令主持，以免贻误。除电沪寓询明确期再行补报外，哀此电闻。杨庶堪泣叩。支。

假满视事电

（1919 年 1 月 18 日）

广州军政府政务会议各总裁钧鉴：

窃庶堪前以父丧丁艰，当即通电辞职，并将省长印务咨由熊总司令主持。嗣准军政府秘书厅咸电开“十二月十二日政务会议议决，四川省长杨庶堪丁艰电恳辞职，杨庶堪应准假一个月治丧，毋庸辞去省长职任。此令”等因，旋准四川省议会咨及唐联帅及各将领各方面来电，均嘱遵令假满视事，并准熊总司令以川省军民两政，待理百端，实难再行兼任，咨催即日视事前来。兹于一月十八日遵令到署视事，谨此电闻。四川省长杨庶堪叩。巧。印。

请军政府促熊克武克期就任四川督军电

（1919 年 1 月 24 日）

广州军政府政务会议各总裁钧鉴：

蜀乱经年，今始粗定，追维奠安抚辑之功，皆熊总司令苦心护持所致，军民讴歌，播于遐迩。比者军府特任四川督军，莫不翘首跂足以待新猷。乃熊公虚谨为怀，谦不就职，川中将领、议会、法团，掬诚敦劝，至于再三。窃维督军为全省兵枢号令所出，动系安危，正名定分，未可久虚。伏恳钧府垂念川民望治之殷，一致拥戴之诚，明令催促克期就职，以慰群望。临电无任翘企。四川省长杨庶堪叩。敬。

请军政府电斥钱能训以此次和议破裂归咎南方电

（1919 年 5 月 13 日）

广州军政府岑总裁钧鉴：

干臣巧电以此和议破裂归咎南方，矫诬是非，淆乱观听。邓汝舟督军约联衔电斥，并乞电请钧府，就近主稿，领衔拍发，如若许可，庶堪敬当附名。杨庶堪叩。卅一。印。

致李烈钧书

协公部长执事：

奉十八日手教，谬蒙奖掖，殊深惭恧。蜀民水火，盖已不忍言之。大君子恫瘝之怀，敬当代谢盛宠。在湘滇军应公之调，不远数千里赴援，至用感佩。今日惠民来谈，借审立饬西上，弟亦薄有所备，以应急需。计与惠民商定者，警卫军出发及公亲征，拟备二万元，日内即行交付；滇军三团共备三万元，则于此比期或下比期准当备妥，以供急用。缘盐税除预征外，刻实略无所得。此项急供亦东挪西假而索者，复非仅一军□用竭蹶如是，或亦拙劣有以致之，念之殊凛栗也。至公所谓根本治安之维，与敌军是否可以稍加甄别等说，非面不悉，或由慧生代达鄙意。至国会军府之筹设，第一即在款项，拟日内见公，与电轮商妥，再电唐、刘、吕诸公解决之。冀公即日莅止敝处，当无所闻，不省即时起节，便望处示。成都敌势不小，吕、顾、赵、卢支持亦自非易，得公两军前往，或可安巩其心。若遇挫折，后此收拾殊难，坚决速援为幸。万万。即颂

勋祺！

制　杨庶堪　启

九月二十五日夜

自重庆辞省长职由曾宝森代行代拆电

（1920年4月18日）

（衔略）庶堪此次出省，调定川局，本于人民渴爱和平之衷，及熊督军不忘故旧之雅，简、资以还，稍有端倪，而同时复有双方备战之传闻，解释深感困难。最近乃有川军将领约会遂宁及双江镇之举，深意从兹解决川局，和平可俟。越日，突接渝电，谓江防已启战端，来会如吕、刘、石三师长及卢副司令诸人，均以为局势至此，决不能以个人去留与大局安危混为一谈。即向师长之代表杜君，刘、陈师长代表冷寅东君，亦觉分议难成，唯筹善后。庶堪备闻各方论旨，及详观其情势，知调解之说已归无效。本应即行返省，而不忍睹地方糜烂，束手无援，坐令危颠不能持扶，清夜扪心，能无悚惧。再四思维，唯有辞职，以谢川民，冀轻罪戾。独慨军府自孙、唐、伍、林诸总裁相继辞职，及唐总裁撤回代表之后，政务会议不足法定人数，已无任免官吏之权责。林、吴、褚三议长又复通电，谓今后政务会议为违法。川、滇、黔三省，自唐联军总司令以次，皆持此论，通电表示。庶堪不敏，谬为护法之一人，出处大端不容率尔，迫不获已，只有暂行委任财政厅长曾宝森代行代拆，一俟军政府合法组织政务会议以后，再行间之辞职，以遂初服。庶堪谬应四川省长之任一年有奇矣，兵燹之馀，民人凋敝，百务丛脞，时虞陨越。益以军事方殷,民治难成,补苴罅漏,辄愧本原。今更以救国出兵之协议,及军政长官之去留,激成三省同盟之举。庶堪薄劣,何以当斯艰巨,因母□定故思几〔?〕,已非一日,而政务会议变局,乃出意计之外,求去不能,仍留不可,拟暂养疴重庆,藉卸仔肩。合法政府成立之日,即庶堪去职之时。自审已坚,无复瞻顾,川民憔瘁已深,仍望当局诸公,于如何消弭兵衅之方,一沉思痛念也。敬掬鄙忱,以告国人,伏维察鉴为幸。杨庶堪叩。巧。

致熊克武劝放弃个人权位消弭战端电

（1920 年 5 月 28 日）

成都熊锦帆先生鉴：

溯自政潮发生，倏经半载，上月往□□□□力经调停，深愿息事宁人，和平可望，乃周旋匝月，卒归无效。而道路传闻，至谓我公定养日下令攻击各军。庶堪始犹怀疑，今竟征实，战祸横开，可胜浩叹！间者诵公筱日辞职通电，极深敬佩，以为急流勇退，古人所□□而公毅然弃去，掉头不顾，其志之高与夫爱川之厚，均可谓大智大勇。不意公继因不合法政务会议之慰留，突于支日通电复职，向之议公揽权自私者，遂疑公前此辞职，乃以退为进，实无诚意。同盟川军，遂益惶惑，乃有陷日通电之举。当此电发后，公若果以人民桑梓为怀，决不恋栈，则以一退自绝，立刻引去，不求是非于目前，留待公评于事后，虽不与营私乐祸者流较其短长，要确为屈己爱人顾全大局之君子，公之光明磊落之人格，固不因一退之故而稍有贬损也。不为公计不出此，深厚难测，竟因个人忿争之私，横挑三省主客之战，小民何辜，罹此荼毒，言念护法，可为痛惋！夫此次川军因不信任我公，迫公去职，公去之后，继以川人，盖其目的所在，只关系我公之去留，公能牺牲督军、牺牲意气，则战祸可息，和平可保，个人问题而非省界问题，始为人所共见，决不容并为一谈者也。今乃迟回留恋，更造题目，阳持省界之说，阴行罔法之私，图一己之尊荣，忍兆民之离析，抚躬自问，庸讵能安？事如不成，公固丛谤无以自明，即使幸而获胜，抛无限之膏血，博残虐之代价。天下后世，其谓公何？我公年来既以护法救国为标帜，滇、黔宗旨相同，利害相关，既系主义结合，何分此疆彼界？故省界问题，实为无识谬见，或假以行其政争，刘、张前车，可为殷鉴。且今世界进化，日趋大同，国界当以次打破，省界何能久存？若一面排斥滇、黔，一面复勾通北系，□□□义人格一概抛弃，其识与野人争块无异，区区省□□□□，尚何价值之可言耶？况公素主三省亲善，曩与庶堪论说，常以为言，言犹在耳，何遽变迁？公须知省界说虽不宏阔，倡自他人，犹可解嘲，若出自我公，则前后矛盾，颇难设论。盖公屡次起义，均与滇、黔有密切关系，计自亡命由滇回川，以至现为督军，先时固亦假滇、黔之力，一旦忽倡省界，岂欲保存督军之故，而遂变易其素所主张耶！庶堪与公为十馀年患难之交，并昔见公悍拂舆情，间尝微示规讽，乃因地位关系，不能尽情道破，以有今日，良深歉咎！然君子爱人以德，无取姑息，今全川战祸，肇自我公一人，即欲为民请命，自非向我公呼吁不可。以利害言，千万人之生命财产较重，我公之个人权利位置较轻；以道德言，我公一生之人格尤重，而暂时无关紧要之去留尤轻。贪恋权位，既非明达所为；一怒流血，尤为仁贤所鄙。我公督川两载，当世是非自有公论，苟能难进易退，以一去而保全川生灵，人民对公或怀遗爱。如竟负气任情，残民以逞，一切横战，悍然不顾，其存万一不可得之希冀，致令平生令名付之流水，愚劣如堪，窃所不取也。庶堪抱病还渝，百念灰冷，日思去职，不乐回顾。今因夙托知爱，特进最后忠告，川民生死，系公一念，伏望静气沉思，俯赐采纳,幸勿以挽公留任者为忠爱,劝公去位者为疏薄,致遗他日无穷之恨,则区区之所甚望也。迫切陈词,无任延伫。杨庶堪叩。勘电。

致蒋介石电

(1921年8月6日)

介石兄鉴:

时局现仍紧张。闻孙先生有多事须兄来解决,幸速命驾,勿辜其望。尊拟某电,已送登商时两报矣。千万速来。庶堪。鱼。

致蒋介石电

（1923 年 3 月 2 日）

介石先生鉴：

帅座暨仲恺电谅达。此闻待兄来始能决之事，至众且巨。幸速首途，以慰企望。堪已于本日就职视事。庶堪。东。

致蒋介石电

（1923年3月21日）

介石兄：

箇电已呈元首。奉谕："财政重要，诚如兄论。现已筹有办法，并约仲恺速归，拟委以财厅之任。惟近所筹画，其责任有重大于财厅者，亦俟仲恺来归，与之面商。至发表财厅，则非仲恺到后不可。青黄不接，则百弊丛生，此事实之难免者。得仲恺电，已由日本出发，并言约兄同来，请万勿推延"云云。西岩无能，先生已知之矣，千万速返。庶堪。敬。

致吕超电

汉群兄：

三千元,在沪领。日内当有款寄。

本部　堪　敬

中华民国十二年三月廿五日十时

致廖仲恺书

仲恺先生执事:

庶堪行矣,后此之责,惟公等好自为之。展堂告我,谓:介石云我一日不去,则粤局一日不安。信如斯言,我何不一行以安粤局。特虑庸弱如堪,不足当此重系耳。汝为之欲兼以自重者,粤祸之发,岂堪思议耶?且勿言滇军未如介石所诅,至务尚有一二将领可表同情,即组安一辞,湘军稍退,必有汗且喘走相告者,非不能,不屑不忍耳。使介石处我,我复无端诟之,彼其狂怒,尚复几微为大局前敌计耶?是则介电导火之烈,思之真可危惧。不识诸人何以决策如是。其手段之劣,可叹亦复可笑。以愚所闻,旁观之论,似未有一人赞其贤者。堪微末不足惜,其如吾党之士,天下之人闻而寒心何耶?去堪自有其道,要复令当代贤哲,遂有世道人心之痛,则策之善者也。如介石者,岂非堪平昔误认为死生患难之交耶?一旦反面,狞恶至不可堪,其所诃责,复皆适得其反。彼其旨趣,不过欲夺我居职,以崇奉其长官耳。此一言可得之事,何为必挑拨主客恶感,且视故旧如仇雠,颠倒黑白,淆乱是非至于如此其极耶!乃或谓,此非介石之作,季陶、文豪实主之,诚否未能遽判。堪于季陶,除此次执事代乞顾问,省长本自贤豪负责之事,若遣一友商我,当无不拱手以让者,何必使介石诬蔑万端而后快耶?此以不欲超出预算未之应许外,他似无恩仇之可言。亦尝谬许其人以为天趣尚多者,若以数百元故,而遂破其实有,果尔,则吾党先亡,何有于堪个人关系。堪非谓赤化之宜行与否,特假此行彼,为党德所忌。先烈血渖未干,吾党主义未泯,先生夙志未伸,诸贤乃操入室之戈,歼灭此数十年历史之党徒,俾堕毁数年之亲交,贤者真不可测,堪自是不敢复相天下士矣。或又谓,此为某派借赤化为政略者之所为,诚令我百思而不得其解者也。幸我素志思退,夕闻而朝即谒帅乞去,若如介石所称,果挟客军人格以避来去无恒之辱,不与诸贤同其风趣,沟渎之经,或聊胜于羊车之返耳。随节年馀,幸未尝置先生于炉火,如往年白鹅潭之役者,诸将无汝为之大欲者,亦幸不相责难。临别尚复依依。同官诸人亦无一一为堪构陷,如堪今日所遭者。独惜先生与执事辈强堪出任今职,致有含沙射影之祸。从此退休,亦聊以保晚节于他年。轰烈之行,伫看公等之为之,山野馀生,不复敢与人家国。友道衰微,党德沦落,虽欲无大计,早定于沪渎,此不过为初锋之一试耳,继此而驱除者,乃大有人在,此尤非浅陋所知,亦不敢信于盲从转售之苦。区区之愚,不能无叹耳。堪之极端退让,善有三因不容默尔:一则息肩为我素愿;二则前敌未敢牵动;三则先生免致困难。以是无礼之言,遂成有力之矢,天下后世,自有公论,亦严以表示　有耻之言,不获自已,亦冀执事曲谅之也。行矣,自爱。

杨庶堪白

中华民国十三年五月廿三日

再启者:堪既与介石绝交,不容更致书,唯尚有一言,请兄代询,英士将死之前,渠告我以谁氏谗构于先生,致英士之求死不得者,若闻此而仍漠然无所动于其中,则其人良知已绝,愚更何言也。

堪拜手

致喻培棣书

华粋老兄：

苫次得锦公书，知老伯大人仙逝，戚怆何已！贤者大孝，尚冀节哀，尽礼以络大事。锦嘱撰题费已立为撰就，并写上，惜鄙书拙劣不堪，稍辜重命耳。纸底行格锌板，印时示令除去。两弟为先蕉印赞，亦复如是，易办无碍也。锦含径寄渠处，当别复也。总请礼安！

弟　庶堪　再拜

一月三日

致喻培棣书

华韡老兄执事：

省笺知安抵沪渎，潭府俱庥，以为慰喜。令兄墓表，稍暇当勉书，端研事，怒刚自可收回，勿以为深念。执事文既拔俗，书法尤复入古，审玩再四弗释，不图进学之猛，至于若斯。平昔相知未尽，殊以惭悚。聚日虽短，剖臆而谈，亦为奇快。过去烟云，不足更点太清矣。执事胜人处，以能保持旧日美德，此非一人阿私之论也，复生过此议亦同之。伯庸处寄售古物，曾否与商？若乐为此，只一二事已足，稍有难色，则勿强之。唯以沪上毁可议者，故偶思及之。卖物为活，终非了局，然与从小乞贷小别，故缪算暂合为此。以执事热情，无复几微，世态敢浼之。便示数行，以慰寥寂。此间忽已雪寒，南暖殊可思，何时更相见耶？专颂

礼祺！

弟　庶堪　再拜

十一月四日

致何彦异书

彦异仁弟足下：

先后两书均悉。足下家庭责任之重，洵儿亦有禀为足下言之，自非出仕不可。唯刘君处已患拥挤，即走所识，亦多愿去顾首荐之人，讫今尚悬，未遽解决。鄙意不如仍函体元厅长，嘱其照拂。又为足下有劳可纪者，或不致毫不生效也。尊意如何？示我，当附函以来也。手此，即问

刻祺！

邠　再拜

四月十五日

致何彦异书

彦异仁弟足下：

石君复函附上，可斟酌入者，与否，似以履校宜也，两笺所钞诗，颇有意致，惜稍淡于法。再求之盛唐诗贤，当有入也。

母去，人情悉渐愈否，甚念之。弟须一归省，未总复。

即问

近好！

邠翁　手启

五月五日

致何彦异书

彦异仁弟:

易某所传之谣,纯属无稽。宪兵何致敢以无礼相加,且尝语感情极洽,一切横逆自无以发生。弟意甚笃,然亦不宜轻听自扰。我于乡自有丘山之重,非蜚语所能摇撼。亦有相反之谣,要为不值一笑。人心鬼蜮,流言切复遽信,为人利用也。方出防洞,得来信,聊相为释之。

此问

时好!

晵叟　手启

五月廿日

致何彦异书

彦异仁弟礼席:

前闻令母夫人之丧,哀悼无似。戚党间贤能若伊,盖亦罕矣。幼弟之遗,足下与令弟彦若当善体亡亲之心而抚成之,则大事一也。节哀顺亲,礼有明训,尚冀从立身行道作去,勿过毁为也。久不作大字,以笔墨皆不具故,然不欲拒谢母大人遗意,勉用败笔书之,破例之作,自不能佳,然以此下报,联语幸尚不恶,可供一时之用,不足存也。薄致奠仪百元,唯察入芳媳处,可暂秘,以彼新产,体未复原,不堪哀恸也。骨肉手足之亲,万里暌隔,不获一申情愫,怆楚可知,稍缓终当闻之也。

此问

潭佳!礼成后宜早入省。时闻。

邠　再拜

六月三日

致何彦异书

彦异仁弟：

奉书久未报。初以觉公在汉，未便通询，今知在渝黔间，遂附笺转上。此公似闻态度稍闲，不识能为一介否？然弟意未忍拂，姑尝试耳。此问

待莆！

邠　再拜

八月二十一日

致居正书

觉老执事：

抗战以还，遂疏笺候，然老成谋国之忱，已侧闻久矣，岂胜止仰。舍戚何铮持志大学法律科毕业，顷闻有法官训练所之设，拟行报考。而欲丐公得一介函以谒冯所长，冀假闳荫，稍获进身。因闻凡得立夫昆季证明者，立可收入。此辈孤塞，未尝识之。知公与走有旧，思一拥恩成之。其人于沪战时营护伤兵难民，濒于危者数矣，亦有小小栖托，仅足糊口，非其所志。以公隆望，猥以琐细奉渎，惭悚何胜？恃公大慈，或不遽捐此可造之青年耶。旌临敝邑，未获拥篲以迎，思之愧慊。此间小类亡命，有叔、重诸贤，尚不寂寞也。专颂

勋祺！

弟　庶堪　再拜

八月二十一日

致何彦异书

彦异仁弟足下：

前书计达，此间情态已知窥知。顷见足下致芳媳书，奸人造谣，一何离奇乃尔。老夫可诬，则乾坤或几乎息矣！某妻包围之说，更自可笑，某自出后，其家已移居越界筑路区，早已不来租界，此伯申夫人所稔知者。老夫何人，岂能受儿女子饵言耶？出游之计，甚感盛情。然备行久矣，犹未果者，徒以钱刀之迫，以盲目出游，所费当足沪寓三月之粮，俯顾诸孙，岂忍不备而去。川有政治之嫌，滇亦同之。港沪同为寄人篱下，二五一十耳。此又钱外一问题也。近月芳媳大病，玮、武两孙，乃须老夫妇照料食宿，彭妈只能日侍病榻，不能兼顾也。现虽已脱险，一切未复，凡刺激文字，都不令看，故先拆视也。日日可行，唯须经济筹足，家人无恐，始得脱然也。我本无责可负，独有作诗遣日，关此问题，亦有诗为证，附上可一阅而知。亦可示诸至戚好友，若一二暗中捣乱，可以置之；若尽有多传，则此诗亦可登报，无责任可以宣言。野人之志，独于吟咏发之耳。此将以示百世者，不似今日之言行异致也。足下昔尝在此，岂亦忘前此固邻前方耶？时移势变而成孤岛，然此为国际市场，非沦陷之比。吾辈于此，略近亡命，内地遭难同胞，至今纷纷来此暂避，其谓之何耶？国人拥高资者，首则海外，次则香港，此间乃与诸难民同度此无聊之岁月。若并此不能相谅,吾辈穷人,乃真爱国以亡,则立时即无生理,彼犹太富人,虽叫声震耳,转瞬即非所知,则吾人今日诚未知死所也。此间又非乐士,亦何所嫉?老友天倪,尝虑大战爆发,将作难民,谁能保证大战不发者?无钱则只能顾及眼前,侥幸天不绝人而已。思之岂胜愤慨!此间于酝酿之际,诚人人可以影射,为最危之一时,今黑白大分矣,不谓更有人最此毒谣也。和议尚不欲闻,况其他耶!足下初斥其绝对无稽,是也。继复虑或有因,何薄视老夫耶?贤者虑患之深,不觉其言之过,此自可原。至畏缩不行之语,尤不相知,细思我何所谓者!归而草间偷活,其与上海苟全性命何异耶?足下厚意可感,故聊为言之,不然,一笑置之耳。汉皋诸人,乃能相知,顷黄埔生雷声普徐州败后,曾一来此,有函谓:先生冰雪之操,此间同人皆饫知,此可奉慰,并相慰云云。走立身自有本末,海内不无相知者,少数小人,终未能撼耳。嗟夫,吾人今日既有兵火之苦,复有生活之压,甚至有名誉之危,其不愤而染红者几希矣。秋热幸卫。

瞀叟　再拜

八月二十三日

致何彦异书

彦异仁弟足下：

得书甚感，不独不应怪弟，且剧感之知。弟赤诚为德爱，而与俗殊也。拙诗自是写心，初无登报之意。若造谣者猥欲扩大，得此亦足与众白之矣。下走廿馀年历史那容自毁，即此次成诗一二百首，亦自宝惜，岂可言行相违，致令其心血结晶不值一钱也。稍可叹者，此谣出自渝人。此一地域，辛亥光荣历史，与其鸡犬无惊之遭，下走不无微劳，任何一渝人皆不应向我喷血。以某妇之说，且恐为平昔有关之人，然不忍过事研寻，听之而已。下走作人自有本末，所争乃在千秋，岂黄口小儿所能诬蔑者。有此一噬，已使爱我者为之愤慨，古人所为叹青蝇也。拙诗本不乐多发布，略取其有涉乡人抗战者，露其一斑。此战重要，必书。即詹景文之苦战罗店，与足下冒险救护，均有诗及之，虽不敢遽谓诗史，要非批风抹月比也。闲中或示两报友人，供其无聊之一材料。两报以次执笔纪述者，亦幸为我谢之。仆尝有句云："未应陷贼同摩诘，长须居夷似孔丘"，亦实录也。此地沦陷有别租界，尤无磨手之伸，不独党人如许、何、薛等留请此间，名流如颜、施两使亦居于是。四行孤军寄此，与特务诸人活动，报纸亦累及之。国旗飘扬，即足示沦陷与否，非我留始才之说也。国人大病，喜于观火，无数可爱青年尚沦亦清凉心，若不死沦区，且较内地为足致力。苟得有心人茹苦其间，他日写实文学，或当于此求之。惜吾衰老无能，犹抚此弟之者，间此真思之皇悚者。至居枢要而不免通敌，则骇闻听也。得钱仍当为西南之游，护照已备三月矣。加邮之限，遂不多谈。善自爱！

瞀　再拜

九月二十一日

致□绍侣书

绍侣老兄执事:

初归枉驾,具仰英姿,实业巨擘,尤钦硕画。兹有请者,舍亲夏代堪昆仲小有豫泰煤厂之设,夙荷弘助,感纫实深。据言,承供运道循例纳费等事,亟思有以奉报,唯闻有接收代卖之议,若在寻常,自宜幸托,大力借资发展。独其亡考治先翁劳瘁,倾资以死,其昆仲茹痛勉支廿年,讫今小有树立者,纯由债权诸人维护。其维护之故,乃其各债权冀购其炭,认为实用。设有变动,致令债权群起责难索偿,则将有立即倾覆之虞,无以对其父于地下。因是旁皇却顾,未敢遽诺,复恐无以上酬执事。走以戚党故,亦特关注其兴衰,敢恃交契,略与代达微忱。唯执事始终成全之,则渠昆仲感恩图报当自有日。执事高掌远蹠,应不在此区区。若蒙推爱,幸许走上亦有荣施也。余由代堪面恳,专此敬颂

勋祺!

杨庶堪　印

八月六日

致李泉浦陶闾士书

泉浦、闾士两先生教下：

廿年去乡，快聚之乐，扰涉不可言宣。故人殷厚之情，但有铭感耳。山中诸诗略能抒意，无稍振奇者，归来匆成五首，自觉喷薄而出，无不达之隐，谨写上，乞政。年来为诗每当数首，平平，后别有一踌躇满志之作，此吾聊可当之良友前，敢用称情一道，得勿哂为狂奴故态耶？道中两首亦平衍无足取者，并附一观。闾病幸善摄，代盐品物，访得当敬赠，他日，更微薄尽吾意也。此颂

潭福！闾夫人幸同叩。

堪　再拜

一月十六日

与重中校友书

省书具悉。渝校校产，得吾子与子杰厅长诸人维护，自可庆慰。章程大致尚善，勿事批注增易。至子杰盛意，欲推走为主任委员，此可不必者。弟辈大可为之，若复㧑谦，则向仙乔先生似为最适，以与此校关系特深，而其人资望为此亦适，弟辈亦可推荐也。主任若尚一时未定，馀委员二人，则当先行推定，不必定由指选也。原件附还。和无量诗钞尘，幸转与之。渠近何寓，非所知也。省行恐仍不得遽达。沪上家书时有迟滞，悬望为诗，已历三次，尚未及放心快游也。舐犊之爱，不能遽释，此又沪变后增一忧疑，无如之何。日来英、美战况转佳，或当早结，不可真难耐也。早迟终当一游成都，唯待机耳。渐热幸卫。

致向楚书

觙石老兄教下：

曩吴君来奉笺教，迟迟未有以报，以积绪非短楮所能宣尽，谅懒犹次也。顷日奉书，猥以石、况两文见征，愧无以酬。青殁后，尝有挽诗二章，其部属有求速一写，此特暂时之异情，它日终当有以慰青于原下也。况君高怀，士夫犹恫然，仅钦其大节，其平生殊昧，亦未尝为文传之，斯事恐非公莫属也。志乘史业，得公撰述必成不刊之作，敬俟杀青耳。弟之愚暗，近欲发愤治《礼》，以是为儒学极轨，谬附读书之伦，意须毕此一学。虽某来辩，而事实若谬，斯难为曲解。徒微邻迁怒死者，然以其亲信者，如彼青亦与有责。化鄙衷抑不发布。弟愤以为仅若曹活劳，下再有文以沮扼之，铭幽之文，遂讫今未及草创。乃稍入室，惜时过后习或竟扞格不入，未可知也。公何以教之耶？天倪长聚乐，尝无艺以德安，仓卒言归，便托致此，故先为之也。曩见吾学与人书扇小诗，以为工雅非易，久不贡书，甚惭对之。然未或偶忘此故人也。寄怀香宋一诗附写，希转上。初备托天倪者，企及清暇，盍写示数首，俾获快读。别久相思若痗，何时始重见耶？

此颂

潭祺！

弟庶堪再拜

四月十九日

附:寄怀尧老

问询横溪叟,新诗近几多。同游有陶谢,共和宛羊何。秀句传三蜀,复音绕大涐。何尝陪林屦,邑里恣经过。

杨沧白年谱

张荣祥

1881 年(清光绪七年,辛巳)诞生

12 月 9 日(阳历 10 月 18 日),杨沧白先生生于四川省巴县木洞镇。四川巴县杨氏,世有隐德。父亲杨兆南,字晖之,博览经史,长于绘兰蕙。因家贫,迁居城中“弃书服贾”,以德望为四邻钦重。母亲讳冰如,姓蒋氏,慈祥义训,三党楷模。

杨沧白,名庶堪,一名先达,字品璋,后改沧白,号天隐阁、山父,晚年号邠斋、邸叟。“幼而岐嶷,读书通解,即欲购经史百家诸巨典册,太公咸乐许之,恣其肆习。”

1897 年(清光绪二十三年,丁酉)17 岁

杨沧白入重庆经学院,从华阳名儒吕翼文治经史词章,文笔出曹辈,被吕先生视为奇才。尤喜读明末清初黄梨洲等人的反满著作,逐步萌发了反满革命思想。

11 月,宋育仁在重庆创办《渝报》,宣传维新思想,杨沧白颇受其影响。

1899 年(清光绪二十五年,己亥)19 岁

杨沧白与邹容、朱蕴章等入重庆译学会,向英国牧师巴克和日本友人成田安辉、井户川辰学习英文、日文,拟为游学欧美、日本之用。时邹容少年倜傥,每发“奇僻可骇之论,闻者掩目疾走”,沧白独与之亲近,并结下了深厚的友谊。

1900 年(清光绪二十六年,庚子)20 岁

杨沧白以重庆府试第一名的成绩考中秀才,但他感愤国事积弱,“胡清窃政”,“不欲以科第进取,举孝廉方正亦不应”。

1901 年(清光绪二十七年,辛丑)21 岁

秋,杨沧白为照顾年高体弱的父母,不便远行,遂与同学朱蕴章等帮助邹容排除阻挠,并从经济上予以资助,使邹容得以顺利自费留学日本。

与同县詹葆珊长女詹懿(字淑则)结婚。夫人为吉祥女子,随沧白革命辗转东西南北,茹苦含辛,然相亲相爱,感情甚笃,直至终身。

1903 年(清光绪二十九年,癸卯)23 岁

由杨沧白、梅际郇二人首倡,重庆进步青年秘密成立了四川第一个资产阶级革命小团体——“公强会”。会员如吴骏英、朱蕴章、童宪章、董鸿诗、董鸿词、陈崇功、李时俊、胡树南、江潘等,均一时俊彦。

邹容所撰《革命军》,重庆亦得传阅,一时加盟于公强会者,日以浸盛。杨沧白又与卞小吾、田心澄等组织"游想会"、"羽强社"等革命小团体。会员于朔望之期,聚会郊外,恣论时政得失,终以非排满革命无以救亡。

年底,杨沧白等借为重庆商人曹顺清所办广雅书局购书之机,广购各地新书杂志,并辑摘新鲜观点,汇为《广益丛报》,以树新风而鼓民气。该报由杨沧白、朱蕴章、吴骏英负责主持编辑。

1904 年(清光绪三十年,甲辰)24 岁

2 月,受杨沧白之托去京沪探察形势的卞小吾秘购《革命军》、《警世钟》、《"苏报案"纪事》等革命书刊返渝,并向杨沧白报告了邹容、章太炎对四川革命的建议。杨沧白即与卞小吾商定,首先创办日报揭露清政府的腐败,宣传革命精神,以唤醒民众。

9 月,近代四川第一家日报——《重庆日报》创刊。

1905 年(清光绪三十一年,乙巳)25 岁

4 月,卞小吾因《重庆日报》转载《苏报》题为《老妓颐和园之淫行》的消息被捕,杨沧白多次设法营救,无效。

8 月,中国同盟会在日本东京成立,童宪章、陈崇功作为公强会的代表,由孙中山主盟,首批加入同盟会,并代表杨沧白、朱之洪、朱蕴章等人入盟。同盟会东京总部下分设九个支部,重庆被指定为国内西方支部所在地,负责领导四川、贵州、甘肃、新疆、西藏等省区的党务。

年底,童宪章、陈崇功携带同盟会的规章、公约、誓词和计划方略回到重庆,征集革命党员,成立重庆支部。已具相当规模的"公

强会”立即推杨沧白为首盟，决定以教育界人士及学生为对象，积极进行革命宣传和组织发表工作，知识分子入盟者颇不乏人。公强会随之改组，正式成立同盟会重庆支部，并特制了“蜀中同盟会章”，作为同志间联络的信物。

是年，杨沧白与英国牧师巴克教授英文于重庆府中学堂及正蒙、开智等校，常以古文作比较、印证来解释英文，深受学生欢迎。

1906年(清光绪三十二年，丙午)26岁

4月，应叙永永宁中学监督李维汉聘请，杨沧白与向楚等前往该校任教。杨沧白教授英文、历史。其间，叙永厅官李镜清觉察该校有进步活动，遂刁难该校监督，激起学潮。杨沧白转往成都东文学堂(一说东游预备学堂)教英文，仍秘密进行革命活动。

是年，杨沧白在其主编的《广益丛报》第一一八、一一九号转载了《民报》第四期发表的冯自由所写《民生主义与中国革命之前途》一文，详细介绍了民生主义，并扼要叙述了民族主义与民权主义，第一次将孙中山的三民主义在四川公诸报端。

1907年(清光绪三十三年，丁未)27岁

初夏，杨沧白被聘为永宁中学监督，“公亦思与川南党人合会，于此万山中，建树革命根据地”，乃约朱之洪、向楚同往。他们以进步书刊启发学生的反满革命思想，发展优秀分子入同盟会，如叙永张颐、杨伯谦，古蔺王野若、罗税伯，古宋刘经文，江安黄述等，均由杨沧白与朱之洪介绍入盟。由此，永宁中学成为当地革命的司令部。

9月中旬，黄树中(复生)、熊克武、黄方、杨维等党人在兴隆场

制造炸药，杨沧白让教员从学校实验室取出化学药剂、蒸馏器械供其使用。黄树中等不慎，发生爆炸，惊动邻里，杨沧白侦知官府派人缉拿，便急忙通知黄树中、熊克武等安全转移。

事后，杨沧白又赴成都，在成都高等学堂分设中学任教，学生中有郭沫若、李劼人、王光祈、曾琦等。时南较场举行全川学生运动会，因学生与巡警冲突受伤，杨沧白与好友刘行道（士志）挺身往见总督赵尔巽，严词力争，终使赵尔巽将巡警教练所提调撤差。旋归渝。

11 月，同盟会四川分会组织的成都起义因事泄失败，川西南革命力量受到严重挫伤。以杨沧白为首的同盟会重庆支部，成为领导和推动全川革命运动的核心。

1908 年（清光绪三十四年，戊申）28 岁

清政府在重庆菜园坝举办川东地区第一届工商业展览会，革命党人纷纷聚集重庆，多主张乘机起义。杨沧白认为应当吸取成都起义失败的教训，主张加强宣传和组织发展，积蓄力量，待机而动，从而保存了革命实力。

1909—1910 年（清宣统元年己酉—二年庚戌）29—30 岁

杨沧白就任重庆府中学堂监督，延请张培爵为学监，将同盟会重庆支部设在校内，并组建“乙辛学社”作为其核心，杨沧白负责全面并兼理财政，决定进一步掌握重庆的教育机关，作为扩大和发展革命的基地。经过集体努力，重庆府中学堂，川东师范学堂、巴县中学、巴县女子师范及重庆教育会的领导权，全被同盟会员所掌握，其他如重庆体育学校、商业学堂等亦在控制之下，“教职半党

人,学生加盟者亦数十人”。远在成都的巡警训练所和奉节的夔州府中学堂,也均成为同盟会重庆支部联络各地党人的据点。杨沧白还与张树三商定,利用其在成都鼓楼街开设的“天泰店”,作为党人的招待所,用以扩大成、渝两地联系,并交流情报,互通信息。

1911 年(清宣统三年,辛亥)31 岁

4 月,孙中山、黄兴领导广州黄花岗起义,密电重庆接济资金,杨沧白创首响应。

5 月,清廷宣布“铁路国有”,四川保路事起。

6 月 28 日,杨沧白等在重庆组成保路同志会,朱之洪为会长。连日在重庆万寿宫、禹王庙等处举行大会,党人杨霖、刘祖荫讲演最为激烈。杨沧白则认为:“此非根本革命,无以拯民;保路,枝叶耳!”随即要求重庆同盟会员“借争路为幌子,以激扬民气,而行排满革命之实”。

8 月,川汉铁路公司股东大会在成都召开,重庆股东代表朱之洪临行前请示杨沧白,杨指出:“保路是应该的,但不是根本问题,真正的希望还在广东方面。”又说:“此行宜和成都同志商讨决定发动策划。”

9 月,四川保路运动蓬勃发展。2 日,端方急率湖北陆军入川查办。7 日,赵尔丰制造“成都血案”,革命形势日臻成熟。杨沧白日夜与重庆党人密谋大举。端方所领鄂军深受革命潮流影响,不少人与同盟会、共进会等组织有联系。杨沧白对此早有所闻,乃密派张颐赴夔、万联络下川东党人,“并设法与鄂军中党人通声气”,后与鄂军中的同盟会员李绍伯、田智亮取得了联系。

10 月 10 日,武昌首义成功。同盟会重庆支部亦加紧活动,各

地在渝党人秘密会议，商讨起义计划，公推杨沧白主盟，负责“决疑定议，谋财政，操运筹，周旋官吏，延纳党员”。杨沧白利用学生操练的200支快枪，作为武装起义的基本枪械；联络工商界的开明人士筹集资金以供开支；借哥老会中知识分子的潜在力量，作为举事的别动队；组织了以石青阳等为首的敢死队，作为起义冲锋。13日，端方率军抵渝，责成正在重庆省亲的广东巡警道李湛阳募勇三营。杨沧白与李湛阳至稔，乃使党人多投身其间，使之成为起义的重要力量。因杨沧白活动频繁，引起地方官吏注意，并派人监视，为此，他孤身往见重庆知府纽传善，进行周旋，以打消其怀疑。由于端方来渝，重庆起义计划“酝酿未发”，便决定先在重庆附近之长寿、涪州、广安、南川等地策动起义，以分散和孤立重庆的清军，而州县又“皆以重庆机关部为革命枢纽”。

11月5日夜，党人夏之时策动龙泉驿新军起义后挥师东下，中旬，抵重庆江北黄桷树。杨沧白侦知大喜，即派朱之洪、黄宗麟前往欢迎。同盟会重庆支部召开紧急会议，决定与夏军内外配合，以和平方式，实现重庆独立。21日，杨沧白等密约重庆各界代表齐集总商会，由朱之洪宣布夏军入城消息。22日上午8时，杨沧白、张培爵等下令出动同盟会重庆支部控制的中营城防游击队、商勇、川东道防营、水道巡警、民团等武装力量，集全城官绅商学各届代表二三百人于朝天观举行大会。况春发组织的会党队伍和石青阳所率敢死队拱卫杨沧白、张培爵到会，鄂军党人田智亮亦武装到会。与会党人皆以白布裹臂为记，迫使重庆知府纽传善、巴县知事段荣嘉缴印投降，剪发游行示众。全城人民纷纷挂出“汉”旗，涌向街头。下午5时，夏军高举“中华民国”、“复汉灭满”大旗入城，驻扎于行台衙门。接着，杨沧白宣示革命主义，蜀军政府组织大纲和维护地方秩序办法，设“蜀军政府”于原巡警总署，通电全国，宣告重庆独立。23日，杨沧白组织召开了蜀军政府筹建会议，大家推他为都督，他坚辞不就，承认在旁襄助。结果，公推张培爵为都督，夏之时为副都督，杨沧白与朱之洪为高等顾问，凡遇重要事情，须咨商两顾问后，才决定施行。湘、鄂、滇、黔、粤等省军政府，先后“正式承认蜀军政府为四川政治中枢”，杨沧白是四川革命党人的“元祖”。

1912年(民国元年，壬子)32岁

1月，杨沧白“退休，奉亲于浮图关别庐”，署其居处曰“天隐阁”。

2月27日，杨沧白领衔致电孙中山、黄兴，主张将同盟会改为政党，加强政党建设，推动革命的进一步发展。

3月，由于革命党人妥协，蜀军政府被大汉四川军政府合并，称中华民国四川都督府，尹昌衡、张培爵分任正、副都督。任杨沧白为外交部长，未就职。重庆成立镇抚府，夏之时为总长，夏要求辞职留学，杨沧白即电尹昌衡，主张由黄复生继任，谓“复生海内奇杰，文澜本吾故人，亦有所望，但不如复生接任为宜”等语。但尹昌衡仍任胡景伊为重庆镇抚府总长。至此，重庆辛亥革命即告失败。

8月，受张培爵邀，赴京师考察政治，参加国民党成立大会。然所接多袁世凯掾属，官僚武人，“不足以与言友”。

1913年(民国二年，癸丑)33岁

1月31日，四川省举行第一届省议员选举，杨沧白由第三选区选为参议员。未就职。

8月4日，熊克武、杨沧白在重庆成立讨袁军，分任四川讨袁军总司令、四川民政总厅厅长，分辖军、民两政，响应孙中山讨伐袁世凯的“二次革命”。

9月12日，四川讨袁军失败，杨沧白成了被全国通缉的首犯。后在友人帮助下，脱离险境，经湘西到桃源、常德，越洞庭过武汉，化装为水手逃到上海。在陈其美、蒋介石帮助下，旋亡命日本，居东京新桥。有《癸丑违难纪事二百韵》志其经过，念国思亲，历历酸楚。

杨沧白到东京后，始得“遍识民党魁杰”，首次见到孙中山，倾谈之下，深得赏识，且多所依重，左右不离。

时著名诗僧苏曼殊浪迹日本，与杨沧白一见如故，曼殊有《兼呈沧公》一诗相赠，沧白亦常赞曼殊有三代、六朝遗风，认为是他一生所交省外三挚友之一。

1914年（民国三年，甲寅）34岁

7月8日，孙中山为整顿涣散的国民党，继续革命，在日本东京成立中华革命党，特任杨沧白为政治部副部长兼四川党部主盟人。

10月，受孙中山之命，杨沧白作《中华革命党大元帅檄》一文，加入中华革命党重要章程内。

11月7日—12月16日，中华革命党讨论革命方略，均由孙中山主席，杨沧白作书记。

是年，四川革命党人因癸丑讨袁之役互相多有责难，造成杨沧白与熊克武的矛盾。

得友人助，杨沧白迎父母妻子至日本东京，一家复聚。

1915年(民国四年,乙卯)35岁

8月23日,袁世凯为恢复帝制,创“筹安会”,海内骚然。

10月,杨沧白奉孙中山命,起草《中华革命军讨袁通告》。不久,又奉派与胡汉民等赴南洋募饷。将行,返上海负责主持讨袁工作的陈其美电邀杨沧白回上海相助。

11月,杨沧白回到上海,以家庭教师为掩护,与陈其美、蒋介石商讨发动肇和舰起义,因经费不足,杨沧白经向楚向正在上海经商的重庆商人李裴知借得大洋三万元,作为起义经费。

12月5日,肇和舰起义,旋失败。此役实为全国反袁帝制之先声。

1916年(民国五年,丙辰)36岁

5月,袁世凯贿买叛徒刺杀陈其美于上海,杨沧白蒙请撰《勋二位工商总长沪军都督陈公其美墓志铭》。

6月,袁世凯死,黎元洪继任总统,杨沧白被四川选为国会参议员。奉孙中山命,策划西南革命工作。

是年,因滇、黔军入川,蜀军大作,杨沧白“侍双亲,留滞上海,力不作归计”。

1917年(民国六年,丁巳)37岁

9月,孙中山在广州就任中华民国护法军政府海陆军大元帅,委杨沧白为四川宣慰使。

1918 年(民国七年,戊午)38 岁

3 月 2 日,孙中山通过章太炎疏通四川省议会,选举杨沧白为四川省长。4 日,又电促杨沧白早早赴任,联合各派势力,收拾川局。

8 月,杨沧白抵达重庆。

9 月,杨沧白在重庆出席川、滇、黔重庆联军会议。

10 月 12 日,杨沧白在重庆就任四川省长职。27 日,致书熊克武总司令,向其剖白在渝就职之衷曲。

11 月 6 日,杨沧白赴成都接篆视事。因熊克武投靠政学系,使杨沧白省长政令不出省门,熊、杨矛盾加剧。

12 月,父亲杨兆南在上海病逝,杨沧白请假奔丧,其间,曾密赴合川,访刘湘,策划“倒熊”。

1919 年(民国八年,己未)39 岁

1 月 18 日,以父丧假满,杨沧白到省署视事。

春,积极支持留法勤工俭学运动。

5 月 13 日,杨沧白电请广州军政府电斥钱能训“以此次和议破裂归咎南方”。

5 月—6 月,成都学生游行声援北京“五四运动”,杨沧白给予道义上的支持,并派警察维护秩序,保证学生安全。

1920 年(民国九年,庚申)40 岁

4 月中旬,杨沧白以调处川局纠纷为辞,约顾品珍会于简阳,旋

赴遂宁,与吕超、石青阳、卢师谛等商讨“倒熊方案”。18 日,通电辞四川省长职。

5 月 3 日,杨沧白到达重庆。18 日,川、滇、黔及“倒熊”战争爆发。28 日,杨沧白发电,劝熊克武放弃个人权位,消弭战端。

9 月,李烈钧奉孙中山之命调湘、滇军入川,于成都郊区与熊克武、刘存厚决战,杨沧白复函李烈钧,谈及“军费”、“治安”、“国会军府之筹设”等事宜。

10 月,杨沧白离渝赴沪,向孙中山请命。

1921 年(民国十年,辛酉)41 岁

5 月 5 日,孙中山就任非常大总统,由于经济拮据,特委杨沧白为国民党本部财政部长,负责筹措军资,支援前线。

1922 年(民国十一年,壬戌)42 岁

6 月 16 日,广州陈炯明叛,一时党势受挫,18 日,杨沧白联合旅沪国民党党中人士声讨陈炯明的叛逆行径,引起强烈反响。

9 月 29 日,奉孙中山之命,杨沧白赴浙江与卢永祥密议,商定与张作霖合作,对付曹锟的政治野心,结成反直的孙(中山)、段(祺瑞)、张(作霖)三角同盟。

11 月,杨沧白、卢师谛联络滇、桂军成功,并会同粤军进讨陈炯明,三战皆捷。

1923 年(民国十二年,癸亥)43 岁

1 月,陈炯明败退惠州,通电下野,各方代表电请孙中山回粤。

此役为重建广州革命根据地之关键，而杨沧白乃其中运筹之关键人物。为此，孙中山任杨沧白为宣慰使处理善后事宜。

2月17日，孙中山回到广州，成立大元帅府。

3月2日，孙中山特委杨沧白为大元帅府秘书长。

10月24日，孙中山为筹备改组国民党事宜，发表杨沧白等九人为临时中央执行委员，由杨沧白执笔，共同研拟了《中国国民党宣言案》。

1924年（民国十三年，甲子）44岁

1月，中国国民党第一次全国代表大会在广州召开，杨沧白当选为后补中央监察委员。29日，鉴于滇、桂军在广东横行，孙中山任杨沧白为广东省长。

5月23日，杨沧白致函廖仲恺，揭露蒋介石的政治阴谋，提请辞职。

6月2日，杨沧白辞广东省长职。回上海。

1925年（民国十四年，乙丑）45岁

3月12日，孙中山在北京逝世，杨沧白哀恸欲绝。

5月，杨沧白独子杨洵在上海遭流氓劫质，勒索巨款三万元，幸有杨虎、凌霄为其疏通，杨洵始得释回。

7月31日，杨沧白就任北京政府司法总长职。

12月31日，杨沧白辞司法总长职，客北平，居东单总布胡同，侍母读书，写作吟诵，成诗千数百首。非亲昵密友不赴。

1927年(民国十六年,丁卯)47岁

3月,重庆“三三一惨案”发生。后来,友人问及此事,杨沧白说:“三三一惨案,可能不尽是刘湘的主意”,“刘湘该负责,他是统帅嘛!”

作《论诗绝句百首》。

1928年(民国十七年,戊辰)48岁

母亲蒋冰如在北平病逝。杨沧白哀伤逾恒,作《哀启》述其一生之艰辛。此后,杨沧白更闭门休养,研索古玩,作诗遣日。

1931年(民国二十年,辛未)51岁

10月,“九一八事变”后,各方呼吁共赴国难。杨沧白返南京,选任为国民党中央监察委员,国民政府委员。旋移居上海,初住辣斐德路王璞山先生家,继迁“松筠别墅”,后宅于法租界福煦路803号。

其间,常与章太炎谈论抗日局势,切磋诗文,撰述丰硕。

1937年(民国二十六年,丁丑)57岁

淞沪战起,杨沧白作诗歌以纪悲壮惨烈之情,悼国殇,励死节。

1939年(民国二十八年,己卯)59岁

5月,在日本侵略者策动下,汪精卫企图组织伪国民政府,并一再强邀杨沧白参加,遣使云:“公贫,家累重,年力已衰,何苦困处危

地而不自惜。”希望杨沧白出任国民政府代理主席（一说行政院长），遭到严词拒绝，周开庆认为：“汪精卫所以看中沧白先生，原因在于（一）沧白先生在国民党中声望高；（二）沧白先生是四川人，而抗战的基础就在四川。”

同时，重庆亦谣传“杨沧白即将出任汪记政府的行政院长”、“汪、杨即将晤面”等谣言。

8月23日，杨沧白闻知重庆谣言，十分气愤，即写信给重庆的亲戚何铮，认为“奸人造谣一何离奇乃尔！”发出“嗟夫！吾人今日既有兵火之苦，复有生活之压，甚且有名誉之危”，“何薄视老夫耶?”并附《新号》五律一首，以抒心境，且言“此诗亦可以登报”，“将以示百世者”。诗云：“新号分齐楚，群追绪律踪。风前几垂柳，海上一孤松。书史千秋重，河山半壁空。老夫自迂拙，槁项甘长终。”

11月11日，杨沧白得友人助，抛妻别子扶病潜逃，经香港历尽艰险，16日回到重庆，居渝郊南岸大石坝石青阳女婿潘纯嘏家。重庆《新民报》以特大标题《最难风雨故人来——在沪严拒汪逆利诱，杨沧白先生昨抵重庆》作了详细报道。

由于杨沧白是辛亥元老，且主持过四川省政，而且四川地方势力又要求“川人治川”，所以，蒋介石曾先后征询他的意见，要他出任“四川省政府主席，国史馆馆长或陪都建设计划委员会主任委员等职务”，他都称病推辞不就。

1940年（民国二十九年，庚辰）60岁

常与陈铭枢夫妇、朱之洪、赖肃、但懋辛、刘泗英等人来往。

只身处渝，多念亲人，亦颇孤单，嗜鸦片。

一次，与友人谈政治，杨沧白认为蒋介石“这个人权诈”，多鄙视之。谈到他对共产党的态度时，他说：“我赞成共产党，我赞成中国的共产党。”

冬，六旬大寿，亲朋好友拟举行大庆，杨沧白坚决辞谢，谓国难当头，一切从俭。

1941 年（民国三十年，辛巳）61 岁

8 月 6 日，夫人詹懿（淑则）在上海病故。杨沧白闻之，大恸深哀，久不能已。作《杨内詹夫人事略》及悼亡诗数十首，遥祭亡魂，以表达结发四十年之恩情，情至而辞工。

1942 年（民国三十一年，壬午）逝世

8 月 6 日午后 6 时，杨沧白在大石坝寓所逝世，享年 62 岁。“子男一人，即洵；子妇李，名立芳。孙四：彤炜、彤武、同瑾、同瑜，均在沪。”20 日，在重庆夫子池新运会举行公祭，全省下半旗致哀。遗骸按国葬礼仪葬于巴县木洞镇五布河东温泉。